유아중심 놀이지도

오연주 · 박애순 · 최정화 · 이명윤

창지사

머리말

유아는 놀이를 통해 성장하며 놀이를 즐기고 나아가 창조한다. 놀이는 유아의 생활이며 일이며 문화이다. 유아는 놀이를 매개로 자신을 둘러싼 환경과 더불어 또래들과 상호작용을 한다.

놀이에 내재된 근원적인 특성은 즐거움과 자유로움이다. 이러한 특성은 내적 동기를 유발하여 성장 발달의 동력이 되게 한다. 유아의 놀이를 반복적으로 지속시키는 힘은 내적인 동기에서 비롯된 자유로움이다. 유아는 사물을 가지고 놀거나 또래와 함께 놀이를 하면서 즐거움을 느끼며, 흥미를 갖고 탐색하면서 문제를 해결해 나가는 법을 배운다. 유아들에게 놀이란 자연스러운 것이며 사회를 배워 나가는 과정이다. 유아는 놀이 속 상상의 세계에서 점차적으로 현실적 세상을 이해하는 기준을 만들어 간다. 자유롭고 즐거운 유아의 놀이는 그 과정을 통해 자연스럽게 인지적, 사회적, 언어적, 신체적, 정서적 발달과 타인과의 유기적 관계를 촉진하게 한다는 점에서 중요하다.

유아들은 소꿉놀이를 하면서 흙으로 밥을 짓고, 풀을 뜯어다가 찧고서 물을 부어 국을 끓인다. 이 같은 자연 속 놀이를 통해 엄마, 아빠, 아기, 어린이가 되어 보면서 여러 역할을 경험하게 된다. 아카시아 줄기로 파마놀이를 하기도 하고, 압화놀이, 염색놀이를 하기도 한다. 실내로 자연을 데리고 들어오기도 하고, 자연이 교실이 되기도 한다. 유아는 놀이를 통해 즐거움, 자유로움, 휴식, 행복감을 느끼게 되며 건강한 신체 발달 및 안정감과 심미감, 자아존중감, 타인과의 협동과 배려, 자연에 대한 경외심, 언어적 표현력, 호기심과 탐구심의 증가를 경험하고 성장해 나간다.

2019 개정 누리과정은 유아들이 놀이를 하면서 스스로 배울 수 있도록 유아중심·놀이중심의 교육 과정으로 개정되었다. 놀이는 자연스러운 상황 속에서 유아들의 발달, 감정, 태도, 기술을 관찰하고 이해할 수 있게 해 준다. 개정 누리과정은 유아교육이 본질적으로 놀이에서 시작된다는 것을 의미하며, 유아는 스스로 배우고 성장할 수 있는 유능함을 가지고 있다는 점을 분명히 한다. 따라서 교사의 역할은 유아가 놀이를 통해 자연스럽게 배움을 발견할 수 있도록 지원하는 지원자로서의 역할로 변화하게 되었다.

유아는 놀면서 배운다. 놀이는 유아의 자율적인 삶이고 즐거움이며 자유로움이다. 모든 유아들이 놀이를 통해 밝고 건강하며 다른 사람을 배려할 줄 알고 공감하는 사람으로 성장할 것을 믿고 희망해 본다. 마지막으로 책 출간을 위해 애써주신 창지사의 모든 분들께 감사드린다.

2020년 6월

저자 일동

차 례

제1부 – 이론편

제2부 – 실제편

제1부 이론편

1장 놀이의 이해

1. 놀이의 개념

1) 놀이의 시작

"꽃향기가 좋아서 콧구멍이 벌렁거려. 와! 향기가 정말 좋아. 내 콧구멍 속에 향기 다 넣을 거야. 코에서도 향기가 나겠다." 따뜻한 봄날 유치원 주변의 아름다운 꽃들은 예쁜 모양뿐만 아니라 달콤한 향기로 유아의 발걸음을 멈추게 해 놀이하기에 충분하다. "꽃향기는 이렇게 쑥쑥 올라가는 것 같아." 유아는 자신의 몸을 좌우로, 위아래로 흔들며 꽃향기를 자유롭게 표현한다. 교실로 들어와서도 꽃의 향기에 대해 유아들은 이야기를 나눈다. "그런데 꽃은 혼자 있지 않아, 같이 피고 향기도 같이 나와." "그래? 그럼 우리 같이 꽃이 되면 되잖아." "그럼 함께 피어 있는 걸 어떻게 표현해?" "우리가 같이 손을 잡고 하면 되잖아." "그래 그게 좋겠다." 유아들은 서로의 손을 잡고 활짝 핀 꽃이 되었다.

놀이는 즐거움과 자유로움을 가지고 있고 이러한 특성은 내적 동기를 유발하여 성장 발달의 동력이 되게 한다. 유아의 놀이를 반복적으로 지속시키는 힘은 내적인 동기와 자유로움이다. 유아의 놀이에 대한 즐거움이 내적인 동기를 만들어 내며 내적인 동기는 놀이를 지속하게 만든다. 유아는 사물을 가지고 놀거나 또래와 놀이를 하면서 즐거움을 느끼고, 흥미를 갖고 탐색하면서 문제를 해결해 나가는 법을 배운다. 유아들에게 놀이란 자연스러운 것이며 사회를 배워 나가는 과정이다. 유아는 놀이 속 상상의 세계에서 점차적으로 현실적 세상을 이해하는 기준을 만들어 간다. 지속적이고 자유로운 놀이는 사회적 역할에 대한 인식을 형성하도록 해 준다. 자유롭고 즐거운 유아의 놀이는 그 과정을 통해 자연스럽게 인지적, 사회적, 언어적, 신체적, 정서적 발달과 타인과의 유기적 관계를 촉진한다는 점에서 중요하다.

유아에게 놀이란 교사의 계획 및 의도와 별개로 유아 스스로 자유롭게 선택하고 주도적으로 참여하는 과정에서 즐거움과 기쁨을 느낄 수 있는 모든 것이며, 즐거움과 기쁨은 놀이의 시작점이다. 다음은 유아들에게 "놀이란 무엇인가요?"라고 질문한 후 답변을 정리한 내용이다.

● 놀이의 유능함

- 놀이는 내 맘대로 하는 거예요.
- 뭐든지 할 수 있는 게 놀이예요.
- 놀이는 합체, 발사할 수 있어요.
- 블록으로 내 것을 만들면 기분이 좋아요.

● 놀이의 정서적 경험

- 마음껏 뛰어노는 거예요.
- 놀이는 아슬아슬하고 조마조마해요.
- 친구랑 놀이하면 신나요.

● 놀이의 즐거움

- 놀이는 웃는 거예요.
- 친구랑 즐겁게 노는 거예요.
- 엄마, 아빠 놀이는 재미있어요.
- 친구들 말이 재미있어요.

유아들이 놀이와 연결 지어 표현한 말을 나타내는 단어는 '재미와 즐거움'이라고 할 수 있다. 유아들이 놀이라고 생각하는 것은 자유로움 속에서 느끼는 즐거움과 성취감이며 스스로 탐색하고 발견하는 과정에서 배우는 즐거움이다.

2019년 교육부에서 발표한 개정 누리과정은 유아의 주도성과 즐거움, 그리고 자유로움을 중심에 두고 있다. 즉 개정 누리과정은 유아중심의 자율적 능동성에 기반한 놀이 및 그 과정을 통한 배움을 풍부하게 지원하는 것을 핵심으로 삼고 있다.

2) 놀이의 개념

유아의 놀이는 유아의 경험에 그 기초를 두고 있으며 유아의 생활은 그 자체가 놀이이다. 놀이는 어떻게 정의되며, 학자들은 어떤 관점을 갖고 유아들의 놀이에 대한 개념을 설명하고 있는지 살펴보자.

사전적 정의로 놀이란 그 자체로 흥미가 있으며 유쾌한 감정을 느끼는 신체적, 지적 활동으로써 어떤 궁극적 목적을 추구하는 것이 아닌 활동 자체에 만족하는 행위 등으로 제시되고 있다(한국교육학회, 1996). 따라서 놀이는 그 자체로서 목적을 가지며 즐거움을 주는 행위이다. Hurlock(1978)은 놀이란 외부의 억압이나 강제에 의해서가 아니라 자발적이고 단순하게 즐거움만을 추구하는 활동이라고 보았다. 그는 스스로 놀이에 참여하여 즐거움을 얻는 놀이와 방관자적 입장에서 추구하는 소극적 놀이를 제시하였다. Dewey(1934)는 놀이를 "활동 그 자체를 넘어서 무의식적으로 수행되는 활동"으로 정의하였다. 그는 놀이와 일(work)을 비교하면서 놀이를 유아의 신체, 인지, 사회 및 정서의 발달을 도모하는 수단으로 간주하였다(지성애, 2005). Fröbel(1887)은 유아의 독특성과 개성을 중요하게 생각하였다. 그는 놀이가 유아의 고귀하고 순수한 활동이며 인간의 내면에 있는 자연성의 발로라고 하였다. Hutt(1971)은 놀이와 탐색을 별개의 행동으로 보았다. 놀이와 탐색이 내적인 동기에 의한 목적을 갖지 않는 점에서는 유사하나 행동의 측면에 있어 놀이는 "이것은 뭘까?"라는 의문을 풀기 위한 질문에서 "이것으로 뭘 할까?"라는 질문으로 변화되는 것이라 하였다. Rogers와 Sawyers(1988)는 놀이를 유아의 생활이라고 개념화하였으며, 성인이 일을 통해 삶의 의미를 느끼는 것처럼 유아들은 놀이를 통해 내면에 잠재된 능력을 발휘하고 자아를 발견하고 실현한다고 하였다. Huizinga(1938)는 놀이란 인간의 문화에만 존재하는 고유한 특성으로 보고 인간을 놀이하는 존재로 보았다. 또한 놀이는 재미가 있어야 하는 것으로 놀이에 대한 몰두는 최상의 즐거움을 제공한다고 하였다(장승희 외, 2018).

놀이를 통한 즐거움은 유아들의 발달에 좋은 영향을 주는 긍정적인 경험으로써 정서적 안정감을 주며 건전한 인격으로 성장하는 것을 돕는다. 그러나 놀이는 때에 따라 부정적인 정서 경험을 주기도 한다. 놀이를 하면서 유아들 간에 갈등이나 문제 상황이 일어나는 경우도 있기 때문이다. Sutton-Smith(1967)는 지금까지 놀이의 본질을 너무 긍정적인 측면에서 규명하려는 경향이 있다고 반박하고, 놀이의 양면적인 특성이 제시되어야 한다고 주장하면서, 놀이에는 긍정적인 정서와 자유롭고 융통적인 특성이 있는 동시에 부정적인 정서도 내포된다고 보고하였다(김희연, 2001). 이처럼 놀이는 양면성을 가지고 있다. 유아의 놀이가 항상 즐거운 경험만을 제공하는 것이 아니라, 경우에 따라 유아들 간 놀잇감이나 놀이 선택에 있어 다툼이나 갈등이 발생할 수 있다. 그렇기 때문에 이 같은 상황에 대해 유아들이 어떻게 대처할 수 있으며 무엇을 배울 수 있는지에 대한 폭넓은 이해가 필요하다. 놀이에서의 문제 상황은 유아에게 정서적으로 부정적인 영향을 줄 수 있지만, 반면 이를 통해 유아들은 또래와의 협력이나 토의와 같은 사회적 기술을 사용하는 것이 가능해지기도 한다. 더욱 주목해야 하는 사실은 이러한 과정을 거치며 유아들이 스스로 문제를 해결할 수도 있다는 점이다.

놀이의 개념에 대한 여러 설명들은 약간의 차이는 있을지라도 유아들이 주도적으로 놀이를 하면서 경험적으로 지식을 획득하고 그 과정 속에서 즐거움과 성취감을 느낀다는 것을 보여 준다. 또한 유아들이 주변 및 또래와 관계를 형성하면서 스스로 갈등과 문제를 해결할 수 있다는 것을 보여 준다.

2. 일과 놀이와 탐색

1) 일과 놀이

일과 놀이는 서로 같은 의미로 사용되기도 하고 다른 의미로 사용되기도 한다. 기본적으로 놀이는 일방적인 목적을 추구하지 않고 활동 그 자체만을 즐기는 데 반해 일은 목적을 추구한다. 놀이는 과정을 중시하는 반면 일은 결과를 중요시한다.

과업으로서의 일과 달리 놀이는 지극히 자발적으로 표출되는 행동으로서의 특성을 갖는다. 놀이는 그 자체로서 목적을 가지며, 놀이하는 유아가 자발적으로 규칙을 만든다. 또한 상상을 통해 현실 세계를 초월하기도 한다. Dattner(1969)는 놀이와 일이 구별되는 측면을 다음과 같이 제시하였다.

〈표 1-1〉 놀이와 일의 구별

놀이	일
• 능동적, 자발적인 행동	• 생계 유지 행동
• 자체적으로 목적을 가짐	• 생산과 관련됨
• 자발적 규칙	• 외부의 강요에 의한 규칙
• 현실 초월	• 현실적

출처: Dattner(1969).

유아기의 유아에게 있어서 일과 놀이를 구분하는 것은 쉽지 않다. 유아들의 모든 행동을 목적의 유무로 엄격히 구분하기는 어렵다. 예를 들어 화분에 물을 주는 유아의 경우에도 상황에 따라 일일 수도 있고 놀이일 수도 있을 것이다. 화분에 물을 줌으로써 어떤 보상을 기대하는 목적이 있다면 일이지만, 물을 주는 그 자체가 즐거워서 한다면 놀이다. 이처럼 목적의 유무만으로 놀이와 일을 엄격히 구별하는 데는 다소 무리가 있다. 유아에게는 놀이가 일이고, 일이 놀이이다

(Seefeldt, 1975). 일과 놀이는 그 명확한 구분이 쉽지 않다. 왜냐하면 사회, 문화적 여건, 유아 자신의 인식 등이 복합적으로 작용하기 때문이다. 따라서 유아에게 주어진 상황과 맥락 속에서 이들을 파악하는 것이 바람직하다.

유아는 놀이 속에서 혼자 힘으로 어떤 일을 얼마나 잘할 수 있는가를 발견해 내고자 하며, 규칙을 변화시키면서 주어진 상황을 정복하고자 한다. 특히 3~6세 사이의 유아에게 있어서 현실에 대한 정복감은 중요한 것이다. 유아의 자아상은 유아 스스로가 설정한 장애들을 홀로 정복함으로써 획득된다. 대부분의 유아들은 매우 현실적으로 그들이 달성할 수 있는 목표를 설정하며 그들의 기능과 능력에 알맞은 규칙을 설정한다(김수영 외, 1997).

2) 놀이와 탐색

놀이란 무엇인가를 정의할 때 탐색과의 유사점과 차이점을 알아보는 것도 의미가 있다. Weisler와 McCall(1976)은 놀이와 탐색의 유사점을 외부로부터 주어진 목표에 의해서가 아니라 내적으로 동기화된 행동이라고 본다.

놀이와 탐색은 내적으로 동기화된 행동이라는 점은 같지만 개념적으로는 구별된다. 탐색은 새로운 사물에 대한 정보를 추구하는 행동으로 "이 물건의 속성은 무엇일까?"라는 의문을 풀기 위한 행동이며, 놀이는 "이 물건으로 무엇을 할 수 있을까?"라는 의문을 풀기 위한 행동이다. 유아의 놀이에서 탐색은 사물이 반드시 있어야 일어나는 행동인 것에 비해 놀이는 사물이 없어도 상상으로 행동이 가능하다. 유아는 탐색 대상에 대한 정보를 수집한 후 친숙해지면 다양한 행동으로 정보를 이용하여 놀이를 하게 된다(엄정애, 2009; 박찬옥 외, 2019).

Hutt(1979)은 놀이와 탐색 간에 차이점을 밝혔다. 탐색은 '자극 주도적 행동'으로 대상에 대한 정보 획득에 초점을 둔다. 이는 탐색 대상의 자극적 특성에 의해 영향을 받는다. 이에 반해 놀이는 '유기체 주도적 행동'으로 유아의 요구와 흥미에 의해 지배를 받는다. 놀이는 대상에 대한 정보 획득보다는 자극의 창출이 중심이다. 유아는 놀이할 때, 특정 사물이 실제로 사용되는 방법을 무시하고 유아 자신이 하고 싶은 방식으로 사물을 사용한다. 〈표 1-2〉는 놀이와 탐색의 차이점에 관한 요인들을 요약한 것이다.

〈표 1-2〉 놀이와 탐색의 차이점

구분	탐색	놀이
발생 시간	놀이 전	탐색 후
대상	낯선 사물	친숙한 사물
목적	사물에 대한 정보 수집	자극의 생성
행동	정형화된 행동	다양한 행동
분위기	심각함	즐거움
심장 박동 비율	낮은 변화	높은 변화

출처: Hutt(1979).

3. 놀이의 특성

놀이의 개념들은 놀이의 특성을 담고 있다. Rubin 등(1983)은 놀이를 문제 해결력, 협동, 도구 사용 기술, 창조성, 언어 발달, 통찰력, 성 역할, 문화의 전승 등 사회, 도덕, 인지 발달에 공헌하는 마술 상자로 보았다. Dewey(1934)는 놀이를 유아의 신체, 인지, 사회, 정서 발달을 도모하는 수단으로 보았다. Johnson 등(1987)은 놀이의 특성을 비사실성, 내적 동기화, 과정중심, 긍정적인 정서, 자유로운 선택으로 설명하였다(엄정애, 2009; 박찬옥 외, 2019). 2019 개정 누리과정에서는 놀이의 주요한 특성을 자유로움, 주도성, 즐거움으로 보았으며(교육부·보건복지부, 2019), 유아들은 놀이를 하면서 성장하고 또한 놀이를 하면서 가장 잘 배운다고 하였다. 2019 개정 누리과정을 토대로 놀이의 특성을 다음과 같이 정리해 볼 수 있다.

1) 자유로움

유아는 놀이를 자유롭게 선택할 수 있는 능력이 있다. 유아가 자발성을 갖고 자유롭게 선택한 놀이는 유아의 잠재 능력을 최대한 발현시킬 수 있게 한다. 유아는 자유로운 선택을 통해 타인의 자유 또한 존중하는 법을 자연스럽게 배울 수 있으며 그 안에 담긴 책임을 익히게 된다.

2) 주도성(내적인 동기)

놀이는 유아 스스로 추구하는 내적인 순수한 활동으로 능동적이고 자기 주도적인 특성을 갖는다. 그것은 외부적 충동이나 유인에 의한 것이라기보다는 놀이를 하고 싶은 순수한 욕구에서 비롯된다.

3) 즐거움(긍정적 정서)

유아들은 놀이 속에서 주어지는 다양한 방식을 통해 자신에게 적절한 기술과 개념을 배우게 되며, 이러한 놀이 경험은 즐거움과 연결된다. 놀이의 가장 큰 특징은 즐거움과 자발성이다. 놀이는 유아들에게 즐거운 경험을 제공함으로써 긍정적인 정서를 갖게 한다.

4) 상상력(비사실성)

유아들의 극놀이나 상상놀이는 실제의 사물에 대한 가작화를 하면서 이루어진다. 이런 비사실성은 유아들에게 자유로운 분위기를 만들어 주며, 놀이 상황에 맞는 가작화 행동은 유아의 추상적 사고를 발달시켜 준다. Vygotsky(1976)는 놀이는 상상의 행동화된 표현으로 인간은 상상을 하면서 현실적인 제약에서 벗어나 자유로움을 느낀다고 하였다. 놀이를 통해 유아들은 자유롭게 상상하면서 다른 형태의 사고를 할 수 있게 되고, 놀이 안에서 새로운 시간을 창조하면서 현실에서 벗어난 또 다른 놀이를 만들어 나간다(임수진, 2019).

5) 과정중심(몰입)

유아들의 놀이는 결과중심이 아닌 과정중심이 되어야 한다. 놀이의 특징인 과정 중시는 놀이 결과에 집착하지 않고 과정을 즐기는 것에 중점을 두고 있다. 따라서 유아들은 놀이 과정에서 실패할 것에 대한 염려가 없으므로 융통성을 갖고 자발적으로 다양하게 시도할 수 있다. 두려움과 결과에 대한 집착에서 자유로운 유아는 몰입을 경험하게 된다.

놀이가 아닌 것의 특성을 이해하는 것은 놀이의 특성을 명확히 이해하는 것에 도움을 주기도 한다. 김명순(2019)은 놀이에 대한 서적들과 연구들에서 살펴본 놀이의 특성과 놀이가 아닌 특성을 비교하여 다음과 같이 제시하였다.

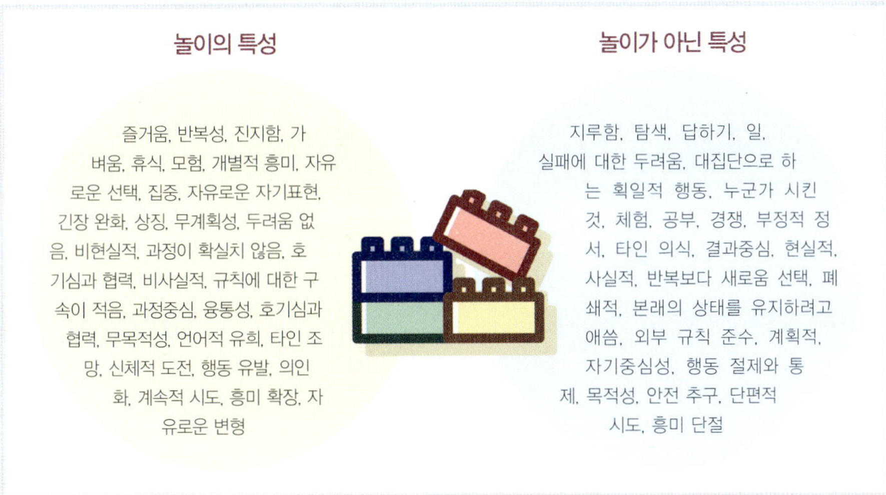

출처: 김명순(2019).

〈그림 1-1〉 놀이의 특성과 놀이가 아닌 특성

4. 놀이의 교육적 가치

유아는 놀이에 참여하면서 주변 세계를 탐색하고 경험한다. 유아들에게 있어 놀이란 삶 그 자체이며 그저 재밌거나 싸우거나 몰입하는 경험들이기도 하다. 유아들의 삶, 그 놀이 속에는 지적인 자극과 배움이 있다. 유아들의 놀이에는 과거, 현재, 미래의 경험적 시간 선들이 연결되어 있다(임수진, 2019; 임부연, 2019). 즉 유아의 과거 경험이 현재의 놀이에 의미를 부여하고 현재의 놀이는 미래의 방향을 제시한다. 따라서 유아에게 놀이는 매우 중요하다.

유아들에게 교육적 가치를 이루어 주는 놀이의 특징은 즐거움이며 그 즐거움은 몰입과 자발적인 탐구를 통한 배움으로 연결된다. 유아의 배움은 경험적 지식의 확장으로 새로운 놀이를 만들어 낸다. 따라서 유아의 즐거움과 몰입, 그리고 배움은 하나로 연결되어 있으며 선순환적인 관계를 갖는다. 놀이는 유아의 순수한 욕구에서 비롯된다. 유아의 자발적이고 자유로운 놀이는 즐거움을 통해 배움을 촉진한다는 점에서 매우 효과적이고 교육적인 중요성과 가치를 지닌다.

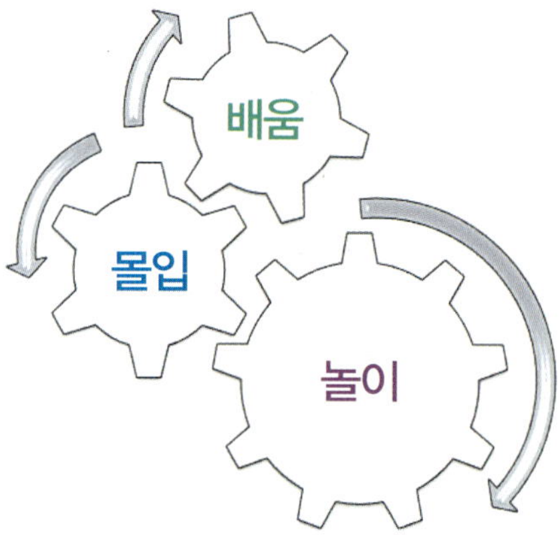

출처: 탁정화(2019).

〈그림 1-2〉 놀이-몰입-배움 순환적·역동적 관계

유아의 놀이는 사물이나 대상에 대한 흥미로 시작되고, 새롭고 신기한 자극을 접하게 되면서 감각적, 인지적 탐색을 하게 된다. 탐색을 통해 정보를 파악한 유아들은 사물이나 대상을 다양하게 탐구하면서 지식을 획득하게 된다. 획득된 지식은 유아들이 자신이 이해한 것을 토대로 말과 행동으로 표현하게 되고, 또래들과 공감하면서 협력하여 새로운 놀이를 만들어 내게 된다. 대부분 유아의 놀이는 이러한 방향으로 진행된다고 볼 수 있으나, 때로는 다른 방향으로 진행되기도 한다. 유아의 놀이는 다양하게 변화하면서 발전되기 때문이다. 유아의 놀이가 탐구 과정에서 새로운 발견으로 인해 또 다른 탐색이 이루어지거나, 다른 사물과 대상에 대한 관심으로 다시 관찰이 시작되기도 한다. 이때의 관찰은 경험적 지식의 확장으로의 관찰이다. 즉 유아의 놀이가 탐구하는 과정에서 유희의 확장으로 새로운 관찰이 시작되고 탐구가 이루어지게 된다. 따라서 유아 놀이의 흐름은 고정되어 있는 것이 아니라 순환되어지며 유기적 연결성을 갖는다. 이와 같은 내용을 정리하면 다음 〈그림 1-3〉과 같다.

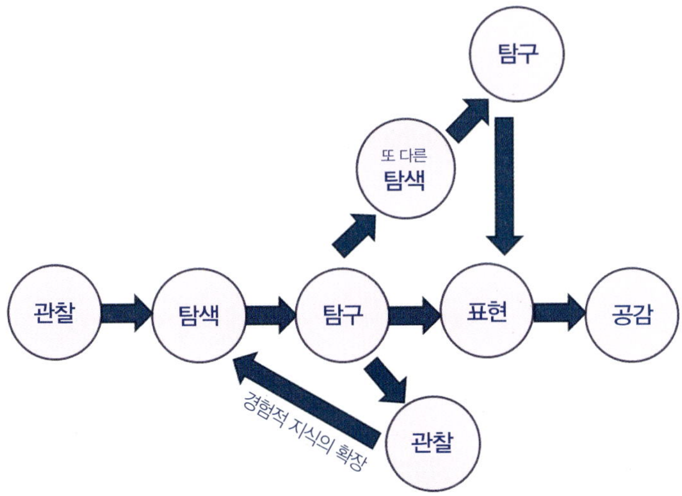

〈그림 1-3〉 놀이의 유기적 연결성

다음은 놀이의 유기적 연결성에 따른 유아의 발달을 보여 주는 사례이다.

유치원 주변을 산책하던 유아들은 봄꽃을 발견하고 향기를 맡으며 관심을 보였다.

유아1: 음, 향기 정말 좋다. 엄청 달콤해.
유아2: 꽃을 만져 봤더니 내 손에서 향기가 난다. 음, 좋다.
유아3: 진짜로 먹으면 좋겠다. 그치?

봄꽃을 이용해 김밥을 만들어 먹기로 한 유아들은 봄꽃뿐만 아니라 먹을 수 있는 식물(나물)이 있다는 것도 알게 되었다. 숲으로 산책을 나갈 때마다 봄꽃과 식물을 채집하였고 채집한 꽃과 식물들을 직접 분류하여 재료를 준비하였다.

유아1: 봄꽃은 우리가 금방 알겠는데 먹을 수 있는 식물(나물)은 잘 모르겠어.
교사: 그럼 어떻게 하면 좋을까?
유아2: 모양을 잘 기억하면 되잖아.
유아3: 아니, 잘 기억해도 자꾸 까먹잖아.
유아4: 좋은 방법이 있어. 그리면 되잖아. 그려서 갖고 가자.
유아3: 와! 좋은 생각이다.
유아4: 그런데 그려도 잘 모르겠다.
유아3: 아! 선생님 우리 사진 찍어 가면 되잖아요. 선생님이 뽑아 주면 되잖아요.
교사: 그래, 그런 방법이 있었구나.

다음 날 유아들은 먹을 수 있는 봄꽃과 식물(나물) 사진을 갖고 주변 숲으로 산책을 나가 채집을 하였다. 자신들이 채집한 꽃과 식물을 같은 것끼리 분류하고 깨끗하게 씻고 데쳐 김밥 만들기를 준비하였다.

꽃향기 경험

꽃과 나물 채집

꽃과 나물 분류

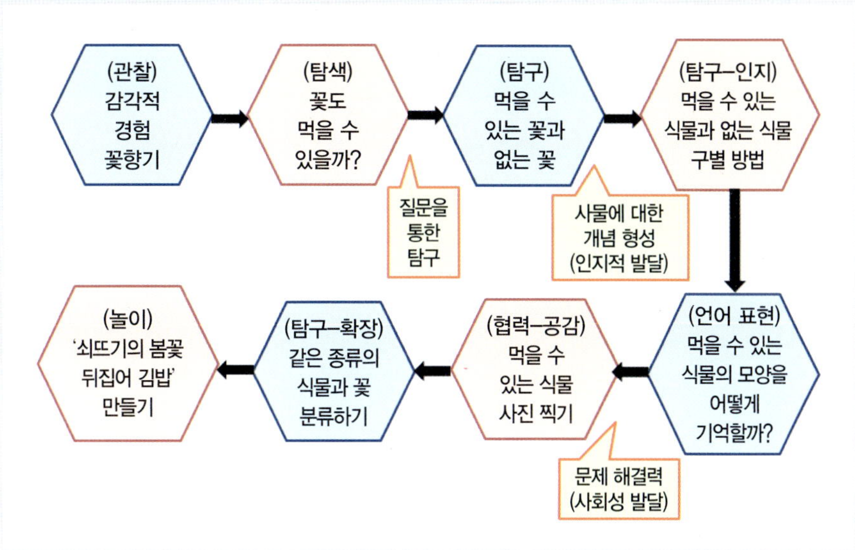

〈그림 1-4〉 놀이의 유기적 연결성에 따른 유아의 발달

유아의 놀이는 유능한 성인이나 또래와의 협력을 통해 인지적 발달이 촉진되고 놀이의 의미를 발견하게 된다. 이때 놀이에는 새로운 의미가 부여되며 창조적 가치를 갖는다.

유아의 놀이는 체계적이고 조화로운 인간으로 성장할 수 있는 통로 역할을 하며(채금숙, 2003), 전인적 발달을 돕는다는 데 그 중요성과 교육적 의의가 있다.

Seefeldt와 Frank 등은 유아 놀이의 교육적 가치에 대해 다음과 같이 제시하였다(이영석, 1998, 재인용).

〈표 1-3〉 놀이의 교육적 가치

학자	놀이의 교육적 가치
Seefeldt	인지적이다, 언어 발달을 촉진한다, 실험과 탐구로서 가치를 지닌다, 상징성을 풍부하게 한다, 창조적이다.
Frank, Theresa, & Caplan	성장을 돕는다, 활동의 자유를 준다, 상상의 세계를 제공한다, 탐구적 요소를 지닌다, 언어 학습의 기초를 제공한다, 대인 관계 구축의 독특한 힘을 지닌다, 신체적 완성감의 기회를 제공한다, 호기심과 주의 집중력을 조장한다, 물질의 세계를 탐구하게 한다, 판단력을 길러 준다, 지식의 구성을 가능하게 한다, 역동적 학습의 방법이 되게 한다, 성인의 역할을 학습하게 한다, 생활을 윤택하게 한다.

출처: 이영석(1998).

위에서 제시한 놀이의 교육적 가치를 감안하여 주요 사항들을 정리해 보면 다음과 같이 언급할 수 있다.

첫째, 유아의 상징적 놀이는 사물로부터 의미를 분리하여 사고하게 함으로써 인지적 발달을 돕는다.

둘째, 유아는 놀이를 통해 사물의 이름과 자신의 의견을 친구와 교환하고 의사소통하며, 책 읽기, 역할놀이 등을 통해 글자를 읽고 쓰는 경험을 하면서 언어가 발달한다.

셋째, 유아는 놀이를 하면서 많은 생각을 하게 되며 사물에 대한 개념 형성과 추리력, 사고력, 이해력, 문제 해결력, 탐구력, 집중력의 발달이 이루어진다.

넷째, 놀이는 유아의 사회성 발달을 돕는다. 놀이를 통해 타인과 자기의 관계에 대해 학습하게 되며 나아가 인간관계의 기본을 익히게 된다. 사회적 관계 형성과 문제에 대한 적응 및 해결 방법을 배울 수 있다.

다섯째, 놀이는 유아의 창의성 발달을 돕는다. 유아는 새로운 방법들로 놀이를 전개함으로써 놀이 재료를 다양하게 다루고 새로운 놀잇감을 찾으며 독특한 구조물들을 만들어 낸다. 이를 통해 창의성이 발달한다.

2장 놀이이론

놀이이론은 고전적 놀이이론과 현대적 놀이이론으로 나누어진다. 고전적 놀이이론은 19세기와 20세기 초에 걸쳐 나온 것이며, 현대적 놀이이론은 20세기 초 이후에 나온 것이다.

1. 고전적 놀이이론

고전적 놀이이론들은 놀이의 이유와 가치를 설명하려고 하였다. 고전적 놀이이론에는 잉여에너지이론, 휴식이론, 연습이론, 반복이론 등이 있다.

1) 잉여에너지이론(surplus energy theory)

잉여에너지이론은 근본적으로 놀이의 목적을 에너지의 방출이라고 보았던 고대 그리스 철학 및 아리스토텔레스 학파의 카타르시스 개념을 근거로 한다. 대표적인 학자는 18세기 독일의 시인이며 철학자인 Schiller를 들 수 있다. 그는 "놀이는 풍부한 에너지가 뚜렷한 목적 없이 소비되는 것"이라고 정의하였다. 그는 인간이 기본 욕구를 충족시키기 위하여 일을 하고, 기본 에너지가 충족된 후에 남는 잉여에너지로는 놀이를 한다고 하였다. 19세기 영국의 철학자 Spencer는 "놀이는 아동기 동안의 욕구 혹은 잉여에너지 활동"이라고 하였다. 고등 동물일수록 놀이에 더 많은 시간을 보낸다고 하였으며, 반면에 하등 동물일수록 유기체의 기본적 욕구를 만족시키기 위해서 더 많은 에너지를 소비한다고 하였다. 한마디로 말하자면 '에너지가 남아돌아서 논다.'는 것이다(김경숙 외, 2003, 재인용).

2) 휴식이론(relaxation theory)

휴식이론은 독일의 시인 Lazarus(1883)가 제안하였다. 이 이론은 앞의 잉여에너지이론에 직접적으로 반대하면서 놀이를 에너지 부족에서 돌출된 활동이라고 설명하고 있다. 이 이론은 놀이의 목적을 일로 소모한 에너지를 회복하기 위한 것으로 보았다. 대신 놀이는 일과는 반대되는 개념이며 소모된 에너지를 회복하는 방법으로 생각하였다. Patric은 인간이 정신적인 피로감을 풀고 휴식하고 싶을 때 놀이를 한다고 주장하였다. 즉 사람들은 고도의 집중력이나 섬세한 동작을 필요로 하는 활동을 하면서 생긴 피로감을 풀고 소모된 에너지를 복구하기 위해서 놀이를 한다는 것이다(이숙재, 2001, 재인용).

3) 연습이론(practice or pre-exercise theory)

연습이론은 Groos가 제안하였다. 그는 놀이를 아동의 중요한 본질 또는 일이라 하였으며, 놀이를 성인들의 게임, 관습, 경쟁 등이 포함된 폭넓은 개념으로 보았다. 그는 아동들의 놀이는 성인들의 중요한 사건들의 모방이라고 하였다. 유아기 놀이의 기능은 어른이 되어서의 활동을 위한 연습이라는 것이다. 예를 들면 상징놀이를 하는 동안 부모의 역할을 연습한다는 것이다. Groos는 유아들은 부모의 역할 기술을 연습하고 있다고 믿었다. Groos의 놀이에 대한 견해는 현대적 발달이론과 일치되는 측면이 있다. Piaget와 같이 유아 놀이의 직접적인 결과는 지적 행동의 발달이라고 볼 수 있다는 것이다. 이처럼 연습이론은 잉여에너지이론과 달리 놀이를 학습과 연결하고 있다(이숙재, 2001, 재인용).

4) 반복이론(recapitulation theory)

반복이론은 Darwin의 진화론에 기초하여 미국의 심리학자인 Hall(1920)이 세안하였다. 그는 유아를 인간과 동물 행동 사이의 연결선상에서 보려고 하였다. 이 이론은 개체 발생(개인적인 발달)은 계통 발생(종의 발달)을 반복한다는 것을 기초로 하고 있다. 아동의 행동 발달은 진화의 과정을 그대로 이어 간다고 보며, 놀이 행동은 인류의 진화 발달 과정을 따라가며 인류 역사가 놀이 속에서 재현되는 것으로 보았다. 유아들은 특정 놀이 속에서 인간이 진화해 온 단계를 반복한다는 것이다. 놀이의 기능은 놀이를 통해 종족 본능을 다 발산시켜 버림으로써 초기에 획득한 본능을 약화시키고 좀 더 복잡한 형태의 행동으로 발전할 수 있다는 정화 기능으로 보았다.

고전적 놀이이론들을 정리해 보면, 잉여에너지이론과 휴식이론은 놀이를 에너지 조절 수단으로 보았고, 연습이론과 반복이론은 놀이를 본능적 의미로 해석하려고 하였다. Ellis(1973)는 고전적 놀이이론을 "이론을 위한 이론일 뿐"이라고 하였다. 왜냐하면 실험적 연구보다는 철학적인 면에 기초를 두었기 때문이라는 것이다. 고전적 놀이이론은 뚜렷한 한계점이 있긴 하지만 현대적 놀이이론의 기초가 되었다.

2. 현대적 놀이이론

현대적 놀이이론에는 정신분석이론, 각성조절이론, 초의사소통이론, 인지발달이론 등이 있다.

1) 정신분석이론(psychoanalytic theory)

정신분석이론은 Freud(1961)가 제안하였다. 그는 놀이가 아동들의 정서 발달에 중요한 역할을 하고 있음을 믿었으며 정화 효과, 즉 아동들이 잊지 못하는 사건들과 연관된 부정적인 감정들은 제거될 수 있다는 것을 믿고 있었다. 정화에는 두 가지 방법이 있는데, 첫 번째 방법으로는 한 아동이 어머니에게 맞았던 부정적인 정서를 친구나 인형을 때리는 것으로써 사람과 사물에 전가시켜 버리는 방법이다. 두 번째 방법은 아동이 불쾌한 사건을 경험하게 되었을 때 놀이를 통해 그 경험을 몇 차례 작은 부분으로 나누어 반복해서 다루어 봄으로써 아동이 그 부정적인 경험을 정화시켜 버리는 방법이다.

여기서 더 나아가 Erikson(1950)은 정신분석학적 이론에서 놀이를 정상적인 인성 발달에 기여할 수 있도록 확장해 해석하였다. 놀이에서는 과거, 현재 그리고 미래의 삶의 세 측면을 복합적으로 보여 주고 있다고 주장한다. 이러한 삶의 세 측면의 경험을 극화하는 것이 놀이라는 것이다. 또한 Peller(1952)는 아동들의 역할놀이는 사랑, 칭찬, 두려움 그리고 공격의 감정들을 기초로 하고 있음을 밝혔다. 일반적으로 정신분석학적 입장의 학자들은 욕구의 성취, 공포, 그리고 자아 형성의 과정들이 놀이와 관련이 있다고 주장하였다(Takhvar, 1988).

2) 각성조절이론(arousal modulation theory)

Berlyne(1960)이 제안하였고, Ellis(1973)가 수정 보완한 이론이다. 학습을 자극과 반응으로 보는 학자들의 주장은 유기체의 기본적인 욕구를 기초로 하며, 놀이는 불필요한 정신적 산물로 생각하였다. 그러나 인간은 기본적인 욕구를 넘어서 새로운 것을 탐색하고자 하는 욕구가 더 강하다는 사실을 발견하였다. 이러한 발견은 각성조절이론의 기초가 되었다. Berlyne(1960)은 놀이는 최적의 상태의 각성을 유지하고자 하는 인간의 중추 신경조직에 의해 유발되는 활동이라고 하였다. 특정 정보를 얻기 위한 인간의 욕구가 각성의 근본 원인이 되어 탐색을 하게하며, 이를 '특정한 탐색'이라고 하였다. 낯선 사물에 대한 자극들이 쏟아지듯 주어졌을 때 인간의 내적 각성 상태는 불편할 정도로 높아지고, 사물을 탐색하고 그것에 친숙해질 수 있도록 자극을 감소시키려는 행동을 하게 된다. 그러나 자극 정보가 너무 적어 충분한 자극이 주어지지 않았다면 각성 상태는 낮게 떨어지게 되어 나중에는 권태를 일으키며, 유기체는 새로운 자극을 찾기 위해서 노력하게 된다. Berlyne은 이것을 '또 다른 탐색'이라고 하였다.

Ellis(1973)는 Berlyne의 이론을 수정하여 놀이는 사물을 색다르게 사용할 수도 있고, 새로운 활동일 수도 있는 자극 추구 활동이라고 하였다. 아동들의 상상은 놀이에서 자극과 각성의 수준을 증가시키는 기능이 있다는 것이다.

Berlyne과 Ellis의 이론 간 차이를 정리하면, Berlyne의 이론이 자극의 '생산'에 유기체가 반응하는 것이라고 한다면 Ellis의 이론은 유기체가 자극을 추구하는 것이라고 할 수 있다.

위의 이론에서 나아가 Hutt(1979)은 각성 동기가 적정 수준에 있으면, 그 활동은 상징적 놀이나 문제 해결로 반응한다고 하였다. Fein(1989)은 놀이는 친근한 환경을 기초로 한 적정 수준의 각성에 의해 이루어지는 반응 지향적 활동이라고 하였다. 생물학적 요구, 사회적 요구에 의한 것이 환경이 아니라 유기체가 새로운 환경을 만든다는 것이다. 일반적으로 각성 이론가들은 놀이를 탐색과 각성 동기 사이에 연관된 기제로 생각하였다. 각성조절이론은 놀이와 탐색 간의 차이에 주목하는 접근이다(이은해 외, 1990).

3) 초의사소통이론(metacommunication theory)

Bateson(1971)은 유아가 상상놀이에서 일어나는 일이 현실이 아니라는 것을 알고 있다고 하였다. 반면에 바깥놀이는 현실적인 것이다. 유아들은 놀이를 하면서 동시에 두 차원에서 조작하는 것을 배우게 된다. 유아의 놀이 중 행동은 실제 현실 생활에서의 행동과 의미가 다르다. 예를 들어 유아가 전쟁놀이를 하면서 싸우는 행동은 실제로 싸우는 것과는 다르다. 유아는 놀이하기 전 상황을 설정하고 놀이 중 싸우는 행동이 실제가 아님을 또래 유아에게 전달한다. 따라서 유아는 놀이에 사용되는 상황과 활동의 현실적인 의미를 동시에 배우게 된다. 이처럼 유아는 놀이에서 현실과 가상의 세계를 넘나들게 된다. Garvey(1977)는 유아가 자신이 맡은 역할에 문제가 생기면 문제를 해결하기 위해 가상의 세계에서 현실의 세계로 돌아와 문제를 해결한다고 하였다. 유아는 가상놀이에서 자신이 맡은 역할을 충실히 감당하면서 동시에 현실 생활의 자신이 누구인지, 어떤 위치에 있는지를 인식하고 있다. 즉 유아는 가상놀이에서 자신의 역할에 대해서 배우지는 않지만 역할의 개념에 대해서는 알게 된다(이숙재, 2004).

4) 인지발달이론(cognitive developmental theory)

Piaget(1962)는 놀이를 인지발달이론의 입장에서 설명하고 있다. Piaget는 놀이가 유아들의 인지 발달 수준을 단순하게 반영하지 않을 뿐만 아니라 발달에만 의존하는 것이 아니라고 하였다. 그는 놀이를 동화 작용이 조절 작용을 지배하는 불균형 상태라고 하였다. 놀이 발달은 인지 기능과 긴밀한 관계가 있으며, 놀이가 유아가 주변 세계를 이해하고 파악하게 되는 인지 발달의 중요한 매개물이라 하였고 또한 아동 인지 발달의 지표 또는 부산물이라고 하였다.

인지 발달이 이루어지기 위해서는 동화와 조절 간의 균형을 유지함으로써 평형 상태를 유지해야 하는데 유아들의 놀이 활동은 새로운 기술과 지식을 직접적으로 학습하는 것이 아니라 최근에 획득한 새로운 지식과 기술들을 놀이를 통하여 연습하며 통합하는 것이다.

Vygotsky(1976)는 사회적인 상호작용이 유아에게 내면화되는 과정을 근접발달지대라는 개념으로 설명하고 있다. 근접발달지대란 영유아가 문제를 스스로 해결할 수 있는 실제적 발달 수준과 다른 사람의 도움과 협력을 통해 문제를 해결하는 잠재적 발달 수준과의 차이를 말한다.

유아들은 놀이에서 유능한 성인이나 또래의 비계가 제공될 때 스스로 해결하지 못했던 어려운 문제를 해결할 수 있게 되고, 이것은 유아의 지식이나 기술이 보다 더 높은 수준으로 끌어올려지는 것을 뜻한다. 즉 놀이는 자연스러운 맥락으로 근접발달지대 내에서 비계가 일어남으로써 유아들의 인지 발달을 촉진시켜 줄 수 있다는 것이다. Vygotsky는 Piaget와 달리 놀이가 유아의 인지 발달에 더 직접적으로 도움을 주며, 자신이 표상한 사물과 관련된 의미를 사고함으로써 추상적 사고의 발달에 중요한 역할을 한다고 하였다(엄정애, 2009).

Sutton-Smith와 Bruner는 성인기의 삶을 준비하기 위해 놀이를 한다고 하는 Groos의 연습이론과 관련하여 설명하고 있다.

Sutton-Smith(1967)는 유아가 상상놀이에서 인습적인 사고에서 벗어나 자유로워지고, 새로운 방법으로 사고할 수 있게 된다고 하였다. 그는 유아의 가장놀이에서 '~인 것처럼'의 변형을 하는 과정은 유아의 융통성을 증진시킨다고 하였다(박찬옥 외, 2019).

Bruner(1974)는 유아들은 자신들의 놀이 행동에 주의가 집중되어 신기한 행동들을 창출하고, 이것을 연습하게 된다고 하였다. 놀이를 할 때, 유아들은 목표를 성취해야 한다는 염려를 하지 않는다. 유아들은 새롭고, 색다른 놀이를 다양하게 결합하고 실험해 본다. 놀이의 융통성은 유아에게 놀잇감을 전략적으로 잘 사용할 수 있게 하는 방법을 익히게 해 주며, 나아가 더 복잡한 활동들을 통합시킬 수 있게 도와준다.

위의 두 이론은 유아가 놀이를 통해 자연스럽게 창의성이 발달된다는 것을 보여 주고 있다. 유아들이 기술을 익히고 놀잇감에 대한 탐구적 행동을 하면서 그

특성들을 발견할 수 있다는 것이다. 놀이는 융통성 있게 문제 해결 방법을 찾게 해 주고, 창의적 과제를 더 효과적으로 해결할 수 있게 한다. 결론적으로 여러 놀이이론에서는 놀이를 아동들의 활동 중에서 가장 즐겁고 재미있는 자발적 활동으로 본다.

또한 놀이에는 개인의 자기표현을 위한 과정과 사회적 적응을 위한 과정의 두 가지 기능이 있다. 유아들은 많은 시간을 놀이하며 보내게 되며, 놀이를 통해서 주변 세계에 대해 자신들의 방법으로 상호작용하며 탐색하게 된다. 놀이는 유아들이 개인적으로 정보를 획득하고 환경에 대해 상호작용하는 과정이다.

유아의 놀이는 성인의 격려나 또래와의 상호작용에 의해 영향을 받는다. 놀이에서의 성인-유아 간, 또래 간 상호작용은 문제 해결력, 인지, 창의성 발달에 중요한 영향을 미친다.

3장 놀이의 종류와 형태

놀이의 종류는 그 준거에 따라 여러 가지로 분류될 수 있는데, 대표적인 몇몇 학자들의 견해를 살펴보기로 한다(김옥련, 1983; 이영석, 1998; 이숙재, 2011).

1. 놀이 종류

1) Bühler의 분류

Bühler(1937)는 발달심리학적 관점에서 놀이 유형을 감각놀이, 운동놀이, 모방놀이, 수용놀이, 구성놀이의 다섯 가지로 제시하였다. 감각놀이는 모빌이나 소리 나는 놀잇감 등 시각, 촉각, 청각 등 다양한 감각을 이용하는 놀이다. 운동놀이는 신체를 이용하여 즐기는 놀이로 세발자전거 등을 타고 노는 놀이다. 모방놀이와 수용놀이는 참여 태도를 통해 볼 수 있는데 모방놀이는 유아가 적극적으로 일상생활을 흉내 내며 즐기는 놀이이고, 수용놀이는 그림책 읽기와 같이 수동적으로 즐기는 놀이다. 구성놀이는 어떤 소재를 창의적으로 조립하고 만드는 놀이로, 예를 들자면 쌓기놀이나 점토놀이가 있다.

2) Parten의 분류

Parten(1932)은 2~5세의 유아들이 자유롭게 노는 것을 관찰하여 유아의 놀이 유형을 비참여 행동, 방관자적 행동, 혼자놀이, 병행놀이, 연합놀이, 협동놀이로 분류하였다. Parten은 놀이는 유아로 하여금 점점 더 복잡한 사회관계로 이행해 나가도록 해 준다고 보았다. 유아들은 ① 혼자서 노는 단계, ② 다른 유아들 옆에서 놀되 그들과 함께 어울려 놀지 않는 단계, ③ 2명 이상의 다른 유아들과 실제로 상호작용하면서 협동하는 단계로 진행한다고 보았다(이숙재, 2011).

3) Piaget의 분류

Piaget(1962)는 유아의 놀이를 발달 단계에 따라 동작놀이, 상징놀이, 규칙 있는 게임의 세 가지로 분류하였다. 동작놀이는 구슬을 단지 그냥 굴리는 단순한 동작을 의미한다. 상징놀이는 단순한 하나의 행동이 다른 것을 상징하는 것을 말한다. 예를 들면 구슬로 기차놀이를 하는 경우이다. 규칙 있는 게임은 일정한 규칙을 정해 놓고 놀이를 하는 경우이다.

4) Smilansky의 분류

Smilansky(1968)는 Piaget의 분류를 수정하여 기능적 놀이, 구조적 놀이, 극놀이, 규칙 있는 게임의 네 가지 유형으로 세분화하였다. 기능적 놀이는 단순한 감각운동적 놀이이며, 구조적 놀이는 무엇을 만들기 위해 대상과 사물을 조작하는 형태의 놀이이다. 극놀이는 상징적 놀이로서 그 대표적인 예로 허구놀이를 들 수 있다. 규칙 있는 게임은 자발적으로 놀이 규칙을 정하고 그 규칙의 지배를 받는 놀이 형태이다.

5) Weininger의 분류

Weininger(1988)도 Piaget 및 Smilansky와 유사한 입장에서 놀이의 주요한 형태를 두 가지로 구분하였다. 감각운동놀이, 상징놀이가 그것이다. 감각운동은 유아를 위한 놀이 양식이다. 유아가 성장하게 됨에 따라 유아는 감각운동을 상징놀이와 통합하게 된다. 감각운동놀이는 유아들로 하여금 그들의 신체적, 사회적 환경에 관한 정보를 획득하게 하며, 그들 자신을 자신이 아닌 것들과 구별할 수 있도록 도와준다.

다음은 학자들의 견해에 따라서 놀이의 종류를 분류한 것이다.

〈표 3-1〉 놀이의 분류

Bühler (1937)	Parten (1932)	Piaget (1962)	Smilansky (1968)	Weininger (1988)
감각놀이	비참여 행동	동작놀이	기능적 놀이	감각운동놀이
운동놀이	방관자적 행동	상징놀이	구조적 놀이	상징놀이
모방놀이	혼자놀이	규칙 있는 게임	극놀이	
수용놀이	병행놀이		규칙 있는 게임	
구성놀이	연합놀이			
	협동놀이			

2. 놀이 형태

유아 놀이는 그 발달 과정에 따라 인지적 놀이(cognitive play)와 사회적 놀이(social play)의 유형으로 나눌 수 있다.

1) 인지적 놀이 형태

Piaget(1962)는 놀이와 인지 발달은 분리할 수 없으며 유아가 자신의 발달 수준에 맞는 놀이 형태에 참여하는 것으로 보았다. Smilansky(1968)는 Piaget의 인지적 놀이 형태를 더 정교화하여 기능놀이, 구성놀이, 극놀이, 규칙 있는 게임으로 제시하였다. 그의 인지적 놀이 형태의 특성을 살펴보면 다음과 같다.

(1) 기능놀이

기능놀이는 감각운동기의 영아가 기능적인 즐거움을 위해 반복적으로 되풀이하는 단순한 놀이 행동으로서 특별한 놀이 기술이나 상징이 포함되지 않으며 단순한 근육 활동으로 행동과 조작을 하는 놀이이다. 기능놀이는 신체적 기능을 연습하고 환경을 탐색하고 경험할 기회를 제공한다. 영아는 신체적 움직임을 반복할수록 그 이전에 학습한 행동과 유사한 방법으로 새로운 움직임을 시도한다. 이러한 행동의 반복을 통해 영아는 신체적 움직임에 따른 물체의 반응에 대한 인과 관계를 파악하게 된다. 그러므로 기능놀이를 통해 영아는 신체적 움직임에서 오는 즐거움과 새로운 행동의 숙달에 의한 만족감을 갖게 된다. 또한 기능놀이는 수준 높은 다른 놀이 형태의 시작과 더불어 사라지는 것이 아니며 오히려 좀 더 복잡해지고 새로운 놀잇감이 추가되고, 극놀이나 구성놀이에 포함되어 나타난다(Frost, 1992).

(2) 구성놀이

구성놀이는 어떤 소재를 창의적으로 조립하고 만드는 놀이로 창조적 결과를 얻는 활동이다. 기능적 활동 단계에서 좀 더 발전된 형태인 구조적 활동 단계로 놀이 형태가 나타난다. 즉 영유아들이 단순하게 사물을 조작하던 것에서 사물을 구성하는 단계로 발전하게 되는 것이다. Smilansky는 구성놀이를 기능적 활동에서 창조적 활동으로의 전환이라 본다. 유아들은 단순하게 끼워 맞추던 블록을 가지고 자동차나 집 만들기 등 무언가 창조하는 놀이를 한다(Smilansky, 1968). 그러나 Piaget(1962)는 Smilansky와는 달리 구성놀이를 하나의 독립된 놀이 단계로 인정하지 않았으며 구성놀이를 상징놀이와 규칙 있는 게임의 중간, 놀이와 지적 활동의 중간, 놀이와 모방의 중간에 있다고 하였다.

구성놀이는 구성할 자료가 반드시 필요하다. 놀잇감이나 시설은 한 명의 유아만이 아니라 다양한 발달 단계의 유아를 만족시켜야 한다. 또한 적목놀이, 목공놀이, 구성 활동을 위한 자료들(가위와 풀, 모래와 물 등)은 다양한 방법으로 사용이 허용되고 유아의 창작심과 호기심을 만족시킬 수 있어야 한다(Frost, 1992).

(3) 상징놀이와 사회극놀이

상징놀이는 존재하지 않는 물건의 상상을 필요로 하거나 한 가지나 그 이상의 사물을 대치해서 사용할 때 일어난다. 유아는 상징놀이를 통해 당면한 갈등이나 불만족한 욕구 등을 해결한다. 상징놀이는 유아의 성장과 발달에 주도적 역할을 한다. 상징놀이는 사회적으로 관련된 인지 기술과 유능한 사회적 행동을 발달시킨다. 그래서 상징놀이는 인지적 촉진자, 학습을 위한 매개로써 가장 가치 있는 놀이로 인정되고 있다(Schrader, 1990).

상징놀이의 가장 발달한 형태는 사회극놀이이다. 상징놀이에서 유아는 특정 인물에 대한 역할을 특정 상황에서 일어날 수 있을 것 같은 행동과 언어로 모방한다. 유아들이 서로 다른 역할을 모방하면서 사회극놀이가 시작된다. 사회극놀이에는 현실적인 요소(reaIity element)와 비현실적인 요소(non-reality element)가 내포된다. 유아는 자신이 현실 세계에서 직접 경험한 상황이나 사람의 역할을 모방하는 사회극놀이를 많이 하는데 이것이 바로 현실적 요소 또는 모방적 요소이다. 그런데 유아는 자신이 관찰한 내용을 정확하게 모방할 수 없기 때문에 비현실적인 요소 또는 가작화 요소가 개입된다. 가작화 요소(as-if elements)는 유아가 성인의 세계에 들어갈 수 있도록 함으로써 만족감을 줄 수 있다(이숙재, 2011).

사회극놀이는 유아로 하여금 여러 경험을 종합하고, 새로운 경험을 만들게 한다. 유아는 자신이 맡은 역할에 따라 행동하면서 그 개념을 알게 되고 맥락을 이해하며, 상황에 맞게 조절하는 법을 배우게 된다. 유아의 사회극놀이는 다른 배역의 또래와 다양한 상황에 대해 적절한 반응을 이끌어 내어 자기중심적인 존재에서 다른 사람과 상황을 이해하고 공감하는 사회적 존재로 변화되게 한다.

상징놀이와 극화놀이는 사회, 인지적 발달 측면에서 그 역할이 중요하다. 특히 상징놀이는 언어, 시간, 공간, 수 등의 개념을 발달시키면서 성인 세계의 사회문화적 관습을 통합하는 중요한 방법이다.

(4) 규칙 있는 게임

규칙이 있는 게임은 즐거운 놀이 속에 규칙을 수용하는 복잡한 인지 작용이 요구되는 놀이이다. 또한 사회적 상황 속에서 집단 의사 결정을 중요시하며 사회화와 규칙성, 자기 훈련, 명예와 희생에 대한 원칙들을 포함하는 규칙에 대한 놀이이다.

약 5~6세경에 유아는 놀이의 규칙이라는 새로운 차원을 중요시하게 된다. 사회극놀이에도 규칙은 존재하지만 이런 규칙은 일상생활에 의해 주어진 것이다. 그러나 규칙이 있는 게임은 같은 시간 동안 한 가지 기술을 강조하는 경향이 있다. 유아들은 협력보다는 경쟁적이다. 또한 게임은 최소한의 언어적 표현을 요구한다. Smilansky는 규칙 있는 게임은 구체적 기술이나 내용을 가르치는 데는 가치가 있으나 전반적인 사회, 인지적 발달에는 사회극놀이가 적합하다고 하였다(Frost, 1992).

인지적 놀이 형태는 연령별 지적 구조의 발달과 관련되고 위계적으로 나타난다. 각 놀이 단계는 다음과 같은 교육적 의미를 지니고 있다. 기능놀이는 신체적 기능을 연습하고 환경을 탐색하고 경험할 기회를 제공하며 새로운 기술을 습득할 때 나타난다. 구성놀이는 기능적 활동에서 창조적 활동으로 전환되는 교육적 가치를 가지고 있다. 또한 상징놀이는 사회적으로 관련된 인지 기술과 유능한 사회적 행동을 발달시킨다. 사회극놀이는 자신이 직접 경험한 상황이나 사람의 역할을 모방하면서 좀 더 추상적 사고를 하게 한다. 규칙 있는 게임은 구체적 기술과 내용을 가르치는 데 가치가 있다.

다음은 학자별로 인지적 놀이 발달 관점에서의 놀이 유형을 요약한 것이다.

〈표 3-2〉 인지적 놀이 발달

Piaget의 인지 발달 단계	Piaget (1962)	Smilansky (1968)	Frost & Klein (1979)	Parker (1984)
감각운동기 (출생~2세)	연습 게임	기능놀이	기능놀이	우발적 게임
전조작기 (2~7세)	상징 게임	구성놀이 극놀이	구성놀이 상징놀이 사회극놀이	가작화 게임 경쟁적 연습 게임
구체적 조작기 (7~11세)	규칙 있는 게임	규칙 있는 게임	규칙 있는 게임	규칙 있는 게임
형식적 조작기 (11~15세)				

출처: 이숙재(2004). p. 76. 재인용.

2) 사회적 놀이 형태

사회적 놀이의 초기 경험은 주 양육자인 어머니와의 상호작용을 통해서 이루어진다. 유아는 양육 과정 중에 어머니와 신체적, 언어적으로 긴밀한 접촉을 하면서 사회적 놀이를 할 수 있는 기본 능력이 발달된다. 이러한 사회적 능력은 유아기 동안에 더 발달되어 또래들과 함께 어울려 노는 사회적 놀이를 할 수 있다. 사회적 놀이 형태에 관한 특성을 살펴보면 다음과 같다.

Parten(1932)은 유아들의 자유놀이 시간을 관찰하여 유아의 사회적 참여도에 따라 놀이를 다음의 여섯 가지 형태로 분류하였다(이숙재, 2011).

첫째, 비참여 행동(unoccupied behavior)으로 이는 놀이로 볼 수 없는 행동이며, 순간적인 흥미에 따라 어떤 것을 바라본다. 홍미 있는 것이 없을 때는 자신의 몸을 만지작거리거나 의자에 앉았다 일어나는 행동을 반복하기도 하고, 여기저기서 있거나 교사를 따라다닌다.

둘째, 방관자적 행동(onlooker behavior)으로 다른 친구의 놀이를 지켜보며 가끔씩 자신이 구경하고 있는 친구에게 말을 걸거나 질문을 하기도 하며, 제안을 하기도 한다. 그러나 놀이에 직접 참여하지는 않는다. 비참여 행동과 다른 점은 특정 유아 집단을 바라본다는 점과 가까운 거리에서 지켜봄으로써 필요한 경우에는 말을 걸 수도 있다는 점이다.

셋째, 단독놀이(solitary play)로 주변에 있는 유아들과 이야기를 나눌 수 있는 위치에서 친구가 사용하는 놀잇감과는 다른 놀잇감을 가지고 혼자서 독자적으로 놀이하는 형태이다. 곁에 있는 친구와 가까워지려는 시도를 전혀 하지 않는다.

넷째, 병행놀이(parallel play)로 유아가 주변의 다른 친구들과 같은 놀이를 하지만 서로 접촉하거나 간섭하지 않고 혼자서 놀이하는 형태이다. 다른 유아와 함께 논다기보다는 다른 유아 곁에서 논다고 할 수 있다.

다섯째, 연합놀이(associative play)로 다른 유아와 함께 노는 집단놀이의 일종으로 놀이 내용에 대해 이야기를 주고받거나 놀잇감을 빌려주기도 하지만 역할을 분담하거나 놀이 내용이 조직적으로 전개되지는 못한다.

여섯째, 협동놀이(cooperative play)로 한두 명의 유아가 지휘권을 갖고 역할을 서로 분담하여 공동의 목표 달성을 위해 진행하는 조직적인 놀이이다.

Iwanaga(1973)는 유아가 친구와의 관계에서 놀이 상황을 구조화하는 형태에 따라 다음의 네 가지로 구분하였다.

첫째, 독립적 구조(independent structure)로 친구와 상호작용을 하지 않고 혼자서 노는 놀이 형태이다.

둘째, 병행적 구조(parallel structure)로 두 명 이상의 유아가 같은 놀이에 참여하며 서로 관심을 보이지만 각자 독립적으로 놀이한다.

셋째, 보충적 구조(complementary structure)로 두 명 이상의 유아가 서로 다른 역할을 맡아서 놀이한다.

넷째, 통합적 구조(integrated structure)로 놀이 친구에 대한 인식이 더 강화되어 맡은 역할을 상호작용하며 잘 수행할 뿐 아니라 친구의 행동에 민감한 반응을 한다.

사회적 놀이 형태에 관한 연구들을 종합할 때 혼자놀이, 병행놀이, 협동놀이 모두 각각의 교육적 의미가 존재한다. 그러므로 혼자놀이, 병행놀이, 협동놀이 사이의 균형이 중요하다. 이는 상황이 달라짐에 따라 반응과 상호작용의 양식도 달라져야 하기 때문이다. 사회적으로 유능하다는 것은 독립, 병행, 협동적인 각각의 양식을 적절하게 상호작용할 수 있는 것을 말한다(노현주, 1994). 그러므로 놀이를 통해 이러한 기술을 배울 수 있는 기회를 제공하여야 한다.

다음은 학자별로 사회적 놀이 발달 관점에서의 놀이 유형을 요약한 것이다.

〈표 3-3〉 사회적 놀이 발달

<table>
<tr><th>Parten
(1932)</th><th>Seagoe
(1970)</th><th>Iwanaga
(1973)</th><th>Howes
(1980)</th><th>Winter
(1985)</th></tr>
<tr><td>비참여 행동</td><td>비형식적-
단독놀이</td><td></td><td></td><td></td></tr>
<tr><td>방관자적 행동</td><td>성인 지향적 놀이</td><td></td><td></td><td></td></tr>
<tr><td>단독놀이</td><td>비형식적-
사회적 놀이</td><td>독립적 구조</td><td></td><td>독자적 놀이</td></tr>
<tr><td rowspan="2">병행놀이</td><td rowspan="2">단독-
경쟁적 놀이</td><td rowspan="2">병행적 구조</td><td>병행놀이</td><td rowspan="2">근접놀이</td></tr>
<tr><td>상호인식
병행놀이</td></tr>
<tr><td>연합놀이</td><td rowspan="2">협동-
경쟁적 놀이</td><td>보충적 구조</td><td>단순 사회적 놀이</td><td>연관놀이</td></tr>
<tr><td>협동놀이</td><td>통합적 구조</td><td>상호보완놀이</td><td>상호작용놀이</td></tr>
</table>

출처: Frost(1992), p. 91. 재인용.

다음은 Stevenson 등(1988)의 놀이 유형을 요약한 것이다.

〈표 3-4〉 놀이 유형별 종류

놀이 유형	놀이 종류
기능놀이 (Functional play)	• 물체의 속성을 이끌어 내기 위하여 자발적이고 활동적이며, 의도적으로 물체를 조작하는 놀이 예) 구슬 굴리기, 공 굴리기, 볼링, 다트, 비눗방울 불기, 빨대 불기, 비행기 날리기 등
구성놀이 (Constructive play)	• 쌓기와 끼우기 등의 방법으로 물건을 조작하여 새로운 것을 창조하거나 만드는 놀이 예) 목공놀이, 블록 끼우고 조립하기, 블록 쌓기, 퍼즐 맞추기, 장난감 로봇 모형 만들기 등
신체놀이 (Physical play)	• 경미한 신체적 놀이와 서로 몸 접촉을 필요로 하는 격렬한 신체적 놀이 예) 간질이기, 껴안기, 잡기놀이, 달리기, 씨름하기, 힘 겨루기 등
교수놀이 (Instructiveplay)	• 사물의 이름과 색깔, 수를 가르쳐 주기 위해서 책을 보거나, 질문하고 대답하는 놀이 예) 동화책 읽기, 숫자놀이, 그림책 보기, 그림 그리기, 도형 변별하기, 글자 쓰기, 사물 이름 말하기 등
게임 (Games)	• 경쟁의 상황과 승리를 목적으로 하는 미리 정해진 규칙에 따라 하는 놀이 예) 주사위놀이, 윷놀이, 바둑, 장기, 수수께끼, 컴퓨터나 비디오 게임, 가위 바위 보 게임, 숨바꼭질, 카드놀이 등
역할놀이 (Pretense play)	• 사물과 자신, 환경을 상상적 상황으로 대치하는 놀이 예) 소꿉놀이, 병원놀이, 전쟁놀이, 가게놀이, 선생님놀이 등

출처: Stevenson et al.(1988). p. 101.

4장 놀이와 발달

유아의 놀이로 인한 즐거움과 자발성은 효과적인 학습이 이루어지게 하며 전인적인 발달과 사회성을 촉진하는 수단이 된다. 놀이는 유아에게 즐거운 정서적 경험을 하게 함으로써 내적 동기를 갖게 하고 적극적인 참여를 하게 한다. 또한 사물에 대한 자발적인 탐구와 자유롭고 융통성 있는 다양한 시도는 유아의 창의성을 발달하게 한다. 따라서 유아의 놀이는 유아의 발달을 촉진하고 배움을 넓혀주는 교육적 가치를 갖는다고 할 수 있다.

유아의 놀이는 신체, 인지, 정서, 언어 발달을 촉진하는 수단으로써의 역할을 하는데, 다음의 뚜껑놀이 사례는 이와 같은 내용을 잘 설명해 준다. 즉 유아의 뚜껑 튕기는 동작은 정확한 손가락 조작과 움직임이 요구되며 이에 따라 소근육을 포함한 신체적 발달을 촉진하게 된다. 그리고 유아는 뚜껑 튕기기 게임에 몰입하면서 정서적 만족과 함께 즐거움을 느끼게 된다.

점심을 먹은 후 4, 5세의 유아들이 교실에서 '뚜껑놀이'를 하려고 매트가 있는 공간으로 모인다. 뚜껑놀이는 자신의 뚜껑을 움직여 다른 사람의 뚜껑을 치면 이기는 형태의 놀이이다. 유아들은 순서대로 뚜껑을 치면서 놀이를 한다. 친구들이 순서를 지키지 않자, 유아들은 함께 규칙을 정하고 작은 칠판에 자신들의 약속을 적으며 놀이를 한다. 이뿐만 아니라 같은 뚜껑으로 하면 누구의 뚜껑인지 모른다고 하며 뚜껑을 다르게 꾸며 놀이를 한다.

뚜껑놀이

규칙 정하기

뚜껑 꾸미기

유아들의 주도적이고 자율적인 놀이는 성인의 관점에서 본다면 주제나 흐름이 없어 보일 수 있다. 그러나 유아들은 놀이 과정 속에서 스스로 규칙을 정하고 협상을 통해 갈등을 해소하고 주제를 만들어 나가면서 사회성을 발달시킨다.

1. 놀이와 유아 발달

1) 놀이와 인지 발달

유아는 놀이를 통해 스스로 자신을 알아 가고, 실제 세계에 적응해 나간다. 놀이는 유아의 인지 발달과 밀접한 관련이 있으며 전인적 발달을 조장한다. 유아들은 어느 누구에게서도 배울 수 없는 것들을 놀이를 통해 스스로 학습하게 된다. 놀이는 유아로 하여금 현실에 대한 개념을 알게 하며 어떻게 학습하는지 학습 패턴을 확립해 주기 때문에 인지 구조 발달에 필수적이다.

유아들의 상징놀이는 어떤 사물을 다른 사물로 대치함으로써 사물 자체에 의미를 부여하며, 이러한 의미를 부여하는 과정 가운데 추상적 사고가 발달하게 된다(김억환 외, 1998). 또한 유아들의 극놀이는 놀이를 통해 자기중심성에서 벗어나 다른 사람의 역할을 수행하게 되면서 탈중심화가 일어나게 된다. 탈중심화는 자신이 아닌 타인의 역할을 수행한다는 전제 조건으로 놀이를 진행함으로써 보다 복잡한 상황에서 다른 세상의 관점을 이해할 수 있게 되는 것을 말한다. 나아가 사회적 관계에서도 다양한 인지적 문제 해결 능력의 향상에 영향을 미치게 된다(김수영 외, 1997).

따라서 유아들은 놀이를 통해 사물을 표상하는 능력, 문제 해결 능력, 판단력 등이 발달하게 된다. 놀이에서 나타나는 상징은 인간의 삶에 대한 이야기나 이것을 바탕으로 한 상상의 세계이다. 적절한 삶을 살아가기 위해 유아들은 어떤 사실들을 단순히 반복하는 것뿐 아니라 그 이상을 할 수 있어야 하고, 물리적인 세계를 지배하는 법칙을 아는 것뿐 아니라 그 이상을 할 수 있어야 한다. 놀이는 고도의 정신 기능이며 상징적 사고 수준을 거쳐 성인의 사고 수준으로까지 타인에 대한 인지 능력을 향상시킴으로써 인지 발달을 이끈다.

다음은 유아들이 문제 상황에 대해 스스로 문제 해결을 하면서 자연스럽게 인지 능력이 발달하게 되는 사례이다. 유아들은 폐품을 이용해 악기를 만드는 과정에서 드럼을 세우기 위해 막대기를 선택하였다. 유아들의 생각과 달리 막대기가 잘 세워지지 않자 다양한 방법을 시도하였다.

유아들이 여러 재활용품을 가지고 악기를 만들고 있다. 유아들이 드럼을 만들면서 냄비 뚜껑 구멍에 끼운 막대기가 세워지지 않자 세우려 하고 있다.

유아1: 어, 쓰러지네. 어떡해?
유아2: 그럼, 바닥에 붙이자. 야, 니가 잡고 있어. 테이프를 붙일게.
(유아들이 테이프를 가져와 바닥에 열심히 붙인다.)
유아1: 다 됐다. 이제 놔봐. (곧바로 쓰러진다.)
유아2: 어? 또 쓰러졌다. 어떻게 하지?
(유아들은 두리번거리더니 상자를 가져와 구멍을 내서 그 속에 막대기를 넣은 후 테이프를 상자와 함께 붙이기 시작했다.)
유아1: ○○아, 이거 붙잡아.
유아2: 빨리 테이프 붙이자.
유아3: 빨리해! 빨리!
(손을 떼자 서 있기는 했지만 조금 지나자 옆으로 슬슬 넘어졌다.)
유아1: 그래도 쓰러진다.
유아3: 음, 나한테 좋은 생각이 있어. 나 좀 도와줘.
(유아3이 상자 한 모서리에 나무젓가락을 세우자 다른 유아들도 유아3을 도와서 옆에 나무젓가락을 세우기 시작했다.)
유아들: 와! 다 세워졌다!

재활용품으로 드럼 만들기

유아3은 막대기를 세울 수 있는 방법을 생각하고 또래에게 전달하였다. 또래들은 유아3의 정보로 인해 균형을 잡기 위한 지지대 설치에 대한 개념을 배우게 되었다. 이와 같이 유아들은 또래와의 상호작용을 통해 문제에 대한 해결 방안을 발견하면서 인지 능력이 발달하게 된다.

2) 놀이와 정서 발달

유아들의 놀이는 긍정적이고 즐거운 정서적 경험을 갖게 한다. 또래와의 재미있는 놀이는 유아들로 하여금 마음껏 자신들의 생각과 감정을 표현하게 해 준다는 점에서 자유로움과 정서적 만족감을 준다. 유아들은 친구들과의 상호작용 속에서 타인의 정서에 대한 이해와 공감을 터득하며, 여러 상황 속에서 적절하게 관계를 형성하고 대처하는 법을 배운다.

유아들은 4세 이후가 되면 친구가 특정 정서를 표현했을 때 그 이후 행동도 예측할 수 있다. 이는 유아들이 나의 느낌이나 다른 사람들의 느낌을 변화시키기 위해 어떤 일을 할 수 있는지를 인지할 수 있기 때문에 가능한 것이다. 유아들이 또래의 정서를 잘 이해하게 되면 자신의 정서도 더 잘 조절할 수 있게 된다(최효정, 2019).

(1) 타인의 정서 공감

유아들의 놀이는 자신이 경험해 보지 않은 것을 재현하면서 자신과 타인에 대한 관계를 이해하게 된다. 유아들은 극놀이나 역할놀이 등에서 자신이 맡은 역을 수행하는 과정에서 타인의 관점을 이해하게 되고 다른 사람의 감정과 생각에 공감하게 된다.

극놀이는 놀이 상대와 협력하여 새로운 줄거리를 꾸미기 위해 타인의 의도를 파악하고 정서를 이해하며, 스스로의 감정을 조절할 수 있게 하는 놀이라고 할 수 있다. 타인의 마음을 이해하는 데는 자신과 타인의 정신 상태를 인식하는 마음이 발달해야 한다. 가상놀이는 실제에 대비해 가상을 인식할 수 있어야 하고, 타인도 이러한 구분을 할 수 있을 것이라는 것을 인식할 수 있어야 가능하기 때문에 유아들의 가상놀이는 유아의 마음을 보여 주는 초기 징조이다(김영주, 2018). 따라서 유아의 놀이 활동은 자신의 감정을 인식하는 것뿐만 아니라 또래가 지닌 감정을 인식하는 기회를 제공함으로써 정서적인 발달을 촉진하게 된다. 다음의 사례는 유아들이 자신의 감정을 표현하면서 또래의 정서를 더 잘 이해하는 것을 보여 준다.

유아들이 견학을 가 서로 간식을 나누어 먹으며, 친구들과 도시락을 싸 준 엄마에게 고마운 마음을 표현하고 있다.

유아1: 우리 엄마가 싸 준 거야.
유아2: 엄마한테 고맙다고 해야겠다.
유아3: 내가 과자 줘서 고맙지?
유아4: 응, 고마워.

도시락 나누어 먹기(공감)

유아들이 자신의 감정을 또래에게 표현하면서 서로 상황에 대한 감정을 공감할 수 있었다. 유아3의 '과자를 주면 고마운 것'이라는 정서 표현은 자신의 감정 표현과 함께 상대방에 대한 공감을 내포하고 있다. 유아4도 '고맙다'라는 표현을 하면서 공감을 나타내고 있다. 이와 같이 또래 간의 상호작용을 통한 자유로운 감정 표현은 자신과 타인의 감정에 대해 공감을 하게 한다.

(2) 자신의 감정 표출

유아는 현실에서 불가능한 역할이나 행동을 상상의 세계 속에서 실현해 봄으로써 내면에 담겨 있는 경험과 느낌을 표현하게 되고 이 과정에서 부정적인 감정을 표출할 수 있다. 놀이를 통한 부정적 감정의 표출은 유아의 정서를 순화시켜 주고 억압된 감정을 해소하게 해 준다. 따라서 유아의 놀이는 유아의 정서를 반영하고 표현하는 매개 역할을 하고, 대인 관계 속에서 적절한 정서적 반응과 표현하는 법을 체득하고 발달시키는 역할을 한다고 할 수 있다. 다음은 놀이를 하던 중 유아가 자신의 경험과 마음을 나타내기 위해 상상력을 가미하여 표현하면서 부정적인 감정을 해소하고 정서가 순환되는 사례이다.

유아가 클레이 점토를 가지고 구성놀이를 하고 있다. 유아는 며칠 전 놀이터에서 뛰다가 자기 발에 걸려 넘어져 무릎에 상처가 났었다.

유아: (클레이 점토를 인형 머리에 혹처럼 붙이고) 선생님, 인형이 아파요. 인형이 아파서 울었어요.
교사: 그래? 어디가 아플까?
유아: (인형 머리를 만지며) 여기가 아프데요.
교사: 왜 아팠어요?
유아: 어, 뛰어가다가 꽝! 했어요.
교사: 아! 뛰어가다가 넘어졌구나.
유아: 네!

유아는 점토놀이를 하면서 놀이터에서 넘어진 경험에 의한 자신의 고통스러웠던 감정을 언어로 표현하면서 부정적 감정도 표출할 수 있었다. 유아는 놀이를 통해 경험을 재현하면서 자신의 감정과 느낌을 언어로 표출하였다. 이러한 과정을 통해 유아의 부정적인 감정은 해소되고 정서적으로 정화를 할 수 있게 된다. 유아는 자신의 감정과 생각을 자유롭게 표현할 때 정서적으로 발달하게 되며, 긍정적으로 자신을 인식하게 된다.

3) 놀이와 사회성 발달

유아의 사회적 능력은 정서적인 능력과 밀접한 관계가 있으며 서로 영향을 미친다. 자아정체성이 높은 유아는 그렇지 못한 유아에 비해 사회적 기술이나 문제해결 능력이 높은 것을 볼 수 있다. 유아들은 놀이를 하면서 자신의 의견을 전달해야 하고 자신이 의미하는 것을 또래와 공유할 수 있어야 한다. 이러한 능력은 또래와의 상호작용 속에서 이루어지며 놀이에서의 역할, 조직, 방법, 환경 등을 협상하면서 인지적, 사회적, 정서적으로 발달하게 된다.

유아들의 사회성 발달은 또래와 어떻게 상호작용하면서 활동하는가에 나타난다. 유아들은 또래와 놀이하면서 약속을 정하고 지키며, 서로 협력하는 과정 속에서 사회성을 습득하고 발전시켜 나가게 된다.

(1) 규칙 지키기

유아들은 또래와 놀이를 하면서 서로 생각이 다른 것을 알게 되고, 이러한 의견 차이에 대해 협상이 필요하다는 것을 습득하게 된다. 유아들이 경험하는 협상은 사회성 발달의 기초가 된다. 유아가 놀이를 하면서 또래와 함께 규칙을 만들어 내는 경험은 유아 스스로 규칙을 이해하고 지키게 만든다. 놀이 속에서 유아는 타인과 보다 긍정적이고 적극적인 접촉의 기회를 갖게 되며, 규칙과 질서, 약속 등 사회성의 기초 개념을 획득하게 된다. 유아는 사회적 상호작용을 통해 자신의 정서를 조절하고 타인에 정서를 이해하면서 관계를 지속시켜 나가게 되고 그 속에서 규칙을 이해하고 수용하게 된다. 다음은 유아들이 놀이하는 과정에서 스스로 규칙을 만들고 수정해 나가는 모습을 보여 주는 사례이다.

'꼬불꼬불 길, 마을' 놀이를 하던 유아들이 자꾸 의견 충돌이 나자 유아1이 친구들에게 규칙을 만들자고 이야기한다.

유아1: 자꾸 싸워서 안 되겠어. 약속을 적어 놓고 해야겠어.
(유아1과 친구들은 '꼬불꼬불 길, 마을'의 놀이 방법을 그림과 글로 만들어 붙여 놓고 놀이를 한다. 그런데 또 이번에도 문제가 생겼다.)
유아2: 내가 봤어. 내가 먼저 왔나고.
유아3: 아니라고. 난 아까부터 여기서 기다리고 있었다고.
유아1: 야! 그만해. 싸우지 말고 우리 순서를 알 수 있게 번호표를 만들자.
나도 지난번에 음식점 갔을 때 번호표를 받고 기다렸어.
교사: 그래, 그런 방법이 있었네.

'꼬불꼬불 길, 마을' 놀이

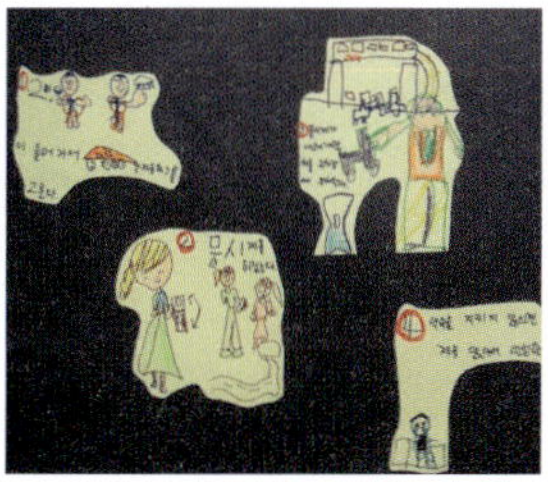
놀이 규칙

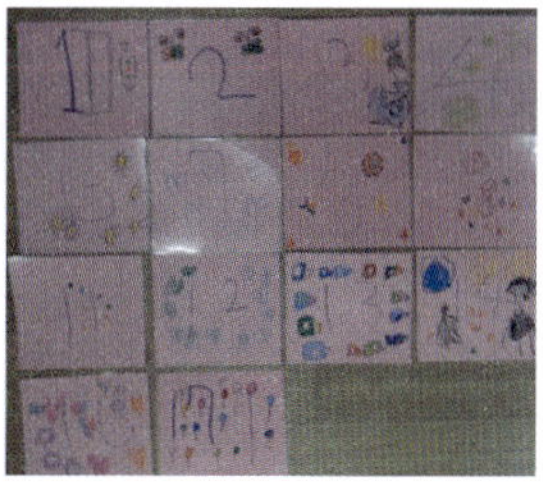
순서 번호표

유아들은 놀이에서 문제가 발생할 경우 공격적인 태도보다 직접 말로 표현하거나 양보나 협상을 통해 해결해 나간다. 위 사례에서도 이러한 갈등을 해결하기 위해 유아1이 놀이 규칙을 제시하였다. 그러나 놀이 규칙을 정하였음에도 불구하고 다시 문제가 발생하자 유아들은 규칙을 수정하고 더 구체적으로 발전시켜 나갔다.

(2) 협력하기

유아의 놀이는 자신과 타인의 사회적 관계의 학습, 즉 사회성을 개발하는 중요한 역할을 한다. 유아는 자신이 특별하다는 것을 알 뿐만 아니라 다른 사람과 더불어 사는 방법을 배움으로써 책임 있는 사회인으로 성장하게 된다. 영아기를 벗어나 유아기에 들어서면 협동적 놀이를 통하여 타인과 적극적으로 사귀는 능력도 학습하게 된다. 유아의 모든 사회적 상호작용의 기초 기술이나 태도, 여러 사회적 규범 및 가치의 내면화 방식 등은 또래와의 놀이를 통해서 획득된다. 또래들과 놀잇감을 나누어 쓰고 양보하고 협조하는 과정 속에서 사회적 관계의 기초 기술을 습득하고 발달시켜 나간다. 남을 인식하면서 자아 개념이 성장하고 자신이 처해 있는 사회적 위치와 관습 및 사회적 규범을 인식한다. 이러한 개념과 기술을 놀이 속에 활용하면서 사회생활의 필요성과 가치에 대해서도 이해하게 된다. 다음은 유아들이 놀잇감을 나누어 쓰면서 협력하는 것을 보여 주는 사례이다.

유아들이 블록을 이용해 팽이를 만들며 놀이를 하고 있다.

유아1: 너 만든 게 뭐야?
유아2: 팽이야!
유아1: 나도 갖고 놀고 싶다.
유아2: 그래, 그럼 기다려. 내가 만들어 줄게.
유아1: 우아! 정말 멋진 팽이다.

유아들은 놀이를 하면서 또래와 놀잇감을 나누어 쓰고 협력하면서 사회성을 기르게 된다. 위 사례에서도 유아가 블록을 이용해 팽이 만들기 놀이를 하는 과정에서 다른 유아가 놀이에 참여하고 싶은 의사를 표현하자 팽이를 만들어 줌으로써 함께 놀이를 하였다. 이와 같이 유아들은 또래와의 상호작용을 통해 의견을 받아들이고 협력하면서 사회적 기술이 발달하게 된다.

4) 놀이와 언어 발달

언어는 사회적 관계 속에서 습득되어진다. 유아가 언어를 습득해 가는 과정의 관계적 요인 중에서 비슷한 연령대의 친구들과의 상호작용은 언어 발달상에 있어서 매우 중요한 변인이 된다. 유아의 언어 능력은 단순히 읽고 쓰는 능력이 아니라 다른 사람의 말을 이해하고 그에 따라 적절하게 표현할 수 있는 능력이다. 유아는 또래와의 놀이 과정에서 서로 공감하고 이해하게 된다. 유아의 놀이는 자신의 감정과 자신이 이해한 것을 표현할 수 있는 의사소통 방식을 통해 이루어진다. 따라서 유아들의 놀이를 관찰하면 유아들이 자신과 외부 세계에 대해 어떻게 인식하는지, 타인과의 의사소통이 어떻게 이루어지고 있는지를 알 수 있다.

유아는 놀이를 하면서 종종 그들 자신에게나 다른 유아에게 말을 건다. 유아가 가지고 노는 대상들에 대해 명명하면서 경험과 관련된 용어들을 사용한다. 이와 같이 놀이 안에서 언어는 경험을 정리하도록 도와준다. 유아는 성장하게 됨에 따라 다른 유아와의 의사소통은 필수적이 된다. 다른 유아와 함께 놀면서 자신의 의사를 전달하는 방법, 다른 유아의 협조를 얻는 방법, 다른 유아의 의사에 반응하는 방법 등을 알게 된다. 다음은 유아들이 자신의 주변에 있는 사물을 탐색하면서 언어 능력의 발달이 이루어지는 사례이다.

유아들이 역할놀이 영역에서 '길 만들기' 놀이를 하고 있다.

유아1: 어? 그런데 찻길에 안내 표지판을 안 만들었네.
교사: 안내 표지판?
유아1: (쌓기 영역에 있는 '교통 표지판' 모형을 가져오며) 이거요!
유아2: 내가 유치원 오면서 봤는데 글씨도 있었어. '천천히' 이렇게 크게 써 있었어.
교사: 정말 그렇구나. 그럼 우리 직접 나가서 길에 어떤 것들이 있는지 보고 더 만들어 볼까?

교사는 유아들과 함께 이야기를 나눈 후 유치원 주변을 산책하며 길을 탐색한다. 길을 탐색한 후 교사는 '교통 표지판'과 관련된 수 교구놀이를 소개해 주고 유아들과 함께 가게 이름표, 신호등, 길바닥에 방향 화살표, 글씨를 기록하며 '길 만들기' 놀이를 진행한다.

길 표지판 관찰하기

교통 표지판 만들기

유아들은 자연스럽게 놀이를 하면서 자신의 경험에 의해 학습해 나간다. 위 사례에서 유아들은 '길 만들기' 놀이를 하면서 자신이 관찰한 것을 토대로 다양한 언어 표현을 배우게 되었다. 유아는 주변의 다양한 형태의 글자를 관찰하면서 이해하고 읽고 쓰는 기술들을 배우게 된다. 이와 같이 유아는 놀이를 하면서 또래와의 상호작용과 주변 탐색을 통해 언어적으로 발달하게 된다.

5) 놀이와 신체 발달

유아는 놀이를 통해 뛰거나 몸을 움직이면서 대·소근육이 발달하게 되고 기본 운동 능력도 향상된다. 유아의 놀이 경험은 스스로 자신의 몸을 보호하고 위험에 대처할 수 있는 신체 능력을 증진시켜 준다. 유아는 놀이 자료 없이 자신의 신체 일부만을 사용하여 놀이를 할 수 있으며, 자신의 몸을 다양하게 움직이거나 감각적인 경험을 통해 즐거움을 느낀다. 또한 신체를 통해 자신의 생각이나 감정을 창의적으로 표현할 수도 있다. 이러한 경험은 유아로 하여금 자신의 신체를 주도적으로 움직이고 지각할 수 있게 하며, 자기 조절력과 자아정체성을 향상시킬 수 있게 해 준다. 그리고 유아가 땀을 흘리며 몰두하는 신체놀이는 질투, 미움, 공격성, 불안 등과 같은 부정적인 감정을 발산시켜 유아의 정서를 순화하게 한다(한은미 외, 2015). 다음은 유아가 자신이 느낀 자연물에 대한 감정을 신체를 통해 표현함으로써 신체에 대한 조절 능력과 심미감이 발달하는 사례이다.

유아들이 나무에 올라가 놀이를 하며 놀고 있다. 나무 사이에 앉아 있는 유아, 거꾸로 매달려 노는 유아 등 각자 나름대로 놀이를 하던 중 한 유아가 갈라진 나무를 발견하였다.

유아1: 선생님, 닭발이에요. (갈라진 나뭇가지와 한쪽 발을 들고 닭발을 표현한다.)
교사: 우아! 나뭇가지가 나누어져 있어서 정말 닭발처럼 보인다. 다른 곳에 있는 나뭇가지도 그렇게 나누어져 있는지 볼까?
유아1: 다른 곳도 그래요.
유아2: 브이(V) 모양으로 되어 있어요.
유아3: 어! 이 나무는 이렇게 꼬불꼬불하다. (몸을 비틀며 표현한다.)
교사: 정말로 ○○이 몸처럼 꼬불꼬불하구나.
유아1: 이렇게 손을 꼬아 줘도 된다.
교사: 아! 그렇게 손을 꼬아도 되는구나.

유아들은 자연에서 관찰을 통해 나무는 곧게 뻗어 있는 것만이 아니라 곡선 등 여러 가지 형태로 되어 있는 것을 알게 되었고, 자신들의 몸을 이용해 표현하였다.

유아는 자연에서 느끼는 다양함과 아름다움을 언어뿐 아니라 신체를 통해서도 표현할 수 있음을 배우게 되었다. 이러한 표현 활동은 유아의 창의성을 발달시키며 스스로 신체를 조절하는 법을 배우게 한다. 유아들의 신체놀이는 기본적인 신체적 발달뿐만 아니라 창의성과 정서적인 발달에도 도움을 준다.

6) 놀이와 창의성 발달

유아들의 놀이는 창의성이 발현되는 장이다. 유아들은 친구들과 놀이에 적합한 놀이 도구를 발견하거나 제작하는 과정을 통해 창의성이 향상될 수 있다. 유아들은 또래 친구들과 놀이를 하며 사물과 상황에 대해 의미를 부여하고 새로운 놀이를 창조한다. 이러한 과정은 유아에게 다양한 생각을 불러일으키며 궁금한 것들을 탐구하게 함으로써 창의성을 발달시킨다.

Sutton-Smith(1979)는 극놀이의 가상 전환이 유아의 정신적 융통성에 긍정적인 영향을 끼친다고 하였다. 유아들의 상상을 통해 새롭게 만들어지는 이야기들은 유아의 창의성을 발달하게 한다. 유아들은 익숙한 동화 이야기를 원래대로 따라하지 않고 놀이의 흐름과 상황에 맞게 재구성하여 새로운 이야기를 만들어 내기도 한다. 예를 들면 백설 공주의 독 사과는 매우 위험한 물건이라는 설정은 동일하지만, 다음 사례와 같이 유아의 놀이에서는 독 사과가 손에서 피어나기 때문에 빨리 수술을 해야 하는 위급한 상황으로 표현되기도 한다(안소라, 2014).

유아1이 손바닥을 위로 향한 채 누워 있고, 다른 유아들은 주변에 앉아 있다.

유아3: 내가 알아냈어! 사과를 먹으면 죽어.
유아1: 그런데 그거를 아무도 몰랐어.
유아3: 내가 치료해 줄게. 손바닥에 독 사과가 끼어 있어. 독 사과를 얼른 빼야 돼.
유아1: (다른 손을 들고) 여기 손도 아파서 죽을 것 같아.
유아4: (유아3에게) 넌 그 손을 수술해.
유아3: (손을 전화기로 요리조리 살피며) 여기에 독 사과가 피어났어.
유아4: 나는 이 손을 수술할게.
유아1: (손을 보여 주며) 여기에 독 사과가 들어가서 지금 죽을 것 같다.
나 치료해 줘야 해. 나 죽기 전에 빨리 수술해 줘.
유아2: 나는 살아나는 죽을 알아볼게.
유아4: 어, 그래. 살아나는 죽을 알아 와.

출처: 안소라(2014).

유아들은 동화책 속의 내용을 가지고 극놀이를 하면서 새로운 상황을 설정하였다. 이러한 설정은 유아의 상상력을 자극하게 만들며, 사물을 가작화하면서 창의성이 증진되도록 한다.

유아들의 놀이를 영역별로 나눠 생각해 볼 때, 신체운동·건강, 의사소통, 사회관계, 예술경험, 자연탐구 등의 5개 영역에서 일어나는 놀이들은 유아들의 창의성 발달에 영향을 미친다. 유아의 창의성 발달을 위한 5개 영역의 내용은 다음 〈표 4-1〉과 같다.

〈표 4-1〉 창의성 발달을 위한 5개 영역별 내용

영역	내용
신체운동 · 건강	• 실내외 신체 활동에 자발적으로 참여한다.
의사소통	• 책에 관심을 가지고 상상하기를 즐긴다.
사회관계	• 내가 할 수 있는 것을 스스로 한다.
예술경험	• 신체나 도구를 활용하여 움직임과 춤으로 자유롭게 표현한다. • 다양한 미술 재료와 도구로 자신의 생각과 느낌을 표현한다. • 극놀이로 경험이나 이야기를 표현한다.
자연탐구	• 궁금한 것을 탐구하는 과정에 즐겁게 참여한다. • 탐구 과정에서 서로 다른 생각과 관심을 가진다.

출처: 교육부·보건복지부(2019).

2. 연령별 놀이 발달

영유아는 같은 연령이라 할지라도 성숙 정도, 개인의 경험 등에 따라 영향을 받기 때문에 같은 수준이나 동일한 발달 과정을 거치는 것은 아니다. 그러나 영유아의 발달은 순차적으로 진행되기 때문에 발달의 패턴이나 순서는 같다(조윤경 외, 2010). 영유아의 놀이 발달에 대한 지식은 유아의 놀이를 보다 깊게 이해하게 하며 효과적으로 영유아들을 지도할 수 있게 한다. 영유아의 연령에 따른 놀이 특징(Hughes, 1975; 이숙재, 2004)을 정리해 살펴보면 다음과 같다.

1) 0세의 놀이 발달

0세는 신체 감각을 중심으로 놀이 활동을 한다. 발달 시기와 놀이 유형을 정리하면 〈표 4-2〉와 같다.

〈표 4-2〉 0세의 놀이

발달 시기	놀이 유형
출생~6개월	행동에 숙달되는 즐거움을 위한 반복놀이, 모든 것을 입으로 탐색하는 놀이, 오감자극놀이
7~12개월	서서 밀고 당기는 놀이, 꺼내기, 채우기, 끼우기 등 간단한 조작놀이

- 영아의 발달 수준과 경험을 바탕으로 활동을 제공하고 점진적으로 다음 단계로 진행되도록 도와준다.
- 신체놀이에 적합한 놀잇감을 제공해 준다.
- 영아의 놀이를 관찰하면서 적절한 시기에 개입한다.
- 영아가 어려워하는 신체놀이는 시범을 보이도록 한다.
- 영아의 안전을 위하여 놀이 환경에 대한 점검을 철저히 해야 한다.

2) 1세의 놀이 발달

1세는 여전히 감각운동적 놀이를 하나 부모가 주도하는 놀이에 참여하거나 단순한 모방 활동이 이루어진다. 1세의 놀이 종류와 놀이 활동을 정리하면 〈표 4-3〉과 같다.

〈표 4-3〉 1세의 놀이

놀이 종류	놀이 활동
운동놀이	대근육 운동놀이, 조작놀이
감각운동놀이	듣기, 만지기, 휘젓기, 두드리기
역할놀이	단순 모방 활동
부모와의 놀이	부모가 주관하는 놀이

- 밀거나 끌거나 당기는 등의 신체를 사용할 수 있는 놀잇감을 제공한다.
- 같은 모양끼리 놓아 보거나 구멍에 넣는 놀잇감을 제공한다.
- 소형 스펀지나 보드리 블록, 종이 벽돌 블록 같은 것을 늘어놓게 하거나 쌓아 보도록 격려한다.
- 영아의 놀이에 적절히 개입하며 물체에 대한 흥미를 느끼는 것을 격려하되 강요하지 않는다.
- 영아가 주의를 끌기 위해 하는 행동이 무엇인지 알고 가능한 빨리 영아의 행동에 반응한다.
- 영아가 자신의 놀잇감을 가지고 놀지만 다른 영아와 가까이 앉을 수 있도록 공간을 준비해 주도록 한다.
- 영아가 혼자 할 수 없는 일에 도움을 준다.

3) 2세의 놀이 발달

2세는 1세에 비해 좀 더 발전된 형태의 운동적, 감각적 놀이를 하고 소근육의 조절이 더 필요한 놀이가 발달되기 시작한다. 사회적 놀이에 대한 관심도 생기기 시작한다. 2세의 놀이 종류와 놀이 활동을 정리하면 〈표 4-4〉와 같다.

〈표 4-4〉 2세의 놀이

놀이 종류	놀이 활동
운동놀이	낮은 층계 오르기, 끄는 놀이
감각운동놀이	밀가루 반죽 등 감각 탐색놀이
조작놀이	눈과 손의 협응력 발달놀이
쌓기놀이	블록 옮기기, 늘어놓기, 쌓기놀이
역할놀이	일상생활 경험에 기반한 단순 역할놀이
사회적 놀이	사회적 놀이에 관심은 있으나 상호작용은 잘 안됨

- 기어오르기를 위한 안전한 자료를 안전한 높이에 제공한다.
- 만져 볼 수 있는 다양한 촉감의 놀잇감을 제공하고 질감과 이름을 말해 주도록 한다.
- 협동할 수 있고 공유하는 놀잇감을 제공하고 다른 영아와 공유하는 행동을 할 때 칭찬해 주고 나누는 이유를 설명해 준다.
- 다른 영아와 가까이 놀 수 있도록 지도한다.
- 놀잇감을 자신의 일부처럼 생각하며 소유욕이 강하므로 분노나 부정적 감정을 부적절하게 표현할 때 긍정적으로 표현하도록 격려한다.
- 그림이나 모양이 비슷한 것을 모아 보게 하고 영아 스스로 분류한 것에 대해 설명을 들어준다.

- 사물의 명칭에 따른 분류를 시작하므로 분류를 해 보도록 하고 분명히 설명해 준다.
- 시간에 관련된 것도 말로 표현해 준다.
- 이야기의 맥락을 관찰하고 필요하다면 의미를 물어본다.
- 그림책을 소리 내어 읽어 주고 억양을 잘 넣어 표현하여 영아가 모방해 보도록 한다.
- 일상의 놀이 경험을 통해 새로운 사물의 개념을 형성하고 이전 경험을 확장시키는 기회를 제공한다.

4) 3세의 놀이 발달

3세는 흥미 영역에 적응해 나가기 시작하며, 2세에 비해 놀이 활동이 좀 더 세련되어지고 활발해지기 시작하나, 아직 큰 유아들처럼 매우 활동적이지는 않다. 친구들과 상호작용하는 놀이도 아직은 많이 나타나지 않는다. 3세의 놀이 종류와 놀이 활동을 정리하면 〈표 4-5〉와 같다.

〈표 4-5〉 3세의 놀이

놀이 종류	놀이 활동
운동놀이	기초적 운동놀이, 세발자전거 타기
조작놀이	소근육 조절 활동, 구슬 꿰기, 퍼즐 맞추기, 지퍼 올리기, 찍찍이 붙이기
쌓기놀이	블록으로 폐쇄된 공간, 다리 만들기
미술놀이	가위로 오리기
언어놀이	우스갯소리, 말놀이, 역할놀이
역할놀이	엄마, 아빠, 가정 관련 역할놀이
사회적 놀이	혼자놀이, 병행놀이

5) 4세의 놀이 발달

4세는 흥미 영역을 통한 놀이 활동에 주도적, 적극적으로 참여하며, 양적, 질적으로 발달한 놀이 형태를 보인다. 친구들과의 상호작용도 활발하게 이루어진다. 4세의 놀이 종류와 놀이 활동을 정리하면 〈표 4-6〉과 같다.

〈표 4-6〉 4세의 놀이

놀이 종류	놀이 활동
운동놀이	대근육 운동놀이, 모험놀이, 정글짐
조작놀이	학습과 연관된 분류놀이, 수놀이, 퍼즐 맞추기
쌓기놀이	블록으로 폐쇄된 공간과 다리 혼합 구조물 만들기, 극놀이
미술놀이	다양한 재료로 사람 형태 만들기
언어놀이	우스갯소리, 수수께끼놀이
역할놀이	양적, 질적으로 발달한 놀이, 병원놀이, 가게놀이
사회적 놀이	연합놀이

6) 5세의 놀이 발달

5세는 흥미 영역에 제공된 놀이 활동에 매우 적극적, 주도적으로 참여한다. 친구들과의 협동적 상호작용도 매우 활발하게 일어나며, 사전에 놀이를 계획하고, 놀잇감의 사용에도 익숙하고 능숙한 모습을 보인다. 5세의 놀이 종류와 놀이 활동을 정리하면 〈표 4-7〉과 같다.

〈표 4-7〉 5세의 놀이

놀이 종류	놀이 활동
운동놀이	운동 기술 시험, 스키핑, 계단에서 뛰어내리기
수·조작놀이	다양한 퍼즐, 두 가지 속성 분류, 간단한 바느질
쌓기놀이	계획된 구조물 만들기, 구조물의 세부 장식, 균형, 패턴
미술놀이	다양한 재료로 사람, 동물, 식물, 집 입체 조형물 만들기
언어놀이	동화책 보기, 유아 자신이 동화나 동요를 지어서 다른 사람에게 들려주기, 끝말잇기, 수수께끼놀이
과학탐구놀이	호기심을 갖고 사물이나 자연 관찰하기, 실험놀이
역할놀이	사전계획놀이, 다양한 놀이와 놀잇감 사용하기
사회적 놀이	원만하게 상호작용하기, 협동놀이
게임	주사위 게임, 바둑판 게임, 숨바꼭질, 닭싸움
목공놀이	목공 연장 사용, 단순한 작품 만들기

3. 놀이의 진단적 가치

놀이에 대한 정신분석적, 인지 발달적, 심리사회적, 신경생리학적 접근 등 여러 이론과 연구들이 진행되면서 놀이는 개인의 발달과 중요한 관계를 갖고 있음이 알려졌다. 놀이가 개인의 발달과 관련된 매개체인 만큼 발달의 정도를 살펴볼 수 있는 진단과 평가의 도구로서의 가치도 연구되고 있다. 놀이 행동과 패턴은 유아의 내적인 삶과 기능적 발달 수준 및 능력의 다양한 측면들을 반영해 준다(O'Connor & Ammen, 1997). 이는 놀이를 통해 유아가 가지고 있는 언어적, 비언어적 의사소통 능력과 사회적 지식에 대한 유아의 통찰 능력을 알 수 있고, 유아가 이 지식들을 어떻게 활용하는가를 파악할 수 있음을 의미한다. 유아가 표준화된 인지, 언어 검사들을 수행하는 능력은 유아들이 갖고 있는 분리된 지식 정보들에 대해 파악하고 파악된 지식 정보들을 현실 상황에서 어떻게 통합하고 활용하는지를 알아볼 수 있게 해 준다(Westby, 2000). 놀이가 지니고 있는 즐겁고 자연스러우며 강요하지 않는 상황은 유아들이 자신의 숨겨진 힘을 보여 줄 수 있는 기회를 제공해 주기 때문에 놀이를 통해 관찰된 행동들은 진단과 평가상의 중요한 지표를 제공해 준다(강복진, 2002).

유아의 발달적 성취와 진보, 발달적 지연 및 문제 행동 등을 놀이를 통해 진단하기 위한 평가로서 Lifter와 Bloom(1998)이 개발한 발달적 놀이평가(DPA)와 Linder(1993)가 개발한 변형 훈련 놀이평가(TPBA)가 있다. 유아의 잠재적인 문제가 무엇인지 구체적으로 진단하기 위해 인지, 신체운동, 언어, 사회, 정서적 발달 영역과 관련된 다양한 놀잇감과 놀이 상황에서 유아의 행동을 관찰하고 유아가 사용하는 기술을 평가하는 것이다(안경숙, 2012).

1) 발달적 놀이평가 도구(DPA)

DPA(The Developmental Play Assessment)는 놀이를 통해 유아의 인지 발달 상태를 평가하기 위해 Lifter와 Bloom(1998)이 개발한 발달적 놀이평가 도구이다. 4개의 놀잇감 세트를 구성하고 놀이 발달 수준에 대한 분석 기준을 제시한 것이다. DPA에 이용되는 놀잇감은 대여섯 가지의 장난감이 한 세트로 구성된 4개의 세트가 있다. 각 놀잇감 세트는 동일한 수준이며 아주 단순한 조작놀이 활동에서부터 가상놀이, 사회극놀이, 환상놀이까지 다양한 놀이 활동을 할 수 있는 놀잇감으로 구성되어 있다. 평가의 실시는 친숙한 성인과 친숙한 상황에서 유아가 정해진 놀잇감으로 30분 동안 자유놀이를 하고 그 장면을 비디오로 녹화하여 사후에 놀이 활동을 분석하여 평가하는 방식을 취한다(강복진, 2002).

DPA에서 보여지는 유아의 수행 능력은 다른 평가 도구들보다 언어 능력에 문제를 보이는 유아에게 더 적합하게 만들어져 있어서 언어 능력과는 독립적으로 평가된다. DPA에 대한 신뢰도와 타당도 연구는 아직 완성되지 않았으나, 인지 발달적 관점에서 유아가 사물과 사태에 대해 갖고 있는 지식의 내용, 구조, 조직을 평가하기 위한 수단으로써 유용하다. DPA에 제시된 놀이 발달 수준과 범주들은 다른 여러 가지 놀이 발달 척도나 분류들보다 비교적 자세하게 구분되어 있으며 유아들에게 친숙하면서도 발달 수준에 적합한 놀잇감이 구체적으로 제시되어 있어 평가 도구로서 이용하기가 쉽다(Lifter & Bloom, 2000).

2) 변형 훈련 놀이평가(TPBA)

TPBA(Transdisciplinary Play-Based Assessment)는 Linder(1993)가 개발한 평가 도구로 교사와 부모, 전문가로 구성된 평가팀이 1시간 정도 진행되는 6단계의 놀이 과정을 평가한다. 1단계에서는 다양한 놀이 영역과 놀이 자료를 자유롭게 선택할 수 있는 비구조적인 놀이 참여 과정을 평가한다. 2단계에서는 유아가 주도적 놀이를 하되 과업을 안내하고 평가하는 것이다. 3단계는 비슷한 또래 유아와 상호작용하는 것을 관찰하고 평가하며, 4단계는 유아가 부모들과 놀이하는 과정을 평가한다. 5단계는 비구조화된 운동놀이를 평가한다. 마지막 6단계에는 또래 유아와 간식을 먹는 과정에서의 사회적 상호작용을 평가한다. 모든 평가의 과정은 비디오로 촬영을 하며 평가팀이 유아의 행동을 관찰한 후 문제를 진단하여 유아를 돕는 프로그램을 선정하게 된다. TPBA는 놀이에서 드러나는 유아의 발달적 수준과 발달적 지연을 알 수 있으며, 유아들이 가지고 있는 문제를 이해하여 효과적으로 도울 수 있다.

유아 놀이에 기초한 평가인 DPA와 TPBA는 발달에 적합한 과정중심의 대안평가로서 활용 가치가 높다고 할 수 있다. 발달적으로 지연된 유아에게도 매우 유용하며, 연령적, 개별적 발달의 적합성 측면에서도 바람직한 평가로 인정받고 있다(안경숙, 2012).

3) 놀이치료

놀이의 치료적 가치는 여러 가지 문제를 가진 유아들을 놀이치료 방법을 통하여 치료하는 것이다. 체계적인 치료적 도움을 필요로 하는 유아들은 전문가의 진단과 도움을 받으며 놀이치료실에서 몇 회기에 걸쳐 놀이치료를 받는다. 가벼운 정도는 유아들의 생활 속 놀이를 통하여 자연스럽게 치유되기도 한다. 요즈음은 놀이치료 외에 미술치료, 음악치료 등의 예술치료가 유아에게 적용되기도 한다.

놀이치료는 유아의 내적인 긴장이나 불안, 공포, 공격성과 같은 감정들을 놀이를 통해 표출하게 하고 점차적으로 그러한 감정을 스스로 조절해 나가는 것을 배움으로써 내면의 잠재적 발달 가능성을 극대화시켜 주는 것이다. 놀이치료의 놀이는 유아에게 부담을 주지 않고 솔직하게 자신을 표현할 수 있게 하는 매개체이다.

Levy(1978)는 충격적인 경험을 한 아동에게 정서적 의미를 다룰 수 있는 의미가 있는 장난감이나 특정 재료를 제공하여 아동이 겪은 충격적인 상황을 재현하도록 하였다. 과거의 충격적인 상황을 재현한 구조화된 놀이 환경 속에서 과거의 경험을 반복해 봄으로써 유아의 부정적인 생각과 느낌을 해소할 수 있다고 하였다. Solomon(1938)은 아동의 분노와 공포의 감정을 놀이를 통해 표현하고 치료하는 과정을 통해 사회적으로 바람직한 놀이 지향적 행동으로 전환할 수 있다고 주장하였다. 현재의 놀이치료를 이론화한 Axline(1957)은 비지시적 놀이치료 방법을 제시하였다. 인간중심, 아동중심의 놀이치료로 아동은 타고난 성장의 힘을 가지고 있기 때문에 놀이를 통해 아이와 환경의 불균형을 해소함으로써 자연스러운 자기 성장을 도울 수 있다고 하였다(최영, 2020).

최근에는 Jernberg(1979)가 개발한 치료놀이를 통해 다른 사람과의 관계에 어려움을 겪는 유아들이 좋아지는 사례가 보고되고 있다. 치료놀이는 일반 유아들에게도 자연스럽게 적용할 수 있다. 이는 도전, 구조화, 개입, 양육, 재미로 이루어져 있다(강복진, 2002).

방은령(2009)은 놀이의 치료적 요소를 다음과 같이 제시하였다.

첫째, 놀이를 통해 놀이하는 사람의 심리적 상태를 분석하고 진단할 수 있다. 어떤 놀잇감을 가지고 어떻게 노느냐에 따라 놀이하는 사람의 심리 상태를 읽을 수 있다.

둘째, 놀이를 통해 의사소통을 할 수 있다. 언어 표현 능력이 부족한 어린 아동이나, 질병이나 사고로 인해 언어 능력이 감소된 경우에 놀이를 통해 상대방에게 의견을 전달할 수 있다.

셋째, 놀이를 통해 학습을 할 수 있다. 놀이는 역할이나 환경에 대한 이해나 학습 동기화, 기억력 향상에 효과가 크다.

넷째, 놀이를 통해 성장할 수 있다. 편안하게 자신의 내면을 드러내고 정화시킴으로써 심리적으로 안정되며, 심리적인 변화를 통해 한 단계 더 높이 성장할 수 있다.

5장 놀이 관찰 및 평가

1. 놀이와 관찰

1) 관찰의 중요성과 목적

유아에 대해 가장 잘 알 수 있는 방법 중 하나는 일상의 활동과 놀이를 관찰하는 것이다. 유아는 자신의 행동이나 감정을 언어로 충분하게 설명할 수 없기 때문에, 어떠한 행동과 말의 원인과 이유에 대해 정보를 얻기 위해서는 관찰과 기록이 중요하다. 또한 유아의 모든 발달은 놀이에 대한 관찰로 평가될 수 있다. 교사는 구조적 또는 비구조적인 방법으로 유아의 사회적, 언어적, 인지적, 운동적 기술을 관찰할 수 있으며, 관찰로부터 얻어진 정보의 질은 교사의 '관찰 기술'에 따라 달라진다. 유아가 어떤 놀이를 하는지, 왜 하는지, 누구와 하는지와 같은 관찰은 중요하다. 왜냐하면 교실에서 유아가 놀이나 다른 유아와 상호작용하는 것을 관찰하면 사회적 발달과 행동이 어떻게 진행되는지 알 수 있기 때문이다. 교사가 유아의 관점에서 놀이를 깊이 관찰하고 평가하는 것은 교수 전략에 있어 기초 자료를 제공해 준다는 점에서 중요하다(조윤경 외, 2010).

교사는 지속적인 놀이 관찰을 통해 유아의 앎과 삶을 연결해 주는 놀이 경험을 지원할 수 있으며, 관찰을 토대로 한 결과를 부모와 공유함으로써 부모와의 의사소통에 유용하게 활용할 수 있다. 유아의 행동 및 발달, 다른 유아와의 상호작용 및 기관에서의 생활을 가정과 연계함으로써 부모의 이해를 돕고 신뢰할 수 있는 동반자로서 협력 관계를 형성할 수 있다(양옥승 외, 2018).

유아의 놀이는 자연스러운 상황 속에서 직접 관찰을 할 수 있다는 것이 장점이며, 유아의 놀이를 관찰하는 목적을 살펴보면 다음과 같다(조윤경 외, 2010).

첫째, 관찰 대상자인 유아의 발달을 이해하기 위해서이다. 유아의 발달은 개인 변화의 과정으로, 유아의 개별 특성에 따라 성숙 정도나 개인 경험의 기회가 다르기 때문에 생활 연령이 같다고 할지라도 발달 특성은 다르게 나타날 수 있다. 따라서 유아의 개별 특성에 따른 발달 정도를 관찰하고 파악함으로써 발달을 도울 수 있다.

둘째, 관찰자 자신을 이해하기 위해서이다. 관찰은 관찰 대상뿐만 아니라 관찰하는 교사 자신에 대한 이해를 돕는다. 유아의 행동이나 놀이를 관찰하면서 관찰하는 교사 자신의 태도나 신념을 주의 깊게 살피고 반성적 사고를 함으로써 발전할 수 있는 기회가 될 수 있다.

셋째, 유아의 놀이를 관찰하고 파악한 결과는 다음 활동 계획의 기초 자료로 활용될 수 있다. 유아의 놀이를 관찰하면서 유아의 흥미가 무엇인지, 왜 이 놀이를 하는지 등을 파악하여 다음의 놀이나 활동을 계획하는 것에 반영할 수 있다.

2) 관찰의 방법

관찰의 종류로는 참여 관찰과 비참여 관찰이 있다. 참여 관찰은 관찰자가 관찰 집단에 들어가 그 구성원들과 같이 참여하면서 관찰하는 것이다. 참여 관찰의 장점은 자연스러운 상황에서 관찰할 수 있다는 점이며 외부에서 관찰할 수 없는 정서적인 감정들을 자료로 수집할 수 있다. 단점은 시간이 많이 소요되며 관찰자의 주관적인 감정이 개입될 수 있는 여지가 있어 객관성을 유지하기 어렵다는 점이다.

비참여 관찰은 관찰 대상의 집단에 직접 참여하지 않고 제삼자의 입장에서 관찰하는 것이다. 관찰의 객관성이나 계획적인 관찰을 할 수 있는 장점이 있으나 관찰의 기회가 적고 심층적인 자료를 얻기가 어렵다. 비참여 관찰 방법의 예로는 비디오를 통한 관찰 방법이 있다. 그 외 관찰 방법으로는 유형에 따라 일화 기록법, 표본식 기록법, 시간 표집법, 사건 표집법, 행동 목록법, 평정 척도법 등이 있다(양옥승 외, 2018). 관찰 방법에 대한 자세한 내용은 '놀이와 평가'에서 자세히 설명하고자 한다.

관찰의 장점은 유아의 비언어적인 행동을 수집하는 것에 용이하다는 것과 관찰자의 연령이나 교육 정도에 영향을 받지 않는다는 것이다. 그러나 단점으로는 시간이 많이 들고 양적인 자료를 얻기가 어려우며 신뢰성을 확보하기 어려운 점이 있다. 또한 관찰자가 관찰을 어떻게 하느냐 하는 방법과 관찰자 개인 특성이나 성격, 직전 교육에 대한 신념, 관찰 당시의 상황에 따라 오류가 발생할 수 있다. 따라서 유아의 행동이나 놀이에 대한 정확한 관찰을 위해서는 객관적 관찰을 해야 하며 행동을 구체적이고 상세하게 기술해야 한다. 객관적 관찰은 사실과 사건만을 담고 객관적으로 기술하는 것이다. 주관적인 관찰을 피하기 위해서는 유아를 관찰하는 과정에서 실제 행동만 기록하고 직접 화법으로 행동의 질을 설명해야 한다. 다음은 관찰 기록에 있어 부족한 기록과 올바른 기록의 예를 보여 주는 것이다(안선희 외, 2017).

〈표 5-1〉 관찰 기록의 예시

기록 방법	부족한 기록의 예시	올바른 기록의 예시
행동을 구체적으로 상세하게 기술	TV 시청하기	EBS 시청하기(예: 타요, 폴리)
	외출하기	도산 공원 산책하기
	장난감 갖고 놀기	비행기 장난감으로 비행기놀이
	놀이터에서 놀기	놀이터에서 모래놀이하기
	이동하기	버스를 타고 우체국으로 이동하기
객관적으로 기술	슬퍼한다.	울고 있다.
	기뻐한다.	소리 내어 크게 웃는다.
	열심히 색칠한다.	빈틈없이 색칠한다.
	글자를 아는 것 같다.	'가방'이라고 쓰고 짚어 가며 읽는다.
	자랑스럽다는 듯 바라본다.	"내 그림 멋지지?"라고 말한다.
	쑥스러워한다.	고개를 숙이고 눈길을 피한다.

출처: 안선희 외(2017).

2. 놀이와 평가

1) 2019 개정 누리과정의 평가

2019 개정 누리과정의 유아 평가의 방향은 유아가 놀이를 하면서 무엇을 경험하는지, 접하는 모든 사물과 환경 가운데 어떻게 반응하고 문제를 해결해 나가는지, 이에 대한 배움은 어떻게 연결되는지에 관한 관찰과 해석을 하는 과정이어야 한다. 즉 놀이와 삶에서 마주치는 세상에 대한 질문을 교사와 유아가 함께 해결하는 과정으로서의 배움의 의미, 이러한 놀이와 배움을 잇는 교각으로서의 평가의 역할을 해야 한다. 유아 평가의 우선순위는 교실을 둘러싼 복잡한 사회적, 교육적 맥락 속에서 의사 결정을 내리도록 돕는 데 있다. 누리과정의 개정 방향에 비추어 볼 때 유아 평가는 설정된 목표나 주어진 기준들의 성취 정도를 평가

하는 것이 아니라 세상의 일부인 유아들이 어떤 놀이를 하며 실제로 무엇을 경험하고 있는지를 이해하는 방향으로 전환되어야 한다. 따라서 유아의 평가를 놀이와 학습이라는 이분법적 평가에서 벗어나 유아가 놀이에서 어떤 경험을 하며 어떻게 문제 상황을 해결해 나가는지를 관찰하면서 역동적이고 창조적인 관점으로 평가해야 한다. 유아가 어느 정도 배움을 성취했는지 평가하는 배움에 대한 평가가 아니라, 유아가 무엇을 배우며 바르게 방향을 설정해 나가고 있는지를 평가하는 배움을 위한 평가로의 변화가 요구된다(이진희 외, 2019).

개정 누리과정에서의 가장 큰 변화 중 하나는 평가의 간략화이다. 누리과정 운영과 유아의 평가를 간략화하여 교사의 자율성과 유아중심, 놀이중심의 교육 과정이 실천될 수 있도록 하였다. 기존의 누리과정에 익숙한 교사에게 있어 개정된 누리과정의 평가는 기존의 누리과정과 같이 정해진 세밀한 기준이 없어 평가의 기준과 방법에 어려움이 있을 수 있다. 그러나 유아의 평가에 대한 방법과 절차에 한 가지 정답만이 있는 것은 아니다. 교사는 유아의 놀이와 놀이에 대한 의미를 해석하기 위해 끊임없이 연구하고 반성하여 평가의 내용과 방법을 수정할 수 있는 사고의 유연성이 필요하다. 이번 개정 누리과정의 성격 개정에서도 국가 수준의 공통성과 지역, 기관 및 개인의 다양성을 동시에 추구하며, 유아, 교사, 원장, 학부모 및 지역사회가 함께 실현해 가는 것을 추구하고 있다. 따라서 교사는 유아의 놀이에 대한 관찰과 평가를 기록하고 원장 및 학부모들과 기록에 관한 내용을 함께 공유하고 소통하는 과정을 통해 평가의 기준이나 내용을 고민할 수 있다. 교사는 유아의 삶과 앎을 연결하는 놀이 지원자로서 유아의 놀이를 이해하고 해석할 수 있어야 하며 유아의 관찰 기록에 있어 신중해야 한다.

개정 누리과정의 유아 평가는 누리과정의 목표와 내용에 근거하여 유아의 특성과 변화 정도를 파악하기 위해 유아의 지식, 기술, 태도, 일상생활과 누리과정 활동 전반에 대해 평가하는 것이다. 평가의 방법으로는 관찰, 활동 결과 분석, 부모 면담을 사용하며, 종합적으로 평가하고 기록하여 유아에 대한 이해와 누리과정 운영 개선 및 부모와의 면담 자료로 활용할 수 있다(이진희 외, 2019).

개정된 누리과정 내용에 대한 이해와 이를 근거로 한 평가를 위해서 교사는 기본적인 5개 영역의 이해를 토대로 한 관찰과 평가를 할 수 있어야 한다. 다음은 개정 누리과정에서 추구하는 인간상에 따른 5개 영역의 범주를 어떻게 평가에 적용할 수 있는지에 대한 예시(사회관계 영역)이다.

〈표 5-2〉 2019 개정 누리과정 관찰 척도(사회관계 영역)

관찰 범주	관찰 문항	그렇다 (3점)	보통 (2점)	미흡 (1점)
나를 알고 존중하기	나를 알고 소중히 여긴다.			
	나의 감정을 알고 상황에 맞게 표현한다.			
	내가 할 수 있는 것을 스스로 한다.			
더불어 생활하기	가족의 의미를 알고 화목하게 지낸다.			
	친구와 서로 도우며 사이좋게 지낸다.			
	친구와의 갈등을 긍정적인 방법으로 해결한다.			
	서로 다른 감정, 생각, 행동을 존중한다.			
	친구와 어른께 예의 바르게 행동한다.			
	약속과 규칙의 필요성을 알고 지킨다.			
사회에 관심 가지기	내가 살고 있는 곳에 대해 궁금한 것을 알아본다.			
	우리나라에 대해 자부심을 가진다.			
	다양한 문화에 관심을 가진다.			

출처: 교육부·보건복지부(2019).

예시한 〈표 5-2〉의 관찰 척도는 누리과정 5개 영역 중 사회관계에 관한 내용으로 유아의 놀이를 관찰하면서 그렇다(3점), 보통(2점), 미흡(1점)으로 표시하고 점수를 더하여 평가 점수가 낮은 유아에게 적절한 도움을 제공할 수 있다.

개정 누리과정의 평가는 유아의 이해 및 부모와의 면담 자료로 활용할 수 있다. 3~5세 연령별 누리과정의 평가 예시문은 유아의 발달을 종합적으로 평가하는 데 이용할 수 있으며 5개 영역의 세부 내용에 있어 유아가 어느 정도 수준에 있는지 평가할 수 있다. 교사는 기존의 평가 예시문을 개정된 누리과정의 내용에 맞게 수정하여 평가 자료로 활용할 수 있다. 다음은 사회관계 영역을 개정된 누리과정에 맞추어 수정하여 평가 내용을 상, 중, 하로 나눈 예시이다.

〈표 5-3〉 2019 개정 누리과정 평가 예시문(사회관계 영역 상, 중, 하 수준 비교)

<table>
<tr><th>범주</th><th>내용</th><th>수준</th><th>평가</th></tr>
<tr><td rowspan="9">나를 알고 존중하기</td><td rowspan="3">나를 알고 소중히 여긴다.</td><td>상</td><td>• 내 몸의 신체적 특징을 알고, 생각과 마음에 대해 관심을 가지며 긍정적으로 생각하고 소중히 여깁니다.
• 나와 다른 사람의 같은 점과 다른 점을 알고 함께 살아가는 것의 중요성을 알고 있습니다.</td></tr>
<tr><td>중</td><td>• 내 몸의 신체적 특징에 대해 관심을 갖고 자신을 소중히 여깁니다.
• 나와 다른 사람의 생김새, 성별, 생각의 차이에 관심을 갖고 있습니다.</td></tr>
<tr><td>하</td><td>• 나의 이름, 성별, 나이 등에 관심이 있으나, 자신을 소중히 여기는 태도가 필요합니다.
• 나와 다른 사람의 생김새, 성별, 생각의 차이에 대한 관심이 요구됩니다.</td></tr>
<tr><td rowspan="3">나의 감정을 알고 상황에 맞게 표현한다.</td><td>상</td><td>• 다른 사람이 슬프고, 기쁘고, 화나는 등 다양한 감정을 표현하는 것을 알 뿐만 아니라, 표현하는 감정과 실제 감정이 다를 수 있음을 압니다.</td></tr>
<tr><td>중</td><td>• 다른 사람이 슬프고, 기쁘고, 화나는 등 다양한 감정을 표현하는 것에 관심을 갖습니다.</td></tr>
<tr><td>하</td><td>• 다른 사람이 슬프고, 기쁘고, 화나는 등 다양한 감정을 표현하는 것에 관심을 갖는 태도가 요구됩니다.</td></tr>
<tr><td rowspan="3">내가 할 수 있는 것을 스스로 한다.</td><td>상</td><td>• 자유선택 활동 시간에 하고 싶은 놀이를 스스로 선택하여 활동한 후 평가해 보는 등 자신이 시작한 일을 스스로 끝까지 마무리할 수 있습니다.
• 하루 일과 속에서 스스로 순서를 정하여 활동하고 자신의 선택에 대한 결과를 예측할 수 있습니다.</td></tr>
<tr><td>중</td><td>• 자유선택 활동 시간에 하고 싶은 놀이를 선택하여 활동한 후 평가할 수 있습니다.
• 하루 일과 속에서 내가 할 수 있는 일에 관심을 갖고 해 봅니다.</td></tr>
<tr><td>하</td><td>• 교사의 도움을 받아 자유선택 활동 시간에 하고 싶은 놀이를 선택하여 활동한 후 평가할 수 있습니다.
• 하루 일과 속에서 자기가 할 수 있는 일을 스스로 하려는 노력이 요구됩니다.</td></tr>
</table>

범주	내용	수준	평가
더불어 생활하기	가족의 의미를 알고 화목하게 지낸다.	상	• 가족 공동체의 의미를 이해하고 가족을 위하여 자신이 할 수 있는 일을 알고 실천합니다.
		중	• 가족 구성원의 관계와 역할에 관심을 가지고 가족을 위하여 자신이 할 수 있는 일을 알고 있습니다.
		하	• 가족 구성원의 관계와 역할에 대해 관심을 갖는 태도가 요구됩니다.
	친구와 서로 도우며 사이 좋게 지낸다.	상	• 친구들과 협동하여 활동하는 즐거움을 느끼며 친구의 요청에 자발적으로 응하는 등 적극적으로 참여하고 협력합니다.
		중	• 친구들과 함께 놀이에 참여하여 즐겁게 활동합니다.
		하	• 친구들과 함께 놀이에 참여하여 즐겁게 활동하는 태도가 필요합니다.
	친구와의 갈등을 긍정적인 방법으로 해결한다.	상	• 친구와 갈등이 있을 때, 상호협동하여 긍정적으로 해결합니다.
		중	• 친구와 갈등이 있을 때 교사의 도움을 받아 긍정적으로 해결하려고 합니다.
		하	• 친구와 갈등이 있을 때 협력하여 해결하려는 태도가 요구됩니다.
	서로 다른 감정, 생각, 행동을 존중한다.	상	• 다른 사람의 생각과 행동을 인정하고 존중합니다.
		중	• 다른 사람의 생각과 행동이 서로 다르다는 것을 인정하고 존중하려 노력합니다.
		하	• 다른 사람의 생각과 행동을 인정하고 존중하려는 태도가 필요합니다.
	친구와 어른께 예의 바르게 행동한다.	상	• 친구와 어른께 예의 바르게 인사하고 질문에 친절하게 응대하며 바른 언어를 사용합니다.
		중	• 친구와 어른께 예의 바르게 행동하고 바른 언어를 사용해야 함을 알고 있습니다.
		하	• 친구와 어른께 예의 바른 행동과 언어를 사용하는 태도가 요구됩니다.
	약속과 규칙의 필요성을 알고 지킨다.	상	• 약속과 규칙의 필요성을 알고 다른 사람과 협력하여 지킵니다.
		중	• 약속과 규칙의 필요성에 관심을 갖고 다른 사람과 협력하여 지키려고 노력합니다.
		하	• 약속과 규칙의 필요성에 대한 관심이 요구됩니다.

범주	내용	수준	평가
사회에 관심 가지기	내가 살고 있는 곳에 대해 궁금한 것을 알아본다.	상	• 동네의 지리적, 자연적 특성을 알고 공공 기관의 다양한 서비스와 도움에 감사할 줄 압니다.
		중	• 동네의 지리적, 자연적 특성에 관심을 보이며 공공 기관과 서로 협력하여 살아간다는 것을 알고 있습니다.
		하	• 동네의 지리적, 자연적 특성과 공공 기관에 대한 관심이 필요합니다.
	우리나라에 대해 자부심을 가진다.	상	• 우리나라를 상징하는 것을 알고 전통놀이와 생활 풍습 등에 친숙함을 나타냅니다.
		중	• 우리나라를 대표하는 다양한 상징과 전통놀이와 생활 풍습에 관심을 갖고 있습니다.
		하	• 우리나라를 대표하는 다양한 상징과 전통놀이와 생활 풍습에 관심을 갖는 태도가 필요합니다.
	다양한 문화에 관심을 가진다.	상	• 세계 여러 나라의 다양한 인종 문화에 관심을 갖고 우리나라와 다른 나라의 비슷한 점과 다른 점을 알고 있습니다.
		중	• 세계 여러 나라의 다양한 인종 문화에 관심을 보입니다.
		하	• 세계 여러 나라의 다양한 인종 문화에 대한 경험이 요구됩니다.

출처: 경기도유아교육진흥원(2013).

2) 유아의 놀이평가

(1) 관찰 척도

놀이 관찰 척도는 관찰한 내용을 토대로 놀이 행동의 유무를 판단할 때 사용되며, 체계적인 관찰이 가능하고 관찰 정보를 빠르게 기록할 수 있는 특징이 있다. 놀이 관찰 척도를 통해 체계적인 놀이 계획과 지도, 평가가 가능해진다. 다음 〈표 5-4〉는 유아의 놀이 환경, 놀이 친구, 놀잇감에 대한 반응을 관찰하는 척도로 유아의 놀이와 제반 변인들과의 관계를 파악하는 것에도 활용할 수 있다(박찬옥 외, 2019).

〈표 5-4〉 놀이 환경, 놀이 친구, 놀잇감 관찰 척도

범주	내용	유아1	유아2
놀이 환경	자유롭게 탐색한다.		
	호기심을 보이나 참여하기 망설인다.		
	탐색을 꺼린다.		
놀이 친구	친구와의 접촉을 시도한다.		
	교사와의 접촉을 시도한다.		
	놀이 집단에 가까이 있다.		
	친구에게 배척된다.		
	친구에 대한 공격성을 보인다.		
놀잇감	놀잇감을 자유롭게 선택한다.		
	놀잇감의 선택에 도움이 필요하다.		
	놀잇감을 통해 성취감을 느낀다.		
	적절한 주의 집중 시간을 보인다.		
	행동의 목표가 불확실하다.		
	놀잇감을 잘 다룬다.		
	지시를 따른다.		

출처: Lindberg & Swedlow(1980). 재인용.

(2) 평정 척도

놀이 평정 척도는 유아의 전반적인 놀이 발달을 평가할 수 있는 척도이다. Barnett(1990)은 Lieberman(1977)의 평정 척도를 참고로 놀이성을 평가할 수 있는 척도를 개발하였으며, 놀이성을 판단하는 다섯 가지 행동 특성으로 신체적 자발성, 사회적 자발성, 인지적 자발성, 즐거움의 표현, 유머 감각을 제시하였다(박찬옥 외, 2019).

다음은 5개 영역을 토대로 교육부·보건복지부(2019)가 제시한 유아의 놀이성에 관한 자발성 평정 척도의 예시이다. 각 영역의 내용에 따라 1점에서 5점까지 점수

를 표시하며 다 합한 점수를 통해 영역별 자발성 점수를 알 수 있다.

예를 들어 신체적 자발성 중 '신체 활동에 능동적으로 참여한다.' 항목만 2점인 경우 유아는 신체적 자발성 중 이 부분의 참여나 발달이 부족한 것을 파악할 수 있으며, 교사는 유아의 부족한 부분을 돕기 위해 놀이 환경이나 놀이 자료를 지원할 수 있다.

〈표 5-5〉 놀이성(자발성) 평정 척도

내용		전혀 (1점)	조금 (2점)	다소 (3점)	많이 (4점)	매우많이 (5점)
신체적	신체 활동에 능동적으로 참여한다.					
	도구를 이용한 운동을 한다.					
	놀이 시 신체를 인식하고 움직임을 조절한다.					
인지적	놀이 시 상황에 적합한 말을 사용한다.					
	자신의 느낌이나 생각을 글자 형태로 표현한다.					
	놀이 시 창의적으로 사물을 사용한다.					
사회적	친구와의 갈등을 긍정적으로 해결한다.					
	약속과 규칙을 지킨다.					
	친구의 생각과 감정을 공유한다.					
예술적	놀이 시 신체나 춤으로 즐거움을 표현한다.					
	놀이 시 다양한 재료와 도구로 감정을 표현한다.					
	극놀이로 경험이나 이야기를 표현한다.					
탐구적	자발적으로 즐겁게 탐구한다.					
	놀이 시 서로 다른 생각에 관심을 갖는다.					
	놀이 시 주변 사물을 다양한 방법으로 탐구한다.					

출처: 교육부·보건복지부(2019).

다음은 유아가 놀이 행동 속에서 어떻게 창의적 성향을 나타내는지에 관한 평가를 할 수 있는 창의적 성향 놀이 행동 평가 척도의 예시이다. 유아의 놀이 행동 중 창의적 성향이 나타나는 경우 어떠한 성향이 많이 나타나는지 행동 특성을 평가할 수 있으며, 유아의 창의적 놀이를 체계적이고 조직적으로 이해할 수 있다.

〈표 5-6〉 창의적 성향 놀이 행동 평가 척도

내용		전혀 (1점)	조금 (2점)	다소 (3점)	많이 (4점)	매우많이 (5점)
내재적 동기와 상상력	유아는 놀이 활동에서 상상의 친구를 만들어 내거나 상상의 친구를 활용하여 놀이를 한다.					
민감성과 호기심	놀잇감 혹은 놀이 도구로 사용할 수 있는 사물에 흥미가 생기면 오랫동안 관심을 갖는다.					
지속성과 몰입	유아는 놀이에 지속적으로 집중하면서 놀이 내용을 확장해 나간다.					
다양한 흥미와 도전	유아는 다양한 놀이 자료와 도구들에 관심을 보이며 수집한다.					
주도성과 독립	주위의 친구들이 무슨 놀이를 하던지 자신의 놀이를 계속해 나간다.					

출처: 황윤세(2008).

(3) 일화 기록법

관찰을 기초로 내용을 기록하는 방법으로는 체크 리스트, 평정 척도뿐만 아니라 일화 기록, 서술식 기록, 사후 기록들이 있다. 이 중 일화 기록법은 유아의 행동이나 사건이 일어나는 것을 사실적으로 기록하는 방법으로 놀이를 기초로 평가하는 방법이다. 일화 기록법은 유아의 문제 행동이나 발달 상태를 파악하는 데 도움이 되고, 간편하게 기록할 수 있어 실시하기 편리하여 많이 사용되고 있다. 일화 기록법은 직접적인 관찰과 객관적인 기록으로 유아의 행동과 발달 상황을 확인할 수 있지만, 기록에 대해 해석을 할 때 오류를 범할 수 있고 기록하는 데 많은 시간이 소요된다(성미영 외, 2017). 다음은 일화 기록을 통해 유아의 놀이에 대해 평가한 사례이다.

〈표 5-7〉 일화 기록 예시

관찰 유아	이름 : 민지훈(가명)	관찰 일시	2019년 ○월 ○일 오전 11시
관찰자	담임 교사 : ○○○	관찰 장소	햇살반(5세) 교실
관찰 초점	친구들과 함께 협의하는 것을 힘들어하는 지훈이의 자유놀이		
관찰 장면	자유놀이 시간에 쌓기 영역에서 유아들이 유치원을 구성하면서 놀이하고 있다. 시우: 지훈아! 아니라고, 우리는 유치원 만들고 있다고. 지훈: (아무 말도 하지 않고 자신이 구성하던 주차장을 계속 만들고 있다.) 진운: 우리 유치원 주차장은 여기 만들어 놓아서 만들지 않아도 된다고. 교사: 왜 그러는데? 시우: 지훈이가 우리 유치원 만들고 있는데 방해해요. 진운: 아니, 우리가 이미 주차장은 만들어서 필요 없는데 계속 만들잖아요. 교사: 지훈아, 지훈이는 주차장 만들고 싶어? 지훈: 왜 나만 못 만들게 해요? (친구들을 가리키며) 제도 만들고, 제도 하고 싶은 것 하는데 나만 못하게 하잖아요. 교사: 지훈아, 친구들이 지훈이 못 만들게 하는 것이 아니고 주차장 있으니까 다른 것 만들라고 이야기해 주는 것 같은데? 시우: 맞아요. 다른 것 만들라고 하는 거예요. 니가 자꾸 주차장을 만드니까 다른 것 만들 공간이 없어지잖아. 지훈: 왜 나만 못 만들게 하는 거야. 교사: 지훈아, 지금 여기 친구들이 뭐 만드는지 알지? 지훈: 유치원이요.			

<table>
<tr>
<td>관찰 장면</td>
<td>교사: 그래, 여기는 친구들이 같이 유치원을 만들고 있어. 그래서 서로 이야기를 해야 해. 각자 무엇을 만드는지 이야기를 해 주지 않으면 잘 모를 수 있잖아. 그래서 '나는 ㅇㅇ반 만들었어.' '너는 뭐 만들고 있어?' 이렇게 이야기를 하면서 서로 뭐 만드는지 알면 유치원이 더 잘 만들어지지 않을까? 너희들도 지훈이한테 무엇을 만들었는지 이야기해 주고 지훈이도 무엇을 만들고 싶은지 서로 이야기하면서 놀이하면 어때?

유아들은 교사의 이야기를 듣고 고개를 끄덕인다.

시우: 지훈아! 여기가 주차장이야.
진운: 여기는 유치원 강당.
교사: 그럼 뭐가 없어? 지훈이가 어떤 것을 만들면 좋을까?
시우: 나랑 선생님 방을 만들자.
지훈: (고개를 끄덕이며 함께 구성하기를 한다.)

</td>
</tr>
<tr>
<td>잠정적 분석</td>
<td>전학 온지 얼마 되지 않은 지훈이는 친구들과 마찰이 조금씩 있다. 쌓기 영역에서 유치원 주차장을 만들 때 지훈이는 자신이 구성하고 싶은 것만 생각했지 함께 유치원을 구성한다는 것을 생각하지 못했다. 또한 다른 유아들과 상호작용하고 함께 협의하는 방법이 서툴러 친구들과 함께 어울려 놀이를 할 수 있도록 돕는 상호작용이 필요하다.</td>
</tr>
</table>

(4) 포트폴리오 평가

포트폴리오는 유아의 발달적 성취와 진보에 대한 다양한 자료를 장시간에 걸쳐 수집하여 모은 것이다. 포트폴리오의 자료로는 유아의 활동 자료, 관찰 기록, 부모 상담 자료, 유아의 작품, 평정 척도, 체크 리스트 등이 포함된다.

포트폴리오 평가는 유아의 발달을 이해할 수 있는 기회를 제공하며, 다양한 자료를 주기적으로 수집하고 평가함으로써 유아에게 적절한 교수 전략을 제공할 수 있다(양옥승 외, 2018). 또한 상대 평가인 표준화 검사가 가지고 있는 한계점을 보완할 수 있는 대안적 평가로, 개별 유아의 특성을 지속적으로 평가하는 특징을 갖는다. 따라서 포트폴리오는 학습을 성취하는 결과만 보여 주는 것이 아니라 유아의 학습 과정을 보여 준다.

포트폴리오의 내용을 구성할 때는 핵심 항목과 작업 견본, 기타 항목으로 구분하여 분류한다. 핵심 항목은 반드시 수집되어야 하는 것으로 놀이 영역, 놀이 특징, 또래와의 관계, 놀이 선호도, 놀이를 통한 5개 영역의 학습 성취, 놀이 발달의 과정 등의 견본을 수집해야 한다. 작업 견본은 유아의 핵심 항목에 대한 다양한 견본으로 유아의 활동 결과물이다. 기타 항목은 교사가 유아 놀이를 관찰한 결과, 표준화 검사, 부모 상담 결과 등이다.

포트폴리오 평가는 교사와 유아가 결과물을 보면서 같이 평가하는 과정을 갖는다. 유아는 자신의 포트폴리오를 보면서 자기 평가를 할 수 있으며 자신의 약점과 단점을 알고 반성할 수 있다. 교사도 유아의 수집한 자료를 보면서 체계적으로 내용을 정리하고 요약하면서 종합적인 평가를 할 수 있다(박찬옥 외, 2019).

포트폴리오 평가는 유아의 다양한 작품과 활동을 수집한 것을 토대로 유아의 지식, 기능, 태도를 평가할 수 있는 적합한 평가 방법으로 인식되면서 유아교육 기관에서 많이 활용되고 있다.

6장 놀이와 유아교육 과정
(2019 개정 누리과정)

유아는 놀이의 주체로서 내적인 자발성에서 시작되는 즐거운 경험을 통해 스스로 배워 나갈 수 있다. 놀이로 배워 가는 유아의 교육 과정에서 중요한 것은 충분히 보장된 놀이의 자율성이다. 충분한 자율성이 주어진 유아는 역동적이고 자유롭게 놀이의 과정을 이루어 가며 그것은 곧 경험의 확장과 지식의 확대로 연결된다. 놀이가 중심이 되는 교육 과정은 유아의 자유롭고 주도적인 놀이를 관찰하면서 유아의 흥미나 요구에 적절하게 지원하여 배움이 일어나도록 하는 것이다. 유아의 놀이가 배움과 효과적으로 연계되도록 지원하기 위해 교사는 유아의 놀이에 대한 이해와 철학이 있어야 하며, 자기 반성적 사고를 통해 의미 있는 교육 과정이 되도록 항상 노력해야 한다.

1. 유아의 놀이와 교육 과정

교육 과정은 교육 목표 달성을 위한 교육의 내용, 방법, 과정, 평가를 체계적으로 조직화한 틀을 의미한다. 유아의 놀이가 교육으로 연결되기 위해서는 유아교육 과정에 대한 이해가 요구된다. Van Hoom 등(1993)은 유아교육 과정을 '교육

과정으로부터 형성된 놀이'와 '놀이로부터 형성된 교육 과정'으로 제안하였다(엄정애, 2009). 이 둘은 기존의 교육 과정과 2019 개정 누리과정을 이해하는 데에 도움을 준다.

1) 교육 과정으로부터 형성된 놀이

교사가 교육 과정 안에서 유아로 하여금 개념이나 기술을 학습할 수 있도록 놀이 경험을 만들어 내는 것이다. 교육 과정으로부터 형성된 놀이의 교수는 유아에게 초기 학습과 연습의 기회를 제공한다. 초기 학습의 기회는 교사가 교수하기 전의 유아 놀이 활동을 말하며, 연습의 기회는 유아가 교사에게 직접 배운 기술을 놀이에 이용할 수 있도록 연습하고 강화하는 기회를 제공하는 것을 말한다. 즉 유아에게 교수하기 전 유아의 놀이를 관찰하고 이에 따른 교수를 한 뒤 놀이 활동 속에서 배운 기술을 연습하는 것이다. 예를 들어 유아가 언어에 관심을 보이며 놀이하는 경우, 교사는 언어와 관련된 주제로 '음식점놀이'를 계획하고 영역별로 음식점과 연관 있는 놀이 자료를 배치함으로써 유아가 '음식점놀이'를 하면서 언어를 배우게 하는 것이다. 교육 과정으로부터 형성된 놀이는 교사가 놀이를 진행하는 가운데 자칫 놀이를 구조화시킴으로써 유아의 진정한 놀이에 방해가 될 우려가 있다.

2) 놀이로부터 형성된 교육 과정

유아의 놀이에서 나타나는 흥미와 주제를 교육 과정에 반영하는 것으로 유아의 흥미를 자유롭고 자연스럽게 학습 경험으로 조직하는 것이다. 즉 자유로운 놀이에 참여하는 동안 교육 과정이 발생하는 것으로 유아가 놀이에 의미 있게 참여할 수 있도록 공간, 시간, 자료를 준비해 주는 것을 말한다. 예를 들어 유아들이 날씨에 흥미를 보인다면 날씨를 주제로 언어와 수, 역할과 같은 영역의 교육 과정을 구성하는 것이다. 놀이로부터 형성된 교육 과정의 대표적인 유형은 프로젝

트 접근법이다. 놀이로부터 형성된 교육 과정의 평가 기준은 유아 경험의 연속성과 상호작용이다. 유아의 놀이는 과거, 현재, 미래 사이의 경험적 연속성을 갖으며 유아의 과거 경험과 현재의 놀이, 예상할 수 없는 미래는 놀이는 서로 연결되어진다. 상호작용은 유아가 놀이에서 객관적인 현실 인식과 개인적인 상상이 균형감을 가지고 상호작용하는 것이다. 이를 위해 교사는 유아의 놀이를 잘 관찰하고 적절한 지원을 할 수 있어야 한다. 따라서 유아의 놀이를 교육적으로 승화시키기 위해 가장 중요한 것은 교사의 역량이다.

3) 2019 개정 누리과정의 교육 과정

2019 개정 누리과정은 유아중심·놀이중심의 교육 과정으로 유아중심에, 그리고 놀이의 본질에 가깝게 접근하려는 시도이다. 일각에서 기존의 교사 교육 계획이 사전 계획에 지나치게 의존하다 보니 유아의 경험을 구조화시켜 놀이의 다양한 특성과 맥락을 교육 과정에 충분히 반영하지 못한다는 의견이 꾸준히 제기되어 왔다. 유아는 자유롭고 자발적인 놀이를 통해 상상력을 발휘하는 가운데 창의적이고 주체적인 사람으로 성장을 도모할 수 있어야 한다. 이것은 놀이권의 확실한 보장과 관련되어 있다. 유아의 놀이권은 성인의 자기 실현의 권리와 마찬가지로 침해되어서는 안 된다. 2019 개정 누리과정은 이와 같은 점을 개선하기 위해 생활 주제를 구체적으로 명시하고 실행하는 대신, 유아의 주도적 놀이에 따른 자연스러운 배움을 추구하는 유아중심·놀이중심 교육 과정으로 개선하였다. 유아중심·놀이중심 교육 과정은 유아의 놀이가 배움의 내용, 방식, 과정이라는 교육과정의 실행에 중점을 두고 있다. 유아의 놀이가 충분히 일어날 수 있도록 놀이 흐름에 따라 일과 시간이나 계획을 편성·운영하고, 일상생활과 대집단 활동도 놀이와 연계하여 운영하는 것이다(교육부·보건복지부, 2019).

놀이중심 교육 과정이 기존의 주제중심 통합교육 활동과 다른 점은 교사가 유아의 놀이를 관찰하면서 유아가 경험하는 것이 무엇인지에 대한 총체적인 의미를 이해하고 이에 따른 배움을 지원해야 한다는 것이다. 기존의 누리과정과 유아의 놀이를 관찰하고 배움을 지원하는 면은 동일하나 실행하는 방법에 있어 차이가 있다. 즉 기존의 누리과정에서는 구조화된 교육 과정 안에서 놀이가 이루어지고 이를 통해 학습이 이루어지는 방법이라면, 개정 누리과정에서는 유아의 자유롭고 자발적인 흥미와 상상력에 따라 놀이와 놀이의 변형 및 확장을 통해 자연스러운 배움이 일어날 수 있도록 지원하는 것이다. 이에 관한 내용을 살펴보면 다음 〈표 6-1〉과 같다.

〈표 6-1〉 누리과정의 운영

누리과정의 편성과 운영	
2015 누리과정	2019 개정 누리과정
가. 일과 운영 시간에 따라 심화 확장할 수 있도록 편성한다. 나. 5개 영역의 내용을 균형 있게 통합적으로 편성한다. 다. 연간, 월간, 주간, 일일 계획에 의거하여 운영한다(2019 삭제). 라. 실내외 환경을 다양한 흥미 영역으로 구성하여 운영한다(2019 삭제).	가. 일과 운영에 따라 확장하여 편성할 수 있다. 나. 누리과정을 바탕으로 각 기관의 실정에 적합한 계획을 수립하여 운영한다. 다. 하루 일과에서 바깥놀이를 포함하여 유아의 놀이가 충분히 이루어지도록 편성하여 운영한다.
누리과정의 교수와 학습	
2015 누리과정	2019 개정 누리과정
가. 놀이를 중심으로 교수학습 활동이 이루어지도록 한다. 나. 유아의 흥미를 중심으로 활동을 선택하고 지속할 수 있도록 한다. 다. 유아의 생활 속 경험을 소재로 하여 지식, 기능, 태도 및 가치를 습득하도록 한다. 라. 주제를 중심으로 여러 활동이 통합적으로 이루어지도록 한다. 마. 실내외 활동, 정적·동적 활동, 대·소집단 활동 및 개별 활동, 휴식 등이 균형 있게 이루어지도록 한다. 바. 유아의 관심과 흥미, 발달이나 환경 특성 등을 고려하여 개별 유아에게 적합한 방식으로 학습하도록 한다.	가. 유아가 흥미와 관심에 따라 놀이에 자유롭게 참여하고 즐기도록 한다. 나. 유아의 자유놀이로부터 교사가 계획한 활동까지 놀이를 통해 배우도록 한다. 다. 유아가 다양한 놀이와 활동을 경험할 수 있도록 실내외 환경을 구성한다. 라. 5개 영역의 내용을 통합하여 유아의 경험과 연계되도록 한다. 마. 개별 유아의 요구에 따라 휴식과 일상생활이 원활히 이루어지도록 한다. 바. 유아의 연령, 발달, 장애, 배경 등을 고려하여 개별 특성에 적합한 방식으로 배우도록 한다.

출처: 교육부·보건복지부(2019).

개정 누리과정의 가장 큰 변화는 교육 과정의 내용과 범주를 간략화하고 각 기관의 실정에 따라 적합한 계획을 세우고 운영할 수 있는 자율성을 보장한 점이다. 기존 누리과정에서 교육 과정의 세부 내용이 지나치게 방대한 부분이 문제점으로 지적되면서 267개의 세부 내용이 삭제되었다. 이를 통해 교사의 자율성이 확대되었고 유아중심·놀이중심 교육 과정으로 실행하는 능력을 강화하게 되었다. 또한 교사의 사전 계획에 의해 진행되었던 하루 일과 운영이 유아의 흥미나 놀이에 따라 운영되어지면서 자율성을 갖게 되었다. 유아의 주제별 자유선택 활동과 영역 구성도 자유놀이에 따라 영역 구분 없이 활동을 할 수 있게 되었다.

유아의 놀이중심교육이란 유아가 놀이를 통해 배움을 경험할 수 있도록 지원하는 것이다. 유아의 놀이는 삶 자체이며 배움이 일어나는 가장 중요한 요소이다. 따라서 놀이중심교육은 유아의 놀이를 통한 배움을 교육 과정의 실행의 중심에 두고 운영하는 과정이다(교육부·보건복지부, 2019). 유아의 놀이는 학습을 위한 단순한 수단이나 전략이 아닌 다양한 배움과 이해의 폭을 넓힐 수 있는 자발적이고 자연스러운 삶의 교육 과정이다.

2. 놀이하는 유아의 유능한 특성

유아는 놀면서 가장 잘 배운다. 유아의 놀이 능력은 스스로 배울 수 있는 힘을 가진 존재임을 나타내며, 놀이를 하면서 유아는 주도적으로 배워 나간다. 개정 누리과정에서는 놀이하는 유아의 유능함을 누리과정의 구성 방향인 '추구하는 인간상'과 연계하였다. 즉 '건강한 사람, 자주적인 사람, 창의적인 사람, 감성이 풍부한 사람, 더불어 사는 사람'의 다섯 가지 인간상에 비추어 본 놀이하는 유아의 유능한 특성은 다음과 같다(교육부·보건복지부, 2019).

1) 유아는 몸을 움직인다(건강한 사람)

놀이는 유아로 하여금 몸을 조절하고 다양한 움직임을 하게 만들며, 이를 통해 감정을 해소하고 즐거움을 느끼는 등 '몸과 마음이 건강한 아이'로 성장하게 한다.

① 유아는 감각을 사용한다.

놀이하는 유아는 몸을 움직이고 감각적인 체험을 하면서 사물에 대한 이해와 정서적인 순화를 경험할 수 있다. 다음 사례는 유아가 놀이 자료인 한지를 체험하면서 재료의 변화에 대한 이해와 만지는 촉감에 따른 정서적 느낌이 일어나는 것을 보여 준다.

한지 탐색놀이에서 작게 찢은 한지를 물에 2시간 정도 담가 놓았다. 교사는 유아들에게 담가 놓은 한지를 보여 주었다.

교사: 손을 넣어서 주물럭주물럭 해 볼까?
유아1: 음, 종이가 말랑말랑해요.
유아2: 죽 같아요.
유아1: 말랑해서 만지는 느낌이 좋아요.
유아2: 한지가 아닌 것 같아요.

② 유아는 마음껏 움직인다.

유아들은 마음껏 달리고 뛰고, 돌고, 밟는 놀이에 몰입하면서 새로운 놀이를 만들어 낸다. 또한 자유롭게 움직이면서 놀이에 따라 주변의 사물에 대한 의미를 부여한다. 다음 사례에서 볼 수 있듯이 유아들은 천을 양쪽으로 잡고 '대문놀이'를 하면서 하늘로 올려진 천을 '봄꽃'과 '날 수 있는 망토'로 의미를 부여하였다. 이처럼 유아들은 마음껏 움직이며 다양한 놀이를 하면서 즐거움을 느낀다.

> 유아들이 천을 이용해 다양한 놀이를 하고 있다.
>
> 유아1,2: (두 명의 유아가 천을 양쪽으로 잡고 천을 위로 올리면서)
> 동동 동대문을 열어라. 열두 시가 되면은 문을 닫는다!
> 유아1,2: 잡았다! 하하하.
> 유아3: 와! 봄꽃이 나를 잡았어.
> 유아4: (천을 어깨에 걸치고 두 팔을 앞으로 뻗으며)
> 짜잔! 나는 하늘을 날으는 번개맨이다.

③ 유아는 안전하게 몸을 움직이며 보호한다.

유아들은 놀이를 하면서 자신의 몸을 어떻게 안전하게 보호해야 하는지에 대해 스스로 또는 또래와의 상호작용을 통해 알아 간다.

> 유아들이 조형 영역에서 자유롭게 놀이를 하고 있다
>
> 유아1: (가위를 들어 옆 친구의 귀에 대고) 이거 소리 들어 봐.
> 유아2: 야! 위험해. 가위는 뾰족해서 함부로 사용하면 안 돼.
> 유아1: 뭐 어때. 진짜 자르는 것도 아닌데.
> 유아2: 우리 엄마가 가위는 날카로워서 다친다고 했어. 가위는 자를 때만 쓰는 거야.
> 유아1: 그래, 알았어.

유아1이 재미삼아 가위를 들어 올려 옆 친구의 귀에 자르는 흉내를 내는 위험한 행동을 하자 유아2가 그러한 행동의 위험을 유아1에게 제시하였다. 이와 같이 유아들은 자유로운 놀이 활동 가운데서도 자신의 몸을 안전하게 보호할 수 있는 방식을 서로 상호작용하며 알려 주고 배울 수 있다.

2) 유아는 하고 싶은 것을 스스로 선택한다(자주적인 사람)

놀이는 유아가 주도적으로 참여하고 스스로 선택하는 과정을 통해 도전하고 실패를 두려워하지 않는 아이로 성장하게 한다.

① 유아는 적극적으로 탐색한다.

놀이하는 유아는 스스로 결정하고 능동적으로 실행한다. 다음 사례에서 유아들은 모가 잘 자라는 논을 만들기 위해서는 어떻게 해야 할지 탐색하며 스스로 결정하여 실행하였다. 즉 부드러운 흙을 만들기 위해서는 '흙을 부수어야 한다는 것', '흙을 부수는 방법', '흙이 있으면 물도 있어야 한다는 것' 등을 자발적으로 생각하며 능동적으로 실행하고 있다.

주변의 논을 관찰한 유아들이 물놀이 때 사용하는 큰 통에 흙과 물을 배합하여 논을 만들고 있다.

교사: 흙이 부드러워야 모가 잘 자란대. 어떻게 할까?
유아1: 우리가 손으로 흙을 부수어 줄까?
유아2: 난 장갑이 필요해. 그래야 손에 흙이 묻지 않아.
유아3: 어? 그런데 흙이 왜 이렇게 잘 부서져?
유아4: 난 풀도 뽑아 줘야지. 풀이 많으면 모가 잘 자라지 못하잖아.
유아1: 흙이 있으면 물도 있어야 해.
유아2: 우리 물도 줄까?

② 유아는 다양하게 시도한다.

유아는 자유롭게 놀이하면서 자신이 원하는 것을 다양하게 시도한다. 다음 사례에서 유아들은 꽃의 향기를 맡는 감각적 경험을 하면서 미적 표현을 하는 가운데 놀이를 확장하여 '김밥 만들기', '패션쇼놀이', '미용실놀이' 등 다양한 놀이를 시도하였다.

유아1: 꽃은 예쁘고 향기도 좋아서 먹으면 정말 좋겠는데?
유아2: (꽃을 귀에 꽂으며) 내 귀걸이 어때?
유아3: 어 길쭉해서 예뻐. 우리 이모도 그렇게 했었어.
유아2: 고마워, 너도 예뻐. 하하하.
유아4: (머리 위에 꽃을 올려놓고) 난 머리에도 했다.

이후 교실로 들어온 유아들이 봄꽃에 대한 서로의 의견을 나누면서 봄꽃을 이용한 놀이로 '김밥 만들기', '미용실놀이'. '패션쇼놀이' 등을 다양하게 제시하고 놀이를 진행하였다.

③ 유아는 자긍심을 가진다.

유아는 놀이에서 자신이 선택한 것을 스스로 할 수 있게 될 때 자신에 대한 긍정적인 자부심을 느끼게 된다. 다음은 유아가 놀이를 통해 자긍심을 갖게 되는 사례이다.

> 유아들이 일년 농사를 짓고 추수하기 위해 협의를 한다. 유아들은 먼저 작년 형님반의 추수 영상을 보았다.
>
> 유아1: 형님들 보니까 추수할 때 기사님이랑 같이 뭐로 하던데.
> 교사: 낫 들고 추수하는 것 이야기하는구나.
> 유아1: 네. 우리도 낫으로 추수해요.
> 교사: 그럼 우리 낫이 어떻게 생겼는지 볼까? (낫을 보여 주며) 어떻게 생겼어?
> 유아2: 엄청 뾰족해요.
> 유아1: 위험하네. 그래서 기사님이랑 같이 했구나.
> 교사: 그래, 여기 칼 부분이 있어. 여기로 벼를 베는 거야.
> 유아2: 기사님이랑 같이 해야겠네.
> 교사: 그래, 기사님 도움을 받아서도 해 보고, 우리가 스스로 하는 방법은 없을까? 어떤 도구를 사용하면 안전하게 벼를 자를 수 있을까?
> 유아1: 아! 가위요. 자르는 것이니까.
> 유아2: 선생님! 내가 추수한 거예요. 히히히.
>
> 유아들은 자신들이 계획한 대로 기사님의 도움을 받아 직접 낫으로 벼를 베기도 하고, 가위를 사용해 벼를 베며 즐거워했다.

유아들은 자신이 재배한 벼를 추수하면서 즐거움을 느끼게 되었다. 영상으로 본 작년 형님반이 사용한 낫은 자신들이 사용하기에 어려움이 있다는 것을 인식하고, 스스로 할 수 있는 방법을 찾았고 결국 다른 도구(가위)를 발견하였다. 이러한 과정은 자신이 무엇을 할 수 있는지, 없는지를 스스로 인식하게 하였고 제한된 상황에 대처하는 과정을 통해 자기 긍정과 자신감을 맛보게 되었다. 그럼으로써 유아는 자신이 선택하여 할 수 있는 것에 대해 긍정적인 자긍심을 갖게 된다.

3) 유아는 상상한다(창의적인 사람)

놀이는 유아에게 다양한 방식으로 문제를 해결하고 탐구할 수 있는 창의적인 아이로 성장하게 한다.

① 유아는 호기심이 많다.

유아들의 주변 생활에 대한 탐색은 호기심으로 시작된다. 자신의 주변에 있는 사람과 사물을 관찰하면서 왜 그런지에 대한 이유를 알고 싶어 한다. 유아들의 이러한 호기심은 스스로 탐색하게 하는 원동력이 되며 자연스럽게 배움과 연결된다.

숲으로 산책을 간 유아들은 꽃 위에 있는 작은 꿀벌을 보며 관심을 보인다.

유아1: 꿀벌이다.
유아2: 꿀벌은 지금 일하고 있어. 만지지 마.
유아1: 일? 무슨 일?
유아2: 꿀을 모아서 집에 가는 일을 하는 거지.
유아1: 그래? 그런데 니가 어떻게 알아?
유아2: 야! 꿀벌이니까 그런거지. 선생님 맞죠?
교사: 그런가? 꿀벌은 꿀 모으는 일만 할까?
유아1: 우리 교실 가서 자세히 알아봐요.
교사: 그래, 그렇게 하자.

② 유아는 창의적으로 탐구한다.

유아들의 사물에 대한 호기심은 창의적으로 탐구하게 한다.

숲속 산책길에서 꿀벌을 보고 관심을 갖게 된 유아들이 교실로 돌아와 꿀벌에 대해 알아보았다.

유아1: 와! 꿀벌은 다 일하는 벌들이래. 일벌이야 일벌.
유아2: 근데, 꿀벌은 다 암컷이야. 여자들만 일하나 봐. 불공평해.
유아1: 우아! 대단하다. 꿀벌은 꿀만 모으는 게 아닌가 봐. 여왕벌도 모시고 애벌레도 기르고, 집도 만들고, 와 대단하다!
유아2: 집도 만든다고?
유아1: 응, 집 그림도 있어.
유아2: 나도 할아버지 집에서 벌집 봤어.
유아1: 벌집 모양이 육각형이야. 모양이 그래서 서로 잘 들어맞나 봐. 대박! 우리도 벌집 만들 수 있을까?

유아3: 육각형끼리 연결하면 되지 않을까?
유아2: 선생님, 우리도 만들어 봐요!
유아1: 벌이 어떻게 육각형을 알지? 대단하다. 하하하.

유아들은 바깥놀이를 통해 탐색한 꿀벌에 대하여 다양하게 탐구하면서 자연물인 꿀벌의 집 모양에 대한 인식을 통해 도형의 연결성을 생각하고 집을 만드는 생각을 하였다.

③ 유아는 세상에 대해 다양한 방식으로 표현한다.

유아들은 놀이를 하면서 자신이 상상한 것을 자신만의 방식으로 표현하고 새로운 의미를 부여한다.

유아들이 블록놀이 영역에 모여 앉아 놀이를 하고 있다.

유아1: 우리 여기 썰매 타는 곳이라고 하자.
유아3: 그럼 썰매가 있어야 하는데?
유아1: 어 그래. 그럼 블록으로 썰매를 만들자.
유아2: 그럼 얼음이 있어야 하잖아.
유아1: 얼음처럼 미끌미끌하면 되는데.
유아3: (미술 영역에 있는 비닐을 가지고 와서) 이거 얼음이라고 하자.
유아1: (벽돌 블록을 높고 넓게 쌓아서 그 위에 앉으며) 이거 봐! 썰매야. 하하하!
유아2: (블록을 발로 밟고 쭈욱 밀면서) 난 스케이트 타고 있어.

유아들은 블록놀이 영역에서 자신의 경험에 근거한 얼음놀이를 하였다. 바닥에 깔린 비닐은 더 이상 비닐이 아니라 스케이트놀이에 필요한 얼음이 되었다.

4) 유아는 재미와 기쁨을 느낀다(감성이 풍부한 사람)

놀이는 유아에게 자신의 감정을 자유롭게 표현할 수 있게 만들어 감성이 풍부한 아이로 성장하게 한다.

① 유아는 감정을 표현한다.

유아의 감각적 놀이 경험은 다양한 감정을 자연스럽게 느낄 수 있게 하며, 자신의 느낌과 생각을 언어로 표현할 수 있게 한다. 놀이는 유아들에게 자유롭고 허용적인 분위기를 형성함으로써 자신의 감정에 구애받지 않고 자유롭게 표현할 수 있게 한다.

유아들이 빨래놀이를 하기 위해 책상에 있던 보자기를 탐색하고 있다.

유아1: 빨래에서 세균 냄새가 난다.
교사: 세균 냄새가 어떤 건데?
유아1: 지독한 냄새. 변기 냄새도 난다.
유아2: 음, 냄새.
유아3: 코가 간질간질하게 나쁜 냄새도 나.

유아들은 빨래놀이를 하면서 자신이 느낀 생각을 '변기 냄새'와 같은 일상생활 경험으로 표현하였다. 이러한 감정에 대한 표현과 허용은 유아의 감성을 풍부하게 한다.

② 유아는 감정을 해소한다.

유아들의 놀이는 자신의 감정을 표현할 수 있게 하며, 이를 통한 감정적인 해소를 하게 한다.

> 유아들이 언어 영역에서 『소피가 화나면, 정말 정말 화나면』 동화책을 읽고 난 뒤 동화 속의 주인공 소피가 되어 다양한 방법으로 자신의 감정을 표현하며 놀이를 하였다. 유치원 근처 숲으로 산책을 나가자 소피가 된 유아들은 자유롭게 달리기도 하고 소리를 지른다.
>
> 유아1: (달리기를 하며) 나는 소피야!
> 유아2: 나도 소피야! 나 잡아 봐라!
> 유아3: 아~ 아~ 아~!
> 유아4: 소피처럼 하니까 시원하다!

동화 속 주인공인 소피의 행동을 따라하면서 유아들은 소리를 지르며 자신의 감정을 표현하였고 이를 통해 자신이 가지고 있던 감정을 해소하였다. 때로 유아는 언어화되지 않은 소리 및 행동의 발산을 통해 감정을 해소하기도 한다. 따라서 이런 식의 표현을 제재하기보다 가급적 허용하는 것이 좋다.

③ 유아는 아름다움을 느낀다.

놀이하는 유아는 자신을 둘러싼 환경 속에서 아름다움을 발견하고 공감하며 다양한 언어, 노래, 몸짓으로 풍요로운 감정을 표현하는 유능함을 가지고 있다.

주변 산책길에서 유아들이 봄꽃을 관찰하고 있다.

유아1: 우아! 꽃이다. 좋은 냄새야.
유아2: 달콤한 향기가 난다. 꿀 같아.
유아3: (몸을 작게 흔들며) 귀엽게 꽃향기가 올라와.
유아2: (손을 흔들며) 반짝반짝 빛나는 것처럼 향기가 나.

유아들은 주변에 피어 있는 봄꽃을 발견하고 아름다움을 공감하였으며, 꽃의 향기를 몸으로 다양하게 표현하였다.

5) 유아는 주변과 관계를 맺는다(더불어 사는 사람)

유아는 놀이를 통해 다른 유아와 협력하고 조절하고 배려하는 것을 배우며 사회성을 기르고, 다른 사람과 더불어 사는 사람으로 성장하게 된다.

① 유아는 도움을 주고받는다.

유아들은 또래와 놀이를 하면서 자신이 잘하는 것과 다른 사람이 잘하는 것을 알 수 있다. 그러면서 서로에게 필요한 도움을 주고받는다.

차를 다 만든 유아들은 차를 어떻게 포장을 해서 가져갈지 고민하게 되었다. 유아들은 민들레 꽃차 개수를 세어 보고 나누어 가져가는 방법을 생각했다.

유아1: 우리들이 모두 필요한 민들레 꽃차 개수를 적어서 알아보자.
유아2: 엄청 많아. 어떻게 다 더하지?
유아1: 친구들이 적은 숫자만큼 동그라미를 그리자.
유이3: 동그리미를 2개씩 묶어. 그리고 합쳐.
유아2: 어 좋은 방법이다.
유아3: 와! 118개다. 우리가 해냈다!

또래와의 상호작용은 직접적인 언어 사용과 모델링을 통해 도움을 주고받을 수 있다. 이러한 도움을 준 유아는 도움을 받는 유아에게 일종의 비계 설정자로서 자연스럽게 역할을 하게 되고 이를 통해 정보와 지식 전달이 이루어지게 된다.

② 유아는 사람과 소통한다.

유아는 놀이에서 다른 사람과 생각이 다를 때, 친구와 함께 놀고 싶을 때, 자신이 원하는 역할을 맡고 싶을 때 등 여러 상황에서 발생하는 갈등을 풀어 갈 수 있다(교육부·보건복지부, 2019).

교사: 지금 누구한테 편지 쓰고 있는 거야?
유아: (자신이 쓴 편지지에 그림을 그리며) ○○이 언니한테 주려고요.
교사: ○○이 언니는 좋겠다.
유아: ○○이 언니랑 싸웠거든요. 그런데 직접 말하기가 조금 힘들어요.
교사: 그렇구나. 먼저 사과하고 싶구나. 그래서 예쁜 편지를 만들어 주는 거야?
유아: 네. 미안하다구요. 내가 예쁜 것 주면 언니가 웃거든요.
교사: 언니랑 사이좋게 지내고 싶구나?
유아: 네. 그러면 언니랑 놀이도 많이 할 수 있고.

위 사례에서 유아는 자신이 언니와 사이좋게 놀 수 있는 소통의 방법으로 편지 쓰기를 하였다. 유아는 언니와의 갈등 상황을 자신이 느끼는 감정에 대해 직접 표현하는 사회적 기술을 사용해 해결하려고 하였다.

③ 유아는 세상을 살피고 돌본다.

놀이하는 유아는 작은 것도 주의 깊게 살피며 아끼고 돌본다. 세상과 소통하고, 협력하고, 배려하고, 돌보는 유능함을 가지고 있다(교육부·보건복지부, 2019). 다음 사례는 이러한 점을 보여 준다.

유아1: 여기 봐! 여기!
유아2: 뭔데 그래?
유아3: 저거 불이 있었던 자국 아니야? 선생님 맞죠?
교사: 어 그런 것 같다.
유아1: ('산불 조심' 현수막을 가리키며) 어른들이 글씨도 모르나 봐.
유아4: 안 되겠어요. 사람들한테 알리러 가야겠어요.
교사: 어 그래. 사람들한테 어떻게 알려 주는데?
유아4: 몸에 글씨를 써서 (손으로 몸을 가리키며) 몸에 붙이고 얘기해요.

유아들은 산불의 위험성에 대한 경고 메시지를 담은 포스터를 직접 제작하고, '산불 조심 표어판'과 '산불 조심 표어띠'를 만들어 일주일에 3번 밖으로 나가 산불 조심 캠페인을 벌였다.

개정 누리과정의 목적은 유아의 전인적인 발달과 바른 인성 함양을 통한 민주시민의 기초를 형성하는 데 있다. 개정 누리과정에서 추구하는 다섯 가지 인간상은 이러한 목적을 추구함과 동시에 놀이를 통해 즐겁게 생활하면서 스스로 배움을 성취해 나가는 것이다(교육부·보건복지부, 2019).

3. 놀이하며 배우는 유아

유아는 놀이를 하면서 사물과 대상을 관찰하고 탐색하며 지식을 획득하고, 친구들과의 상호작용과 다양한 경험을 통해 배우며 전인적으로 발달하게 된다.

1) 상호작용을 통한 언어의 유능함 발현

유아의 언어 발달에 있어 또래 연령의 친구와 상호작용을 하는 것은 매우 중요한 요인이다. 언어는 이 관계적 자극을 통해 촉진되어 발달한다. 또래와의 공감과 유대는 유아가 자신의 감정이나 생각을 표현하는 능력을 활발하게 만들어 준다. 유아는 놀이 공간에서 자연스럽게 또래와 밀도 있는 소통과 활동으로 경험적 사회관계를 형성하며, 자신의 의견을 표현하거나 또래의 이야기를 듣는 과정을 통해 언어 능력과 조망수용 능력, 인지 능력 등이 발달하게 된다.

또한 유아들은 또래와의 상호작용 가운데 같은 동기나 감정이 생기면 의사소통이 활발해지면서 언어 표현력이 증진된다(최은혜, 2013).

다음은 유아가 역할놀이를 통해 또래 친구와 상호작용하면서 자연스럽게 언어 표현력이 촉진되는 것을 보여 주는 사례이다. 유아들은 봄꽃을 이용한 미장원놀이에서 미장원 이름과 파마 이름을 결정하면서 새로운 언어를 구사하게 되었다. 놀이는 유아의 서로 묻고 답하는 다양한 상호작용을 통해 언어적 표현을 촉진하게 한다.

유아1: 미장원 이름은 뭐라고 하면 좋을까?
유아2: 음, 봄꽃으로 놀이하니까 봄꽃 미장원이라고 하면 좋을 것 같아.
유아1: 그래, 우리 여기에 봄꽃 미장원이라고 쓰고 놀이하자.
유아2: 손님! 머리를 어떻게 해 드릴까요?
유아1: 파마해 주세요.
유아2: 어떤 파마를 해 드릴까요? 오늘은 냉이, 제비꽃 파마를 할 수 있습니다.
유아1: 그럼, 난 냉이 파마로 해 주세요.

봄꽃 미장원놀이

2) 감각을 통한 배움

유아는 감각적인 경험을 통해 아름다움을 느끼며, 자신의 내적 감정을 표현할 수 있다. 즉 감각적인 활동을 통해 점차적으로 자신의 느낌이나 생각 속에 있는 어떤 것을 표현할 수 있는 단계로 발전한다. 유아들은 모래, 찰흙, 물과 같은 비구조적인 감각적 특성을 가진 물체를 접하면서 부드럽고 따뜻하고, 깨끗하고, 시원하고, 거친 느낌을 탐색할 수 있으며 감각놀이의 본능을 충족할 수 있다(이향숙 외, 2011). 최은혜(2013)는 유아들이 비구조적인 점토놀이를 통해 주무르고, 굴리고, 짓이기고, 손가락으로 찔러 보고, 냄새도 맡으면서 원시적인 쾌감을 느끼게 된다고 하였다. 이러한 감각은 즐거움과 성취감, 자신감 등과 같은 긍정적인 경험을 갖게 하며 자유롭게 자신의 생각과 느낌을 표현하게 한다. 유아의 자유로운 표현은 내면적인 욕구를 표출하게 함으로써 정서적인 안정감을 갖게 하며 감정을 해소하는 것에 도움을 줄 수 있다. 또한 감각을 통한 자발적 탐색 활동을 하면서 과학적 개념을 자연스럽게 배우게 된다. 다음은 유아들이 비구조적 놀이 자료인 진흙을 감각적으로 탐색하면서 서로의 느낌과 감정을 발산하는 사례이다.

유아2: 발이 점점 더 깊이 들어간다.
유아5: 미끌미끌해져. 와!
유아4: 하하하! 나랑 손잡자. 미끄러워.
유아2: 어! 어떻게 하면 미끄럽고, 이렇게 하면 발이 쑥 들어가요.
교사: 그래, 미끌미끌하기도 하고 발이 쑥 깊이 들어가기도 한다.
유아4: 땅속에 들어가지 않게 살살 걸어 봐야겠다.
유아3: 나는 땅속으로 들어가는 지렁이다. 더 깊이! 아이고, 나 좀 잡아 줘!
유아5: 아! 발을 살살하면 미끄러운데, 발을 깊이하고 오래 있으면 들어가는 거야.
유아4: 맞아! 내가 살살 빨리 걸었더니 깊이 들어가지 않았어.
유아1: 어? 내 신발, 선생님 신발이 빠졌어요. 아 진짜, 난 신발 벗을래요.
유아3: 신발을 신고 있으면 더 깊이 들어가!
유아1: 와! 신발 벗으니까 더 미끄럽다. 하하하!

진흙놀이

3) 만들고 생성하는 배움

자연을 탐색하는 놀이는 다양한 감각적 경험을 하게 하며 유아의 상상력을 촉발하여 새로운 놀이를 만들어 내게 한다. 특히 형태와 주제가 정해지지 않은 놀잇감은 유아의 자율성과 자발성을 끌어내어 스스로 마음껏 상상할 수 있는 기회를 제공하기 때문에 부담 없이 생동적으로 다양한 표현놀이를 하게 한다(조형숙 외, 2018). 유아의 자발적인 상상력은 때로 교사의 지원이 없는 상황 속에서도 비구조적 놀잇감인 자연물을 다양하고 창의적으로 변형하며 새로운 것을 생성하게 해 준다. 다음은 이를 잘 보여 주는 사례이다.

유아1: 음, 향기 정말 좋다. 엄청 달콤해.
유아2: 꽃을 만져 봤더니 내 손에서 향기가 난다. 음, 좋다.
유아3: 나는 이것 먹고 싶어. 얌얌얌. 맛있는 꽃초콜릿이다.
유아1: 하하하! 나는 꽃사탕.
유아3: 진짜로 먹으면 좋겠다. 그치?
유아2: 어, 꽃은 예쁘고 향기도 좋고 먹으면 정말 좋겠는데.

봄꽃으로 김밥 만들기

"꽃을 진짜 먹고 싶어."라고 말한 유아들은 자신들이 좋아하는 음식 중 소풍을 갈 때 먹는 '김밥' 메뉴를 이야기했고 직접 꽃을 넣어 김밥을 만들어 먹자고 하였다.

유아1: 와! 뒤집었다. 히히히.
교사: 정말 뒤집어서 만든 김밥이다. 우리 이 김밥 이름을 뭐라고 하면 좋을까?
유아1: 뒤집었으니까 '쇠뜨기의 봄꽃 뒤집어 김밥'이라고 하자.
유아2: 좋아 좋아. 우리는 쇠뜨기니까.
유아3: 쇠뜨기의 봄꽃 뒤집어 김밥! 이거 엄청 맛있다.

유아는 봄꽃이 가지는 감각적 특성인 향과 모양을 자신이 좋아하는 음식과 연결하면서, 보는 것에서 먹는 것으로 놀이 자료의 형태를 변화시켰다. 즉 꽃을 먹고 싶다는 마음이 유아의 상상력과 연결되어 '봄꽃으로 만든 김밥'이라는 새로운 것을 생성하게 되었다. 유아의 놀이는 상상력과 연결되어 새로운 것을 만들어 나가고 이를 통해 자연스럽게 상상을 구현하는 법을 배우게 된다.

4) 놀이를 구조화시키는 지원과 배움

유아의 경험적 지식의 확대와 축적은 놀이 수준의 변화를 동반한다. 유아의 인지적 수준이 향상되면 기능적 수준의 놀이가 상징적 놀이로 발전되고 창조적 응용을 보여 준다. Jeffrey Trawick-Smith에 의하면 유아들은 주로 상상놀이를 하면서 상상을 통해 비구조화된 사물을 가작화한다고 하였다. 가작화는 어떤 사물을 다른 사물로 전이하여 사용하는 것인데 유아들은 현재 없는 사물을 가상과 실제의 상징적 도약을 요하는 추상적 사고를 통해 구조화한다(송혜린 외, 2003, 재인용). 다음은 교사가 현재 없는 비구조화된 사물 자료를 제시하여 지원하고 유아들이 놀이를 통해 구조화한 것을 보여 주는 사례이다.

유아들이 '꿀벌의 여행'(이해별 작사, 이순형 작곡) 노래를 부르며 율동을 만드는 놀이를 하던 중에 교사에게 꿀벌 날개를 만들자고 제의를 한다.

유아2: 우리 정말 꿀벌이 된 것 같다. 재미있지?
유아1: 응, 그런데 이렇게 꿀벌처럼 날개가 있으면 더 좋겠다. 그치?
유아2: 어 그래, 그럼 더 좋겠다.
　　　선생님! 우리 진짜 꿀벌처럼 날개가 있었으면 좋겠어요.
교사: 그래? 날개가 있으면 우리 진짜 꿀벌 같을까?
유아1: 네!

교사는 유아들의 놀이가 끊어지지 않게 큰 비닐을 가져와 양팔에 묶어 주고 유니바를 놓아준다.

유아3: 유니바는 장애물이야!
유아1: 좋아! (유니바를 건너며) 거칠고 험한 산을 날아가지요.
유아2: 어디 꽃이 있나? 앗! 저기 예쁜 꽃이 있다.
유아3: 야! 모여 모여! 꽃이 어디 있는지 알려 줄게.
유아2: (엉덩이를 비비는 모습을 흉내 내며) 엉덩이를 비벼서 꿀이 어디 있는지 알려 줄게.

꿀벌놀이

유아들은 교사의 도움으로 현재 없는 사물을 다른 사물로 전이하여 놀이에 적용하였다. 교사는 비구조적인 사물인 유니바와 비닐을 험한 산과 꿀벌의 날개라는 사물로 상상하여 가작화할 수 있도록 지원하였다. 이를 통해 유아들의 단순한 신체 음률놀이가 진짜 꿀벌이 되어 보는 상상놀이로 구조화되었다.

5) 다양성을 존중하는 지원과 배움

유아들은 같은 생활 연령일지라도 기질이나 수준, 개인적 경험에 따라 놀이를 진행하고 구성하는 데 있어 개인차가 발생한다. 따라서 유아의 개별적 변인이나 수준, 기질과 같은 특성을 다양하게 관찰하고 접근해야 한다. 놀이지도 시 교사는 유아의 다양한 개별적 특성을 존중하고 이에 따른 요구에 민감해야 한다. 유아가 가지고 있는 장점이 무엇인지 파악하고 유아 발달에 따라 일관성 있게 반응하는 것이 중요하다.

다음은 교사가 텃밭 동물을 징그럽게 느끼는 유아의 개별적 기질을 반영해 의견을 수렴하고 다른 유아들이 함께 활동할 수 있도록 지원하는 사례이다. 교사는 개별 유아의 특성을 존중하였고, 다른 유아들에게도 서로 다른 부분에 대해 인식하고 수용할 수 있는 태도를 형성하게 하였다.

유아들이 텃밭 동물에 관심을 갖고 놀이를 해도 모두 다 그 동물들을 좋아하는 것은 아니다. 유아들이 유치원 마당 화단에서 발견한 지렁이를 보며 이야기한다.

유아1: 악! 지렁이다. 징그러운 지렁이야.
유아2: 야! 지렁이는 우리 텃밭 땅을 뒤집어 줘서 튼튼하게 해 줘.
유아1: 나도 알아. 그래도 징그러워. 으 없었으면 좋겠어.
교사: 그래? 그런데 지렁이가 없으면 누가 텃밭 땅을 뒤집어 주지?
유아2: 맞아. 누가 해?
유아1: 내가! 내가하면 되잖아. 삽으로 뒤집지.
교사: 그래! 우리 ○○이가 말한 것처럼 지렁이 대신 일을 해 볼까?
유아들: 네!

유아들은 ○○이의 의견을 받아들여 직접 텃밭 동물들이 하는 일을 대신하였다.

텃밭 지렁이 관찰

또한 국내 사회 변동에 따라 유아교육 현장에는 다문화 가정 유아들이 증가하고 있다. 이러한 다문화 가정의 유아들은 가족 특성상 문화적 다양성에 대한 이해와 포용이 요구된다. 특히 다문화 가정의 유아들은 다른 문화와 언어권을 가진부 혹은 모로부터 양육되어지기 때문에 기관의 또래들과는 다른 경험을 갖게 된다(김광수 외, 2018). 이러한 차원에서 다양성에 대한 이해와 포용을 갖게 하는 것은 중요한 것이며 이것은 비단 다문화적 상황에서만이 아니라, 삶의 배경과 가족 구성이 다양해진 지금의 현실에서 필요한 것이다. 다른 경험은 유아들이 서로 상이한 이해와 생각을 갖게 만들기도 하지만 교사가 유아들과의 상호작용에서 문화적 민감성을 반영할 때, 유아들은 다양성에 대한 인내심과 존중감을 기를 수 있다. 따라서 교사는 의미 있고 발달적으로 적합한 다양성 있는 주제와 이에 대한 경험을 제시하고, 물리적 환경에서도 다양성을 반영하여 다른 문화적 양식과 놀이 스타일이 노출될 수 있도록 활동과 중재를 적용해야 한다. 다음은 교사의 문화적 민감성이 유아의 다양한 가족 형태와 문화적 차이를 이해할 수 있도록 촉진하는 사례이다.

세 명의 유아가 역할 영역에서 음식점놀이를 하고 있다. 그중 한 명의 유아는 다문화 가정이다.

유아1: 손님, 어서 오세요. 민들레 꽃차를 어떻게 해 드릴까요?
유아2: 꽃은 한 개, 꿀은 한 숟가락만 넣어 주세요.
유아3: 저는 걸상이 없어요.
유아1: 어? 걸상이 없다고?
교사: 자리가 없어서 그러는구나. 의자가 필요하니?
유아2: 크크크 걸상?
유아1: 아니, 의자가 없다고 해야지.
교사: 너희들 의자를 영어로 '체어(chair)'라고 하잖아. 그런 거랑 똑같은 거야.
의자를 '걸상'이라고 표현하기도 해.
유아들: 아! 그렇구나!

유아3은 다문화 가정으로 사물 용어에 있어 다른 유아들과 차이를 보이고 있다. '걸상'이라는 낯선 용어에 다른 유아들이 이해하지 못하고 받아들이지 못하자 교사는 의자라는 용어가 사람에 따라 다양하게 표현될 수 있음을 설명하였다. 교사의 이러한 지원은 유아들에게 사물에 대한 표현의 다양성을 경험하게 하였고, 다름으로 인해 소외되지 않고 존중되도록 하였다.

유아는 놀이를 하면서 또래와의 상호작용을 통해 언어적 유능함을 갖게 된다. 다양한 상황 속에서 전개되는 놀이를 통한 감각적 경험은 자연스럽게 개념적 지식의 획득으로 연결된다. 유아는 놀이 속에서 자유롭게 상상하고 자신을 표현하며 새로운 것을 만들고 생성해 가면서 또 다른 놀이들을 만들어 간다. 교사는 유아의 놀이에 비구조적인 놀이 자료를 제공함으로써 자율적인 유아의 놀이를 지속시키고 더욱 구조화시킬 수 있다. 놀이 속에서 유아의 자율성과 개별성을 존중하는 교사의 태도는 유아들에게 다름과 다양함에 대한 이해 속에서 배움을 갖게 한다.

6) 놀이의 교육적 의미

놀이는 유아가 내적으로 동기화된 즐거운 활동을 하면서 자연스럽게 배움이 일어난다는 점에서 교육적 의미를 갖는다. 유아가 놀이에서 느끼는 흥미와 자유로움, 비사실성은 유아의 학습에도 효과가 있으며 발달을 촉진하게 만든다.

유아는 또래와 놀이를 하면서 규칙을 지키고 자신의 생각을 표현하고, 친구의 이야기를 듣는 과정을 통해 사회성이 발달하게 된다. 또한 유아는 놀이에서 발생하는 갈등이나 문제를 스스로 해결하면서 협력, 양보, 규칙 준수, 화해, 협상, 도움 등과 같은 사회적 기술을 배울 수 있게 된다. 유아는 놀이를 지속하면서 신체의 움직임, 조작 능력, 정서 조절력, 창의력 등도 발달할 수 있다. 따라서 교육 과정의 성취는 유아의 놀이만으로도 충분히 가능하다(김순환 외, 2019).

유아의 놀이는 관찰, 탐색과 탐구, 표현, 공감과 같은 활동으로 나타나며, 이러한 활동은 유아의 발달을 촉진시키는 역할을 한다. 다음은 교육부의 5개 영역 내용을 기준으로 유아의 놀이를 통해 어떠한 발달이 촉진될 수 있는지를 보여 주는 예시이다.

〈표 6-2〉 놀이 활동과 유아 발달

활동	영역	5개 영역별 내용
관찰		• 사물이나 대상을 감각 기관이나 도구(망원경, 현미경, 온도계 등)를 이용하여 주의 깊게 살피는 활동이다.
탐색	신체운동·건강	• 신체 활동에 자발적으로 참여한다.
	의사소통	• 말과 글의 관계에 관심을 가진다.
	사회관계	• 다양한 문화에 관심을 가진다.
	예술경험	• 자연과 생활에서 아름다움을 느끼고 즐긴다.
	자연탐구	• 주변 세계와 자연에 대해 지속적으로 호기심을 가진다.
탐구	신체운동·건강	• 신체를 인식하고 움직인다(감각 및 지각 능력).
	의사소통	• 주변의 상징, 글자 등 읽기에 관심을 가진다(문해력).
	사회관계	• 내가 살고 있는 곳에 대해 궁금한 것을 알아본다(인지력).
	예술경험	• 신체, 사물, 악기로 간단한 소리와 리듬을 만들어 본다(창의력).
	자연탐구	• 일상에서 모은 자료를 기준에 따라 분류한다(인지력).
표현	신체운동·건강	• 신체를 활용하여 움직임과 춤으로 자유롭게 표현한다(창의력).
	의사소통	• 말놀이와 이야기 짓기를 즐긴다(창의력, 어휘력).
	사회관계	• 나의 감정을 알고 상황에 맞게 표현한다(사회적 능력).
	예술경험	• 미술 재료와 도구로 자신의 생각과 느낌을 표현한다(창의성, 정서 표현).
	자연탐구	• 물체의 위치와 방향, 모양을 알고 구별한다(인지력).
공감	의사소통	• 상황에 적절한 단어를 사용하여 말한다(협상-공감). • 말이나 이야기를 관심 있게 듣는다(협력-공감). • 상대방이 하는 이야기를 듣고 관련해서 말한다(배려-공감). • 자신의 경험, 느낌, 생각을 말한다(자기표현-공감).

활동	영역	5개 영역별 내용
공감	사회관계	• 친구와의 갈등을 긍정적인 방법으로 해결한다(협상–공감). • 친구와 서로 도우며 사이좋게 지낸다(협력–공감). • 약속과 규칙의 필요성을 알고 지킨다(규칙–공감). • 서로 다른 감정, 생각, 행동을 존중한다(배려–공감). • 나의 감정을 알고 상황에 맞게 말한다(자기표현–공감).
	예술탐구	• 극놀이를 하며 경험이나 이야기로 표현한다(협력–공감). • 서로 다른 예술 표현을 존중한다(배려–공감).
	자연탐구	• 탐구 과정에서 서로 다른 생각에 관심을 가진다(협상–공감). • 주변에서 반복되는 규칙을 찾는다(규칙–공감).

유아의 놀이는 즐거움과 흥미로 시작된다. 새로운 사물에 대한 흥미는 유아로 하여금 관찰을 하게 하며, 탐색을 통해 사물에 대한 정보를 수집한다. 사물의 정보가 파악되면 유아는 호기심을 풀기 위해 다양한 방법으로 탐구를 하게 된다. 이 과정에서 유아의 인지 능력과 창의성이 발달하게 된다. 유아는 탐구하는 과정에서도 새로운 발견을 통해 또 다른 탐색이 이루어지기도 하고 처음 관찰한 사물과는 다른 사물에 대한 호기심으로 인해 새로운 관찰이 일어나기도 한다. 유아의 놀이는 유기적으로 연결되어 순환되며 이러한 과정 속에서 배움과 발달이 촉진된다. 자유로운 탐색과 탐구는 유아의 자기표현을 자유롭게 하며 신체적 동작이나 그림이나 글과 같은 상징적 표현을 통해 자신이 이해한 개념을 창의적으로 표현하게 한다. 또한 유아의 또래 간 놀이는 서로 공감과 협력을 통해 자기중심적 사고에서 벗어나 타인의 입장에서 이해할 수 있는 능력을 형성하게 한다.

유아의 놀이는 앞으로 살아갈 삶의 내용을 담고 있으며 세상에 필요한 가치와 기술, 태도를 스스로 배워 나가는 과정이라는 점에서 중요하며 교육적 의미를 갖는다.

7장 놀이 지원자로서 교사의 역할

교사는 유아의 흥미와 발달을 고려하여 융통성 있는 계획을 세우고 적절하게 유아의 놀이 상황에 참여하면서 주의 깊게 관찰해야 한다. 또한 놀이 환경과 놀이 상황을 잘 관리하여 유아가 안전하고 즐거운 환경에서 놀이를 할 수 있도록 지원해야 한다.

2019 개정 누리과정에서 교사의 역할은 유아의 놀이에 대한 이해와 그에 따른 지원을 제공하는 놀이 지원자로서의 역할이 요구된다. 기존 교사의 역할로 제시되었던 계획자의 역할, 관찰자의 역할, 개입자의 역할, 관리자의 역할은 개정 누리과정의 놀이 지원자로서의 역할과도 연결되어진다. 교사의 놀이 지원자로서의 역할은 새로운 교사의 역할이 아니라 지금껏 수행해 왔던 교사의 역할이 유아의 놀이를 지원하고 돕는 역할로서 강화되어진 것이다. 즉 교사의 개입보다는 유아의 요구나 반응에 더 민감하게 대응하여 유아가 자발적으로 놀이하면서 스스로 배움을 발견할 수 있도록 돕는 역할인 것이다. 이를 비교하여 제시하면 다음과 같다.

〈표 7-1〉 교사의 역할과 놀이 지원자로서의 역할

교사의 역할	놀이 지원자로서 교사의 역할
계획자	일과 구성의 변화
관찰자	놀이 공간의 지원/ 놀이 자료의 변화 (유아-환경과의 상호작용)
개입자	상호작용 (유아-유아/ 유아-교사의 상호작용)
관리자	기타 지원(놀이와 안전)

놀이 지원자로서 교사의 유아에 대한 지원 방안은 일과 구성의 변화, 놀이 공간의 지원, 놀이 자료의 변화, 상호작용, 기타 지원이며, 이와 관련된 내용을 살펴보면 다음과 같다(교육부·보건복지부, 2019).

1. 일과 구성의 변화

교사는 유아가 놀이를 통해 배움을 발견할 수 있도록 유아의 발달 수준과 흥미, 사전 경험 등을 고려하여 교육 목표를 세우고 교육 과정과 내용, 활동을 사전에 계획하여야 한다. 교사의 교육 계획은 유아의 발달과 다양한 흥미를 파악하고 이에 따른 놀이 환경과 놀이 자료를 지원해 주어야 하기 때문에 매우 중요하다. 유아의 배움이 놀이를 통해 바람직하게 실현되기 위해서는 개별 유아의 발달 특성과 흥미에 맞는 경험 내용이 놀이와 연결되도록 면밀하고 유기적으로 계획해야 하며, 이것은 교사의 중요한 역할이다(정혜욱 외, 2019).

1) 놀이 시간의 충분한 운영

교사는 유아가 놀이에 몰입할 수 있도록 놀이 시간을 충분히 운영해야 한다. 이를 위해 하루 일과는 유아의 놀이에 따라 놀이 시간이 연장되거나 놀이가 확대 운영될 수 있다. 즉 유아의 놀이 활동 속에서 흥미가 지속적으로 확장되거나 중요한 배움의 순간이 지속될 때, 또는 다른 유아들과의 관계 증진 및 사회성 등에 도움이 된다고 판단될 경우, 놀이 시간을 연장하거나 활동 시간을 축소하지 않을 수 있는 것이다. 다음 〈표 7-2〉는 유아의 놀이 시간이 놀이의 확장으로 연장되어지는 사례이다.

〈표 7-2〉 자유놀이 시 놀이 시간 연장 사례

놀이 시간	놀이 연장 내용
연장	• 스카프놀이 활동 중 유아들이 스카프를 양쪽에서 잡고 인형 태우는 것에 흥미를 보여 '스카프 유모차(스카프에 인형 태우기)' 놀이로 확장하면서 놀이 시간을 계획한 것보다 충분히 연장하였다. • 유아의 뽁뽁이 밟기놀이가 바다라는 상상놀이로 연결되어 헤엄을 치는 놀이로 확장되어 유아의 흥미가 지속됨에 따라 일과를 변경하여 놀이를 지속하게 하였다. • 유아의 '꿀벌의 여행' 음률놀이가 놀이 자료의 변화로 신체 표현과 연결되어 진행되면서 놀이 시간을 계획한 시간보다 연장하였다.

2) 놀이와 연결한 활동 운영

유아의 하루 일과 중 일상생활과 대집단 활동도 놀이와 연결하여 운영함으로써 유아의 놀이 흐름을 방해하지 않고 진행할 수 있다.

유아의 일상생활에서 기본적인 요구를 방해하지 않는 차원에서 놀이와 연결해 변화를 시도할 수 있다. 예를 들어 유아의 의견을 반영하여 식사하는 공간을 식당놀이처럼 꾸미고 즐겁게 식사를 할 수도 있는 것이다.

유아의 대집단 활동인 이야기 나누기, 노래 배우기, 동화 읽기, 게임하기 등도 유아의 흥미나 놀이 흐름에 따라 내용과 방법을 변형하거나 운영하지 않을 수도 있다. 대집단 활동 내용에 있어서도 놀이를 지원하는 내용이나, 놀이 중 문제 행동이 발생했을 때 해결할 수 있는 내용을 구성하는 것이 좋다(교육부·보건복지부, 2019). 다음은 무언극에 대해 흥미를 가지게 된 유아들이 무언극에 나오는 탈춤을 배우려고 학급 전체가 함께 모여 활동을 진행한 사례이다.

무언극을 관람한 유아들은 '커다란 미꾸라지와 함께하는 쇠뜨기들의 여행' 이야기를 무언극으로 표현해 보자는 의견을 냈고, 이때부터 '커다란 미꾸라지와 함께하는 쇠뜨기들의 무언극 여행' 놀이 준비를 하였다.
유아들은 무언극에서 국악 연주에 맞추어 탈춤을 춘다는 것을 알게 된 후로 국악 악기 연주와 탈춤을 배우고 싶어 하였다. 교사는 장구와 탈춤을 알려 줄 전문가를 초빙해 장구와 탈춤을 배울 수 있게 도와주었다.

장구와 탈춤 배우기

3) 융통성 있는 일과 운영

유아의 하루 일과 계획은 고정된 것이 아니라 유아의 놀이 흐름에 따라 융통성 있게 변화될 수 있다. 전날의 놀이 활동에 대한 평가를 반영하거나 유아의 놀이를 관찰함으로써 유아의 흥미나 관심을 반영하여 일과를 융통성 있게 운영할 수 있다. 또한 날짜나 계절 변화에 따른 유아의 관심을 놀이에 반영하기 위해 일과 순서를 바꿀 수 있다(교육부·보건복지부, 2019). 하루 일과를 계획하였어도 계획이 아닌 다른 방향으로 유아의 놀이가 전환될 때 유아의 요구를 반영하여 일과를 융통성 있게 변형할 수 있다. 다만, 일과의 변화가 필요하다고 판단되었을 때 교사가 독단적으로 결정하는 것이 아니라 유아의 의견을 반영하는 것이 필요하다.

〈표 7-3〉 일과 변화 사례

일과	일과 변화 내용
변화	• 유아들이 우유를 먹고 난 후 책을 읽을 시간이었으나, 유아들이 우유갑에 관심을 보여 책 읽기 활동 대신 '우유갑 축구놀이' 활동으로 변경하였다. • 동화책을 읽은 뒤 동극 활동을 하려고 계획했으나, 유아들이 동화책을 읽는 가운데 책 속의 토끼에 관한 관심을 보여 토끼 관련 서적과 영상을 시청하는 것으로 변경하였다.

2. 놀이 공간의 지원

유아를 가장 잘 이해할 수 있는 방법은 관찰이다. 유아의 놀이를 세밀히 관찰하면 유아의 발달 수준 및 놀이 특징을 알 수 있다. 또한 놀이의 흐름을 관찰하면서 놀이를 확장, 발전시키기 위해 필요한 정보를 파악하고 놀이 지원을 효율적으로 할 수 있다. 교사는 유아가 놀이 공간에 부여하는 의미를 이해하기 위해 유아의 놀이를 관찰하여야 한다. 교사는 유아의 놀이가 방해받지 않도록 놀이 흐름에 따라 융통성 있게 공간을 배치하거나, 유아의 요구에 따라 놀이 공간을 구성할 수 있도록 지원할 수 있다. 유아의 놀이 공간은 공간이라는 개념과 함께 유아들이 상호작용을 하며 의미를 부여하는 장소라는 점에서 중요하다.

1) 융통성 있는 놀이 공간 배치

개정 전 누리과정에서의 놀이 공간은 각 영역별로 구분되어 있었으며 영역에 따라 구분된 놀이 공간은 유아에게 다양한 경험을 제공하였다. 그러나 공간의 구분은 경우에 따라서 유아의 놀이 흐름을 중단시키거나 방해할 수도 있다. 유아는 놀이의 흐름에 따라 자연스럽게 영역별 기존 공간을 재구성한다. 놀이의 전개 속에서 새로운 목적을 부여하여 의미상 다른 공간으로 사용하기고 하고, 자신들의 놀이에 적합한 공간을 스스로 찾아내거나 만들기도 한다. 예를 들어 쌓기놀이 영역에서 놀이가 진행되는 중에 흐름에 따라 가작화가 발생하면서 역할놀이로 전환되기도 한다. 또한 역할놀이 영역 내에서 자료 탐색놀이로 전환되어 수 세기나 실험과 같은 활동이 이루어지기도 한다.

이처럼 유아의 놀이 공간은 고정된 것이 아니라 유아의 놀이에 따라 공간을 자유롭게 통합적으로 사용할 수 있다. 따라서 정해진 흥미 영역이 교실 내에 모두 배치되어야 하는 것은 아니며, 유아의 놀이 흐름에 따라 융통성 있는 공간으로 배치하는 것이 적절하고 필요하다.

2) 놀이 공간 확장

교사는 교육적 지식과 철학을 기반으로 하여 유아의 흥미나 연령, 물리적 공간 구조에 따라 자율성을 가지고 공간을 구성할 수 있다. 유아의 놀이를 관찰한 결과 좁은 공간이 유아의 놀이에 방해가 된다면 유아들이 관심 없어 하는 놀잇감을 제거하거나 놀이를 방해하는 설비를 치움으로써 놀이 공간을 넓혀 줄 수 있다.

놀이 공간 넓히기

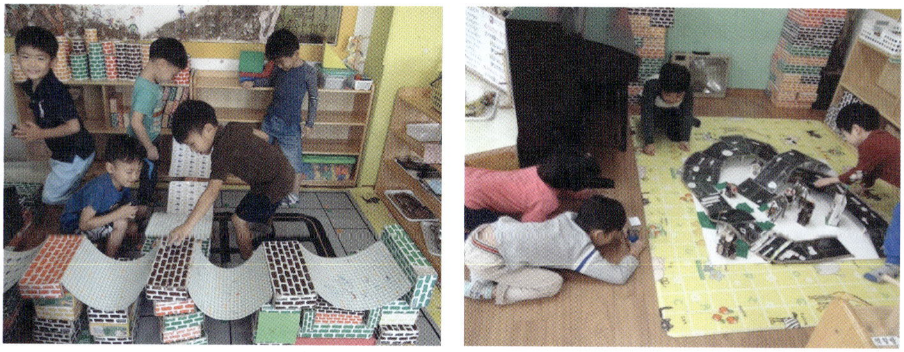

유아의 놀이 흐름에 따라 블록을 치우고 놀이 공간을 넓혀 새로운 놀이가 시작되도록 하였다.

3) 놀이 공간 변화

놀이 공간은 유아들의 놀이를 따라가면서 자연스럽게 변화될 수 있으며, 교사는 유아 스스로 새로운 놀이 공간을 만들거나 공간을 재구성하는 것을 지원할 수 있다.

새로운 놀이 공간 배치(교실 안 → 유치원 입구)

유아들이 등·하원 시 이용하는 유치원 입구를 '초록 언덕'이라는 새로운 놀이 공간으로 만들었다.

4) 다양한 놀이 공간 활용

유아의 놀이를 위한 공간으로, 실내외 공간을 다양하게 활용할 수 있다. 유아가 교실 외에 새로운 장소를 요청하였을 때 교사는 위험 요소 및 안전을 점검하고 놀이 공간으로 허용할 수 있다. 유아들은 놀이에 따라 실내에서 실외로, 실외에서 실내로 연결하여 자유롭게 공간을 활용할 수 있다.

놀이 공간 활용(실외 → 실내)

실외 텃밭에서 하던 곤충놀이가 교실에서는 곤충모형 만들기놀이로 이어졌다.

놀이 공간 활용(실내 → 실외)

교실에서 시작된 신체 표현 활동(곤충)이 실외에서는 역할놀이(산에 놀러 온 곤충)로 이어졌다.

3. 놀이 자료의 변화

놀이하는 유아를 자세히 관찰하는 것은 유아가 어떠한 도움을 필요로 하는지를 알 수 있게 하며, 효과적인 교사의 지원은 놀이를 지속시키고 경험을 풍부하게 한다. 유아의 놀이 자료는 자신의 감정과 생각을 전달하고 표현하는 매개체이다. 유아는 다양한 놀이 자료를 탐색하면서 배움이 일어난다. 따라서 교사는 다양한 놀이 자료를 제공해 주고 유아가 주도적으로 놀이 자료를 탐색할 수 있도록 지지해 주어야 한다.

유아의 놀이 자료는 위험하거나 유해하지만 않다면 일상의 사물, 자연물, 자연현상과 같은 모든 것이 놀이를 위한 자료가 될 수 있다. 유아는 자연물로 놀이하는 과정에서 아름다움을 경험하며, 자연물 고유의 특성과 색깔, 질감 등 감각적 요소를 발견할 수 있다.

1) 유아 주도성에 따른 놀이 자료의 변화

교사는 유아에게 놀이 자료를 제공할 때 어떤 의도나 기대를 갖게 되지만, 기본적으로 유아는 자신만의 방식으로 놀이 자료를 활용하며 놀기 원한다. 예를 들어 교사는 유아의 신체 표현 활동으로 스카프를 제시했는데 유아는 스카프를 머리에 쓰고 엄마놀이를 하는 데 사용할 수 있다. 이와 같이 유아들이 교사의 의도와 다르게 놀이 자료를 활용하는 경우에도 유아가 결정한 자료 활용 방법을 격려함으로써 유아의 놀이를 지원할 수 있어야 한다. 유아는 일상의 흔한 물건도 자기만의 방식으로 해석해서 새로운 놀잇감으로 만들어 놀이에 활용할 수 있다. 일상적으로 사용하는 밥그릇도 유아의 놀이 해석에 따라 악기로 변신하게 되는 법이다. 또한 유아는 자료가 없이도 놀이를 할 수 있으며 자신의 신체 활동을 통해 감정을 표현하거나 새로운 놀이를 시도한다. 따라서 실내에서도 유아의 몸 움직임을 지나치게 통제하지 말고 놀이 활동으로 이어질 수 있도록 지원하는 것이 필요하다.

유아 주도성에 따른 놀이 자료의 변화

교사는 천을 이용한 신체활동으로 '대문놀이'를 계획하였다. 그러나 유아들은 천을 역할놀이인 '패션쇼놀이'로 변형하여 사용하였다.

2) 교사 지원에 따른 놀이 자료의 변화

교사는 유아의 놀이를 지속하거나 확장시키기 위한 촉진 활동으로 놀이 자료에 변화를 줄 수 있다. 유아들이 놀이를 하면서 주제와 관련해 한 가지 놀이 자료를 사용하는 경우 교사는 다양한 놀이 자료를 사용하도록 지원하거나 제안하면서 놀이를 확장할 수 있다.

또한 유아들이 놀이를 하면서 자신이 탐구한 것을 신체, 음률, 미술, 언어 등 여러 가지 방법을 이용해 표현할 수 있도록 다양한 놀이 자료를 제공함으로써 놀이를 지원할 수 있다.

교사 지원에 따른 놀이 자료의 변화

유아들이 산책 중 발견한 꿀벌에 대해 관심을 보여 탐구 활동을 지원하였으며, 다양한 미술 재료를 제공하고 벌에 대해 알게 된 것들을 여러 가지 재료를 이용해 표현할 수 있도록 놀이를 확장하였다.

3) 다양한 놀이 자료 활용

유아 주변에 있는 다양한 일상의 사물과 자연물은 안전하다면 놀이 자료로 이용할 수 있으며, 놀이 자료가 없어도 놀이를 할 수 있다. 유아는 자신의 신체를 인식하고 조절하는 것만으로도 즐거운 놀이가 될 수 있다.

다양한 놀이 자료

주변에 핀 꽃은 향기와 모양, 색을 탐색할 수 있는 놀이 자료가 된다.

놀잇감 없이 신체를 이용한 꽃 모양 표현하기는 즐거운 놀이가 된다.

4. 상호작용

유아 놀이 흐름에 따른 교사의 인지적 질문이나 놀이의 참여는 유아의 놀이를 확장시켜 준다. 교사는 관찰하기, 제안하기, 놀이 참여하기, 질문하기, 정서적 지원하기 등의 방법으로 유아와 상호작용하면서 놀이를 지원할 수 있다.

1) 유아-환경 상호작용(물리적 중재)

유아와 환경과의 상호작용은 놀이 공간이나 놀이 자료 등으로 지원할 수 있다. 유아는 놀이 시 공간과 놀이 자료에 대한 흥미와 몰입도가 각기 다르기 때문에 유아의 놀이에 따라 다양하게 놀이 공간과 놀이 자료를 지원할 수 있어야 한다. 유아의 놀이를 관찰하면서 놀이 진행에 따라 공간을 넓혀 주거나 적절한 공간을 스스로 찾을 수 있도록 상호작용을 할 수 있다. 교사는 유아의 놀이 흐름에 따라 적절하게 놀이 자료를 제공해 주거나, 유아가 놀이 자료를 주도적으로 사용하는 것을 지지함으로써 상호작용을 할 수 있다.

2) 유아-교사 상호작용

(1) 관찰하기

교사는 유아의 놀이를 관찰하면서 각자의 특성을 파악하여 적절한 지원을 제공할 수 있다. 또한 교사와 유아의 상호작용에 있어서 교사가 반드시 개입하는 것보다는 유아가 놀이에서 보이는 감정 상태를 관찰하면서 기다리는 것이 우선적이다. 유아가 요청하지 않거나 문제가 발생하지 않은 경우에는 계속 관찰하면서 미소나 끄덕거림 등으로 지원하는 것이 바람직하다.

교사는 유아의 놀이에 성급하게 판단해 개입하기보다는 전제적인 맥락과 유아 간의 관계성을 살피면서 놀이의 자율성을 지켜 주는 것이 중요하다. 예를 들어 유아들 간에도 주도적인 유아의 독단성으로 벌어지는 심리적인 갈등이 있고 이에 대한 유아들 사이의 완화와 해소 등의 자발적인 추구가 일어나기 때문이다. 따라서 교사가 유아의 주도적인 놀이에 지나치게 개입하는 것은 유아의 놀이를 침해하는 것이다. 유아 놀이지도의 가장 중요한 부분은 유아들이 자발적으로 놀이를 하면서 스스로 문제를 해결하고 사회적 능력을 형성하며 경험적 지식을 축적해 가는 것이다.

(2) 제안하기

교사는 유아의 놀이 과정에서 안전이나 규칙의 문제가 발생했을 때, 일방적으로 알려 주기보다는 제안을 통해 유아 스스로 해결 할 수 있도록 지원할 수 있다. 유아들이 함께 놀이를 하면서 지켜야 할 규칙과 놀이를 위한 약속이 정해져 있을 때 교사는 유아가 스스로 규칙에 대한 필요성을 느낄 수 있도록 제안할 수 있다.

〈표 7-4〉 유아 놀이에 따른 교사의 제안 예시

제안	상황별 예시	제안	관계 증진 예시
효과적 언어 사용	유아들이 색종이를 접어 순서대로 나열하기로 했으나, 유아1이 독점하여, 유아2가 머뭇거리고 있다. 교사는 유아2에게 다가가 말한다. "내 생각엔 OO이도 순서를 기다리고 있는 것 같구나. '이젠 내 차례야.'라고 말하면 친구가 멈출 거야."	참여 유도	유아들이 종이컵을 쌓으며 놀이를 하는 것을 한 유아가 지켜보고 있다. 교사는 유아에게 말한다. "친구들에게 이 종이컵을 나누어 줄래?" 유아는 고개를 끄덕인 후 종이컵을 친구들에게 나누어 주며 놀이에 참여한다.
놀이 참여	유아들이 신문지놀이를 하고 있다. 마구 찢으며 놀이를 하다 보니 주변에서 다른 놀이를 하던 유아들이 불편해하는 것을 교사가 발견하였다. 교사는 신문지놀이를 하는 유아들에게 다가가 말한다. "저 작은 신문지 종이를 가지고 어떤 놀이를 할 수 있을까? 우리 바구니에 신문지를 담아 보는 놀이를 해 볼까?" 유아들은 교사와 함께 신문지를 바구니에 담으며 놀이를 전환한다.	갈등 해결	친구랑 블록을 쌓던 유아가 화가 나서 발을 쿵쾅거리며 쌓은 블록을 발로 차서 무너뜨리려 하고 있다. 옆에서 지켜보던 교사가 유아에게 말한다. "OO이가 화가 많이 났구나. 블록을 무너뜨리면 화가 풀릴까? OO이가 화난 이유를 친구가 알 수 있도록 말해 주면 어떨까?"

제안	상황별 예시	제안	관계 증진 예시
놀이 규칙	유아들이 한쪽에서 블록 쌓기놀이를 하고 있다. 지나가던 한 유아가 친구들이 쌓은 블록을 보고 무너뜨린다. 교사는 유아에게 다가가 말한다. "OO아 블록이 어떻게 되었지? 친구들이 모두 속상해하고 있어." 유아는 상황에 대한 인식을 하고 다른 유아들에게 "미안해."라고 사과한다.	협상하기	두 명의 유아가 블록으로 길 만들기 놀이를 시작하면서 각자 의견을 주장하고 있다. 유아1이 "블록을 밟지 않고 가자."라고 말하자, 유아2는 "블록을 밟고 가자."라고 놀이 방법을 제시한다. 교사가 두 유아에게 다가가 말한다. "두 가지 방법을 모두 합쳐서 놀 수 있는 방법은 없을까? 각자의 생각을 말해 볼래?"

(3) 놀이 참여하기

유아가 교사를 놀이에 초대할 때 교사가 함께 참여함으로써 유아는 공감대를 형성하고 즐거움을 느끼게 된다. 또한 어떤 유아가 의사소통에 어려움이 있어 또래놀이에 참여하지 못하는 경우, 교사가 같이 참여함으로써 또래들과 함께 놀이할 수 있는 계기를 만든다. 때때로 교사가 유아의 놀이에 직접 참여하는 것은 유아가 문제 해결 방법을 찾는 데 도움이 되며, 배움의 순간에 즉각적인 지원도 제공할 수 있다.

교사는 어떤 특정한 놀이 상황에서 자신의 참여가 유용한지 여부를 결정해야 한다. 일단 참여하기로 결정하고 나면 교사는 놀이 상황에 들어가는 법과 방해 없이 빠져 나오는 법을 결정해야 한다. 또한 교사는 놀이 참여의 유형을 결정해야 하며 결정하고 나서도 유아에게 어느 정도 도움을 제공할 것인지(아동의 능력 이상의 과업에 대해서는 직접적인 도움을 주기 위해서, 유아가 숙달한 수준 이상일 경우에는 힌트를 주기 위해서, 유아가 독립적으로 수행할 수 있을 때는 도움을 주지 않도록) 결정해야 한다.

(4) 질문하기

교사는 유아의 놀이 지원을 위한 상호작용 방법으로 질문을 사용할 수 있다. 놀이 지원을 위한 교사의 질문으로는 개방적 질문과 인지적 질문이 있다.

개방적 질문은 유아의 놀이 관찰을 기반으로 놀이가 지속되거나 확장될 수 있도록 질문을 하는 것이다. 예를 들어 유아가 꽃향기를 맡고 달콤한 냄새에 자극을 받아 먹고 싶다는 자신의 느낌을 표현한 경우, 교사가 “꽃도 먹을 수 있을까?” 라고 질문하는 것은 꽃에 대해 감각적 경험에서 끝나지 않고 자연스럽게 탐구와 연결되게 한다. 유아의 놀이 흐름이 문제가 발생하여 끊어지거나 배움의 순간이 발생했을 경우 교사는 해결할 수 있는 방안에 대해 인지적 질문을 하여 유아로 하여금 더 높은 수준으로 사고할 수 있게 한다. 유아는 교사의 질문을 통해 다시 문제를 발견하고 해결하여 놀이를 지속하게 된다.

(5) 정서적 지원하기

교사는 유아의 놀이에 감탄 어린 말과 격려와 같은 언어적 상호작용과 미소와 끄덕거림 같은 비언어적 상호작용을 통해 정서적 지원을 할 수 있다. 유아들이 놀이하면서 교사와 긍정적인 상호작용을 하면 자신감을 갖게 되어 주도적으로 놀이에 참여하게 된다. 이는 놀이에 대한 성취감을 경험하게 만든다. 교사는 유아가 놀이하는 과정에서 실패를 경험할 경우에도 공감하고 격려함으로써 부정적인 감정을 해소할 수 있도록 지원해야 한다.

〈표 7-5〉 유아 놀이에 따른 교사의 상호작용 예시

상호작용	예시
관찰하기	• 유아가 놀이에서 어떠한 것에 흥미를 보이고 탐색하는지 관찰한다. 예) 신문지를 이용해 놀이(찢기, 움켜잡기, 던지기, 뿌리기 등)를 하고 있다. 교사는 유아들이 놀이하는 모습을 지켜보며 조금씩 웃고 있다.
제안하기	• 놀이 활동에 공간, 자료 등을 지원하거나 안전의 문제가 발생할 경우 약속과 규칙에 대해 제안한다. 예) '꼬불꼬불 길, 마을' 놀이를 하던 유아가 교사에게 이야기를 한다. "선생님 자꾸 싸워서 안 되겠어요. 약속을 적어 놓고 놀이를 해야 겠어요." 교사는 약속을 기록할 수 있는 기록지와 필기도구를 준비하고 유아들이 글로 기록할 수 있게 도움을 지원한다.
놀이 참여하기	• 유아의 놀이에 직접 참여하면서 도움을 줄 수 있다. 예) '유치원 주차장 만들기' 놀이를 하는 유아들 사이로 OO이가 또래와 어울리지 못한 채 주차장 만들기를 하고 있다. 유아 한 명이 교사에게 다가와 말한다. "선생님, OO이가 우리 유치원 만드는 데 자꾸 방해해요." 교사는 OO에게 다가가 "OO아 주차장 만들고 싶어?"라고 묻자 OO이는 "왜 나만 못 만들게 해요?"라고 말한다. 교사는 OO에게 친구들이 무엇을 만들려고 하는지에 대해 설명하고 유아들 놀이에 함께 참여한다.
질문하기	• 유아들 놀이에 개방적, 인지적 질문을 함으로써 스스로 문제 해결을 할 수 있도록 지원한다. 예) 유아들이 재배한 벼를 추수하려고 한다. 추수할 도구인 낫이 유아가 사용하기에는 어려워 교사가 유아들 스스로 해결 방안을 찾을 수 있도록 인지적 질문을 한다. 교사: 어떤 도구를 사용하면 안전하게 벼를 자를 수 있을까? 유아1: 아! 가위요. 자르는 것이니까. 유아2: 그러게. 가위는 우리가 사용할 수 있어. 유아3: 가위로 이렇게 잡아서 자르면 되네. 히히.
정서적 지원하기	• 감탄 어린 말과 미소 등으로 정서적 지원을 한다. 교사: OO아, 우리 신문지 같이 찢어 볼까? 유아: (신문지를 만지작거리며 망설인다.) 교사: 자, 선생님이 찢어 볼게. (교사가 신문을 찢는다.) 와! 지지직! 소리도 난다. OO이도 해 볼까? 유아: (조금 자르며 교사를 살핀다.) 교사: OO이가 자를 때는 조그마한 소리로 스스슥 하네. (OO이가 신문을 찢기 시작한다. 점점 신문을 길게 자르며 얼굴에 미소도 커진다.)

5. 기타 지원

기타 지원으로 교사에게 요구되는 역할로는 놀잇감 및 놀이 시설물 관리, 안전 관리, 통합학급 놀이 지원 등이다. 놀이의 즐거움이 중요하다고 해서 규칙이 무시되어서는 안 된다. 교사는 유아가 놀이를 통해 자유롭게 생활하는 과정에서 혼자 놀잇감을 독점하거나 다른 유아를 공격, 위협하는 유아가 없는지 살펴보아야 한다(이숙재, 2004). 또한 물리적 환경의 안전 관리와 통합학급이 있는 경우 일반 유아와 장애 유아가 함께 놀이할 수 있는 방향을 염두에 두고 역할을 수행하여야 한다.

1) 놀이와 안전

놀이 안전 지원은 유아의 안전한 놀이를 보장하기 위해 물리적 환경과 안전성 점검을 통해 위해를 가할 수 있는 사물을 미리 차단하는 것이다. 그러나 안전이라는 이유로 유아의 놀이를 불필요하게 제한해서는 안 된다. 어떤 놀이를 일방적으로 금하기보다 왜 그 놀이가 위험한지 직접 깨닫게 함으로써 위험이 발생하지 않도록 지원할 수 있다. 유아들이 놀이 공간으로 새로운 장소를 요구할 경우, 안전하다면 허용할 수 있다. 그러나 먼저 유아들이 발견한 새로운 장소에 위험한 부분이 없는지 함께 점검하고, 어떤 부분을 조심해야 하는지에 대해 이야기를 나누며 약속을 정하도록 지원해야 한다. 유아의 안전을 위해서는 기관 내의 모든 구성원이 함께 협력하고 소통하는 것이 필요하다.

놀이 안전 지원은 단순히 사물과 물리적 환경에만 신경을 쓰는 것이 아니라 유아에게 청결하고 안전하며 즐거운 환경을 제공하는 것을 의미한다. 따라서 교사는 놀잇감을 놀이에 따라 분류하여 관리해야 하며, 정기적인 놀잇감 점검과 보수를 통하여 안전하고 청결하게 관리하여야 한다. 교사는 유아들이 안전한 환경에서 편안한 마음으로 친구들과 즐겁게 놀이를 할 수 있도록 관리하는 역할을 해야 한다.

2) 통합학급의 지원

유아교육 기관 내에 통합학급이 있는 경우, 통합학급 내에서의 놀이 지원을 어떠한 방향으로 할 수 있는지에 대한 고민이 필요하다. 통합학급에서의 놀이 지원 방안은 다음과 같다.

첫째, 장애 유아가 함께 놀 수 있는 기회를 최대한 확보한다. 교사는 장애 유아가 선택한 놀이 방법으로 놀이를 허용해 주고 일반 유아들도 함께 참여할 수 있는 부분이 있는지 관찰하여 함께 놀이할 수 있도록 제안할 수 있다.

둘째, 놀이를 위한 공간 구성에 있어서 놀이에 따른 공간 변형이 필요한 경우, 장애 유아의 특성을 고려하여 불편함이 없도록 해야 한다.

셋째, 일반 교사와 특수 교사는 각자가 맡고 있는 유아를 관찰하고 정보를 공유하며, 수시로 협의하면서 교육을 계획하고 문제를 해결해 나갈 수 있다.

유아의 놀이는 또래와의 협력과 갈등을 경험하게 하며 이러한 상호작용은 유아의 발달과 사회 구성원으로서의 역할을 배우게 만든다. 유아중심·놀이중심의 교육 과정은 유아의 주도적이고 자율적인 놀이 참여로 유아 스스로 발견하고 터득하며 즐거움을 느낄 수 있도록 하는 것이다. 교사는 놀이를 통한 교육을 지원하기 위해 먼저 유아의 놀이에 대한 이해와 의미를 해석할 수 있어야 한다. 또한 유아의 놀이를 관찰하고 적절하게 놀이를 지원함으로써 유아 스스로 배우며 성장할 수 있도록 돕는 역할을 해야 한다.

8장 놀이의 교육적 효과와 교사의 역할

기본적 놀이 영역에 대한 교육적 효과와 교사의 역할에 대한 인식은 유아를 지원하는 방향성의 기준이 된다. 교사가 기본적인 놀이 영역에 대해 이해가 미흡한 경우 적절한 놀이 공간을 제공하고 자료를 제시하는 것에 어려움을 겪을 수 있다. 즉 유아는 놀이 영역에 따른 구애를 받지 않고 놀이를 하지만 교사는 이를 배움의 과정으로 연결하기 위해서 영역별 놀이의 교육적 효과에 대해 인식해야 한다.

2019 개정 누리과정에서는 유아의 창의적 주도성에 중심을 둔 자유로운 놀이에 따라 각 영역들이 통합되거나 연결되어져 놀이 활동을 하는 것이 가능하게 되었다. 유아들은 영역을 확장하거나 초월하여 새로운 놀이를 만들거나 놀이에 의미를 부여하면서 활동한다. 교사가 유아의 놀이를 효과적으로 지원하기 위해서는 먼저 영역별 놀이의 교육적 효과와 그에 따른 교사의 역할을 인식하고 있어야 한다. 이러한 인식은 교사로 하여금 유아의 놀이에 따른 적절한 놀이 공간과 놀이 자료를 제공할 수 있게 한다.

1. 블록놀이

1) 블록놀이의 교육적 효과

블록놀이는 대부분의 유아들이 선호하는 놀이로 혼자뿐 아니라 친구와 공동으로 놀이를 즐길 수 있다는 장점이 있다. 유아들은 블록을 가지고 자신이 상상했거나 모방하는 사물을 구성하면서 즐거움과 성취감을 느끼게 된다. 이러한 긍정적인 정서적 경험은 유아로 하여금 놀이에 적극적으로 참여하게 만들며 상상력과 창의력을 발달하게 한다.

블록놀이는 유아가 구조물을 만드는 과정에서 관찰력을 키우고 형태, 크기, 길이, 높이, 위치의 개념 및 측정 기술을 익히고, 부분과 전체, 수의 많고 적음을 이해하게 된다. 또한 조형물을 구성하는 과정과 성취되는 결과를 통하여 조직적이고 체계적인 사고 능력을 확장시켜 나간다.

블록놀이 영역에서는 혼자놀이부터 집단적인 협동놀이까지 다양한 놀이 형태가 이루어진다. 특히 집단적으로 블록놀이를 하는 협동놀이 과정에서는 유아들의 책임감과 협동심이 증진되고, 상황에 따른 언어적인 상호작용이 활발하여 언어적인 능력이 촉진된다. 또한 블록놀이를 통해 타인과의 관계에서 수용되고 거부되는 경험을 통하여 사회성 발달의 중요한 기술을 터득하게 된다(오은순, 1994, 재인용).

블록은 유아가 자신의 감정이나 정서 등 자신을 자연스럽게 표현하는 것을 돕는 놀잇감으로 대표적인 비구조적 놀잇감이다. 유아들은 블록을 가지고 주로 쌓거나 끼우는 등 단순한 기능놀이를 한다. 그리고 다양한 종류와 재질의 블록을 상징화하면서 극놀이로 확장해 간다. 유아는 극놀이 역할에 따라 자신의 기분이나 느낌을 나타내기도 하고 감정을 해소하기도 한다. 블록은 유아의 활동에 다양하게 응용되어 새로운 놀이를 만들거나, 유아들의 상상력을 유발하는 등 유아의 창의성 발달을 돕는다(이상희 외, 2017).

블록놀이는 유아의 사회성과 조형 능력을 발달시킨다. 유아들은 다른 유아들과 블록놀이를 하면서 갈등이나 문제가 발생할 경우 협상을 하거나 사회적인 기술을 사용해 문제 해결을 하면서 사회성이 발달하게 된다. 또한 블록으로 단순한 형태에서 복잡한 형태로 구성을 하면서 조형 능력이 발달하게 된다. 따라서 유아의 블록놀이를 통한 구성 활동은 신체 발달뿐만 아니라 수·과학, 인지, 사회, 정서 발달 등 전인적인 발달이 이루어지는 놀이이다.

2) 블록놀이에서 교사의 역할

교사는 유아가 상상한 놀이 형태를 지지하고 존중해 주어야 하며 유아가 요구하지 않을 때는 놀이에 간섭하지 말아야 한다. 교사의 불필요한 잦은 개입은 유아들의 의존성을 높이고 주도성을 약화시켜서 교사가 곁에 없는 경우 놀이가 중단될 수도 있다. 유능한 교사는 유아의 놀이 활동을 촉진시켜 주고 놀이 진행에 방해가 되지 않게 하는 선에서 적절히 개입한다.

이는 갈등 상황에서도 마찬가지로 요구된다. 유아들의 또래놀이 활동 중 갈등이 발생할 경우 교사는 무조건 개입하기보다 놀이 상황을 관찰하면서 유아 스스로 문제를 해결해 나갈 수 있도록 지원해야 한다.

또한 놀이 활동 시 다른 유아의 블록을 무너뜨리거나 사물이나 사람에 블록을 던지지 않도록 안전 규칙을 지킬 수 있도록 지도해야 한다. 다음 사례는 블록놀이 활동에서 갈등이 발생했을 때 유아의 친사회적인 행동을 통해 또래와 갈등이 해결되는 과정을 보여 주고 있다.

유아들이 '블록 길 만들기' 놀이를 하던 중에 유아1이 길을 만들 블록이 부족하다고 하며 문제를 이야기한다.

유아1: 나 길 만들어야 하는데 블록이 부족해.
유아2: 어쩔 수 없어.
유아1: (블록을 쌓아 만든 길의 아래 블록을 빼며) 여기 블록을 빼면 되지 않을까?
유아2: 안 돼! 그렇게 하면 길이 망가지잖아.
유아1: 아니야! 봐. (블록의 수를 세며 두 줄로 블록을 세우고) 이렇게 하고 깔판을 놓으면 되잖아. 슝~ 자동차도 잘만 가네.
유아2: 그래, 그럼 그렇게 하자.

유아들이 '블록 길 만들기' 놀이를 하던 중 블록이 부족하여 갈등이 발생하게 되었다. 유아2가 유아1의 블록 부족에 대한 요청을 거절하자, 유아1은 블록을 빼도 놀이가 가능함을 보여 줌으로써 또래와의 갈등을 해결하였다. 유아들은 스스로 문제를 해결할 수 있는 능력이 있으며 자신의 생각이나 의견을 표현함으로써 갈등을 풀어 나갈 수 있다. 그러므로 교사는 유아의 놀이 관계와 맥락을 이해하면서 놀이에 개입해야 한다.

2. 언어놀이

1) 언어놀이의 교육적 효과

유아의 언어 능력은 태어날 때부터 발달하기 시작한다. 유아는 자신의 주변에 있는 사람들의 이야기를 듣고 이해하고 자신의 생각을 표현하면서 언어 능력을 키운다. 따라서 언어는 다른 사람의 이야기를 듣고 공감하는 사회성을 내포하고 있다. 유아는 자신의 감정과 생각을 자유롭게 표현할 수 있을 때 심리적인 안정감을 갖게 되며, 다른 유아와의 상호작용을 하면서 다양한 언어적 자극을 통해 영향을 받는다. 또한 유아와 유아 간의 상징적인 언어 사용은 사물에 대한 개념에 대해 현실적으로 인지하게 하며 추상적인 사고를 발달시킨다. 유아의 발달에서 인간의 언어 사용은 단순히 의사소통의 기능만 있는 것이 아니라 다음과 같은 몇 가지 특성을 지니고 있다(이현진, 1995).

첫째, 인간은 자기가 들었던 문장을 앵무새처럼 반복하는 것이 아니다. 언어 자극에서 규칙을 찾아 새로운 언어를 표현한다. 즉 인간의 언어는 생산적이고 창의적인 특성을 지니고 있다.

둘째, 인간은 위계적으로 구조화된 언어에 민감하게 반응할 수 있는 능력이 있다. 그러므로 언어 구조에 대한 이해를 해야 한다.

셋째, 인간이 사용하는 언어는 사회의 기호이다. 그러므로 어떤 사건이나 행위를 표현할 때 언어를 사용하는 것은 표상적 사고가 가능하다는 것을 의미한다.

또한 올바른 언어 발달은 듣고, 읽고, 말하고, 쓰는 네 가지의 언어 활동이 통합적으로 이루어질 때 성취된다. 유아의 듣기, 읽기, 말하기, 쓰기의 네 가지 활동이 통합적으로 이루어지는 놀이 활동에는 책 보기가 있다. 유아들은 교사와 함께 읽은 책을 반복적으로 읽으면서 이야기의 구조, 의미, 활자, 그림에 대한 이해를 하게 된다(전유영, 2010). 유아는 성인과 함께 읽은 친숙한 책을 다시 독립적으로 읽으면서 자신의 말로 이야기하기 시작하고 더 많은 것을 이해하고 발견하게 된다.

2) 언어놀이에서 교사의 역할

문자에 대한 인식 능력이 미흡한 어린 유아에게 단순하고 기계적으로 암기하게 하고 반복적으로 읽고 쓰기를 연습하게 하는 것은 조기교육에 대한 그릇된 인식에서 비롯된다. 이것은 유아들의 언어적 흥미와 감각을 잃게 하고 오히려 언어의 발달을 저해한다.

유아들의 문해 능력을 발달시키기 위한 교사의 지원 방안으로는 구어의 정확한 표현, 질문하기, 반응하기와 같은 것들이 있다. 교사는 유아에게 정교하고 구체적인 언어를 사용함으로써 새로운 단어를 배울 수 있도록 해야 한다(송혜린 외, 2003). 또한 교사는 유아에게 책을 읽어 주면서 그림이나 내용에 대한 질문을 하여 다양한 의미를 생각할 수 있도록 유도해야 한다. 교사는 유아들이 선택한 책을 스스로 읽을 수 있도록 격려하며, 자신의 생각을 글로 표현하는 활동을 정서적으로 지지하는 것이 필요하다. 다음은 유아의 읽기와 쓰기가 통합적으로 이루어지는 것을 보여 주는 사례이다.

유아: 선생님 '언니 바보'라고 썼어요. 언니가 맨날 시키기만 해서 밉다는 뜻이에요.
교사: 언니가 어떻게 하는 게 그렇게 미워?
유아: 언니는 나를 인형처럼 조정해서 시켜요. 내가 하고 싶은 것은 안 하고 언니가 하고 싶은 대로만 맨날 해요. 그런 점이 미워요.
교사: 그걸 편지에 쓰면 어떨까? 네가 언니가 하라는 대로 인형처럼 조정하는 걸 얼마나 싫어하는지 알 수 있지 않을까? 그러면 언니도 네 마음을 이해할 거야.
유아: 좋아요.

언어적 능력은 글자를 읽고 쓰고 말할 수 있는 것뿐만 아니라 자신의 감정이나 생각을 표현함으로써 내 생각을 타인에게 설득하거나 공감하게 하는 사회적 능력이다. 유아는 언니가 자신을 인형처럼 조정하는 것에 대한 불만을 편지 쓰는 과정을 통해 글로써도 전달할 수 있음을 알게 되었다. 따라서 유아는 편지 쓰기에 대한 의미를 자신의 생각을 표현하거나, 다른 사람을 설득할 수 있는 수단으로써 이해하게 되었다. 유아의 편지 쓰기는 읽기와 쓰기가 통합적으로 이루어지는 활동이며, 자신의 감정을 표현함으로써 정서적인 해소를 경험하여 긍정적인 언어 능력을 형성한다.

3. 역할놀이

1) 역할놀이의 교육적 효과

유아는 자신의 주변 사람이나 일상생활 속의 경험을 흉내 내면서 상상을 통해 상황이나 사물의 관계를 재구성하게 된다. 또한 표상적 사물을 자신의 놀이에 맞는 사물로 상징화함으로써 추상적 사고를 할 수 있게 된다. 예를 들어 유아가 궁전놀이를 하면서 블록을 자신의 주변에 쌓아 놓고 성을 쌓은 벽돌이라고 가작화한다. 유아는 이러한 가작화 활동을 하면서 실제 사물인 블록이 자신이 상상한 성을 쌓는 벽돌과는 다른 의미라는 것을 인식하게 된다. 이러한 인식은 유아가 추상적인 사고를 할 수 있도록 한다.

유아의 역할놀이는 자신이 맡은 다양한 역할을 하면서 점차적으로 자신의 중심성에서 벗어나 타인을 이해하고 공감하는 것에 도움을 제공한다. 또한 역할놀이를 통해 주변의 세계에 대한 이해와 모방을 하고 자신이 배운 기술을 연습함으로써 문제 해결력과 창의성을 향상시키는 것에 교육적 효과를 가진다(지성애, 2005).

유아는 역할놀이에서 긍정적인 정서적 경험을 할 수 있는데 다양한 역할과 상황에 대한 몰입은 유아에게 즐거움을 경험하게 한다. 유아들은 역할놀이를 하는 과정에서 놀이 흐름에 따라 과장된 표현이나 비논리성, 미숙함이 허용되면서 흥미를 가지게 되고 익살스러운 상황이 연출되기도 한다. 유아들은 역할놀이 과정에서 비논리적인 상상을 통해 즐거움을 경험하며 자신의 감정을 자유롭게 표현할 수 있다는 것을 알게 된다(곽승주, 2016). 이와 같이 역할놀이는 유아의 인지적, 사회적인 능력의 발달뿐만 아니라 정서적 발달 측면에서도 효과가 있다.

2) 역할놀이에서 교사의 역할

유아들은 실생활과 연계한 역할놀이를 통해 다른 사람과의 관계를 객관적으로 인지할 수 있게 된다. 역할놀이가 효과적으로 이루어지기 위해서는 놀이를 활성화시킬 수 있는 환경 구성과 새로운 놀이 상황으로 안내해 주는 교사의 적절한 개입이 필요하다. 역할놀이에 있어서 교사의 역할은 방관자, 무대 관리자, 공동 놀이자, 놀이 지원자로 나눌 수 있으며 내용은 다음과 같다(장서연, 2005).

첫째, 교사는 유아들의 놀이 시 관찰자로서 역할놀이에서 무엇이 어떻게 진행되고 있는지 살펴보아야 한다.

둘째, 유아들이 놀이 자료나 무대 구성과 같은 도움을 요청할 때는 유아가 주도적으로 선택할 수 있도록 적절하게 도움을 제공해야 한다.

셋째, 교사는 유아의 놀이가 진행되는 동안 동등하게 놀이에 참여하며, 역할에 대한 시범이나 직접 개입을 통해 도움을 지원해야 한다.

넷째, 교사는 유아들의 놀이 주제 확장이나 진행의 흐름에 문제가 발생했을 경우 소품이나 이야기를 제시함으로써 놀이를 지원할 수 있다.

다음은 유아들이 뮤지컬을 감상한 후 서로 느낀 점을 이야기하고, 역할놀이를 통해 새로운 관점들로 구성한 부분을 이야기로 만든 사례이다.

유아들은 뮤지컬 '뱃살 마녀'를 감상한 후 거북이와 토끼가 살 집을 만들기로 하였다. 유아들은 거북이와 토끼가 함께 살려면 거북이는 바다가, 토끼는 동굴이 필요해서 바다와 동굴을 연결하여 집을 만들었다.

교사: 얘들아, 왜 기어 들어가니?
유아1: 거북이가 사는 바다에서 토끼가 사는 동굴로 헤엄쳐 가는 거예요.
유아2: 얘들아! 우리 거북이처럼 기어서 들어가자.
유아3: 이제 여긴 동굴이야. 토끼와 거북이가 같이 살 수 있는 동굴.

유아들은 뮤지컬 '뱃살 마녀'를 보고 난 후 뱃살 마녀에게 구박을 받는 거북이와 토끼가 불쌍하다는 감정적 공감을 하였다. 그러한 타인에 대한 공감은 거북이와 토끼가 구박을 받지 않도록 집을 만들어 주자는 배려와 도움으로 이어지게 되었다. 유아의 정서에 대한 반응으로 교사는 유아들의 의견을 격려하면서 토끼와 거북이의 집을 만들 수 있는 장소와 자료를 지원해 주었다.

4. 요리놀이

1) 요리놀이의 교육적 효과

바람직한 요리놀이는 유아들이 시각, 청각, 미각, 후각, 촉각 등의 오감을 사용하여 크기, 모양, 색깔, 맛, 촉감, 냄새 등의 기초 개념을 얻을 수 있는 것이어야 하며, 요리놀이 과정 중 유아가 혼합하여 자르기, 반죽하기 등 물리 화학적 조작과 가열 기구들을 직접 다루는 경험을 할 수 있는 것이어야 한다. 요리놀이는 유아가 재료의 변화를 관찰함으로써 음식의 모양, 색, 크기에 민감해지며 논리적 사고를 하는 등 새로운 정보를 학습하는 데 도움을 주며 새로운 기술을 습득하게 한다.

요리놀이는 유아들이 활동의 계획, 실행, 시식까지 일련의 과정에 직접 참여함으로써 의미 있는 학습 활동이 이루어지도록 하는 교육적인 놀이다. 요리놀이는 단순히 음식을 만드는 과정에서 끝나는 것이 아니라 여러 영역과 연관된 경험을 제공한다(정은실, 1999). 즉 요리놀이는 언어, 신체, 수학, 과학, 사회 등 모든 영역이 통합된 교육 과정으로 유아들에게 즐거움과 많은 교육적 가치를 주는 놀이라고 할 수 있다. 요리놀이는 유아가 모든 감각을 사용하여 사물이나 사건을 다루어 보는 경험을 제공한다. 이러한 직접적이고 구체적인 활동 경험은 유아의 모든 발달에 영향을 준다는 점에서 의미 있고 중요한 놀이이다.

2) 요리놀이에서 교사의 역할

유아들은 주변에서 일어나는 모든 현상에 반응적이며 끊임없이 탐색하려고 한다. 교사는 우선 유아들이 시각, 청각, 미각, 후각, 촉각 등을 통하여 크기, 모양, 색깔, 냄새 등의 기본 개념을 얻도록 해야 한다. 이를 토대로 교사는 요리놀이를 통해 유아가 스스로 혼합하기, 자르기, 반죽하기 등의 활동에 동반되는 물리 화학적 변화에 대한 기본 개념을 획득하도록 계획해야 한다.

또한 요리 과정 속에서 유아가 물질의 변화 과정을 스스로 탐색할 수 있도록 언어적인 지지도 해 주어야 한다. 무엇보다도 요리놀이는 전원이 칼을 사용하거나 가열하기 등의 활동을 해야 하므로 안전 지도에도 만전을 기해야 한다. 다음은 유아들이 요리 활동을 통해 언어 발달과 수 세기, 청각, 미각, 크기, 모양 등의 개념을 습득하는 사례이다.

유아들이 전기 프라이팬을 사용해 쌀밥을 뒤집개로 누르면서 '야채 피자 만들기' 요리 활동을 하고 있다.

교사: 노릇노릇할 때까지 구워요.
유아1: (뚜껑이 덥힌 전기 프라이팬에 귀를 기울이며) '톡톡, 탁탁탁' 소리가 들려요.
교사: 그렇구나. 쌀밥빵이 구워지는 소리일까? 또 무슨 소리가 들리니?
유아2: '스스' 소리도 들려요.
교사: 자, 이제 소스를 만들어 보자.
유아1: (고추장, 케첩을 각각 다섯 큰술 넣은 뒤) 아휴, 너무 맵다. 케첩을 더 넣자.
유아2: (맛을 보고 케첩을 더 넣으며) 음, 케첩을 아홉 숟가락 넣으니까 제일 맛있다.
유아1: (다양한 야채를 작게 썰어 소스를 바른 쌀밥빵 위에 올려놓으며)
드디어 야채 피자 완성!
유아2: 우리가 만든 피자는 정말 최고의 맛이야.
유아3: 너무 맛있어서 뉴스에 나올 것 같아.

유아들은 '야채 피자 만들기' 요리 활동에서 피자에 들어가는 야채를 스스로 선택했다. 그 과정에서 유아들은 야채의 다양한 모양과 색을 경험하였다. 또한 소근육을 사용해서 야채를 작게 써는 과정은 신체적 발달을 향상시키며, 시선의 집중과 손의 조밀한 활동을 요하여 눈과 손의 협응력을 강화한다. 쌀밥빵을 만드는 과정에서 교사의 '노릇노릇할 때까지'라는 표현을 통해 유아들은 쌀밥빵이 열에 의해 프라이팬에서 다 익었을 때 색감이 '노릇노릇하다'는 것을 인지할 수 있었다. 또한 쌀밥빵이 익어 가는 소리를 관찰한 유아에게 교사가 질문을 함으로써 자신이 들은 소리를 언어로 표현할 수 있었다. 유아들은 소스를 만드는 과정에서도 직접 맛을 경험하면서 맵거나 맛이 있는 상태에 대한 재료의 양을 측정할 수 있었다. 이와 같이 유아들은 요리 활동을 통해 다양하고 통합적인 경험을 하게 된다.

5. 음률놀이

1) 음률놀이의 교육적 효과

유아는 노래를 듣고 자유롭게 따라 부르면서 자신의 감정을 표현하고 다양한 악기를 탐색하면서 언어 능력과 조작 능력이 발달하게 된다. 유아의 음률놀이는 유아로 하여금 자신이 상상한 것을 창의적으로 만들 수 있는 기회를 제공함으로써 창의성도 발달시킨다. 유아의 음률놀이가 주는 가장 큰 효과는 즐거움이다. 유아는 자유롭게 음악을 듣고 노래를 따라 부르고 자신의 느낌대로 춤을 추면서 즐거움을 느끼게 된다. 이러한 즐거움은 유아로 하여금 음률 활동에 자발적이고 적극적인 참여를 하게 만드는 동기를 부여한다. 영유아의 음악 영역 발달은 단계적으로 나타난다. Wolf(1992)는 노래 부르기에 따른 발달과 그 변화를 각 연령별로 설명하였다. 영아들의 노래 부르기는 음악을 들으며 흥얼거리는 것으로 시작되며 노래 가사의 끝부분만을 부른다. 유아기 초반에는 좁은 음역과 단순한 리듬의 노래를 따라 부를 수 있다. 4세경에 이르면, 유아들은 단순한 수준의 노래는 성인처럼 정확하게 부를 수 있게 된다. 유아들은 혼자 흥얼거리며 노래하거나 성인들과 함께 노래를 부르기도 한다. 이럴 때 유아들에게 주어지는 격려는 음악적 발달 욕구를 자극하게 된다. 노래 부르기뿐만 아니라 춤추기, 악기 다루기 등과 같은 모든 음률놀이 활동에 대해 격려하는 것은 유아의 심미적 활동을 자극한다. 유아들의 신체와 음성을 통한 창의적 자기표현에 대해 격려하는 것은 음악적 발달뿐만 아니라 인지적 발달도 촉진하게 만든다(송혜린 외, 2003).

유아 음률놀이의 교육적 가치는 인지적 발달, 사회성 발달, 신체 발달, 언어 발달과 아름다운 정서를 기를 수 있는 것이다. 유아들이 다양한 악기를 다루어 보면서 리듬, 박자, 가락, 빠르기 등에 대한 개념을 습득함으로써 인지적 능력이 발달될 수 있다. 또한 또래와 상호작용하면서 서로 협력하고 조화를 이루면서 사회성이 발달하게 된다. 유아는 음률놀이를 하면서 악기를 연주하거나 신체 표현 활동을 하면서 다양한 신체 발달과 균형, 민첩성이 발달할 수 있다. 유아의 노래 부르기 활동은 언어를 발달시킨다. 유아들이 음악을 듣고 노래를 따라 부르면서 언어의 발화나 듣기가 촉진된다. 또한 유아의 음악 체험은 심미적 경험을 하게 하며 자신의 감정이나 느낌을 자연스럽게 표현하게 되면서 정서를 발달시킨다(조영식 외, 1999).

이와 같이 음률놀이는 유아들이 자신의 욕구와 동기에 따라 자유롭게 노래 부르고 움직이고 춤추면서 즐거움을 느끼며 이러한 활동은 인지적, 정서적, 언어적 발달을 촉진한다.

2) 음률놀이에서 교사의 역할

음률놀이에서 교사의 중요한 역할은 유아에게 음악을 즐겁고 자유롭게 들으면서 즐기는 기회를 제공하는 것이다. 유아들이 자신의 몸이나 주위의 물체, 악기를 가지고 소리 내어 보는 활동은 음악교육의 중요한 부분이다. 유아의 창의적인 표현 활동을 촉진할 수 있는 방안으로는 유아들과 함께 반주 없이 자발적으로 음악을 만드는 것을 들 수 있다. 교사는 유아의 놀이를 관찰하면서 활동하고 있는 상황에 대한 내용을 즉석에서 음악으로 만드는 것을 제안할 수 있다. 교사의 제안은 유아들로 하여금 자신이 하고 있는 활동에 대한 의미를 생각하게 하고, 자신의 느낌이나 생각을 창의적으로 표현할 수 있게 한다. 유아가 어떠한 동작을 하면서 자신의 감정이나 생각을 즉석에서 만든 노래로 표현한다면 교사는 격려하며 지지하는 반응을 나타내야 한다. 그럴 때 유아의 자기표현과 창의력은 더욱 발전하게 된다. 유아들은 악기를 탐색하고 연주해 보는 기회를 통해서도 음악적 요소인 박자와 리듬을 발견한다. 또한 음악적 경험과 언어 또는 신체적 표현을 혼합한 통합적 활동은 유아에게 즐거움을 주며 정서적 발달을 촉진한다. 다음은 유아들이 악기를 사용하고 신체 표현을 함으로써 음악적 요소를 발견하고 정서적 공감과 즐거움을 얻은 것을 보여 주는 사례이다.

유아들이 다양한 악기를 탐색하며 직접 두드리고 있다. 교사는 모든 유아들이 하나의 악기를 치고 싶어 하는 것을 관찰한 후 놀이를 제안하였다. 한 명의 유아가 신체로 표현하는 몸짓을 보고, 몸짓에 따라 다른 유아들이 악기를 작게 또는 크게 두드리기로 하였다.

유아1: (북을 손바닥으로 두드리면서) 우아! 재미있다.
유아2: 선생님, 나도 그거 해 볼래요.
유아3: 나도 하고 싶어요.
교사: 애들아, ○○이가 표현하는 몸짓을 보고 악기를 쳐 보자.
유아2: (○○이가 손으로 작게 표현하는 몸짓을 보며) 아주 작게 쳐야 해. 더 작게!
교사: 애들아, ○○이가 어떻게 하고 있어?
유아3: 점점 커지고 있어요. 우아! 크게, 더 크게 쳐야 해!

유아들은 악기를 탐색하면서 자유롭게 두드리는 활동을 통해 서로 다른 소리의 크기를 경험하였다. 한 가지 악기를 다 같이 사용하고 싶어 하는 유아들의 갈등이 나타나자 교사는 확장된 놀이를 제안하면서 중재하였다. 유아들의 음악적 감각을 확장하기 위해 신체 표현과 악기를 연결하였다. 친구의 동작을 관찰하면서 표현하는 몸짓을 통해 자신의 악기를 크게, 작게 두드리는 활동은 음악적 즐거움과 또래와의 상호작용을 증가시켜 주었다. 또한 악기의 크고 작은 두드림 활동은 유아의 신체 조절 능력과 음악적 요소인 리듬감을 자연스럽게 발견하도록 하였다.

6. 조형놀이

1) 조형놀이의 교육적 효과

사물을 감각적으로 탐색하는 것에서부터 표현이 시작된다. 유아들은 각자의 눈과 머리와 감성적인 기질을 통해 사물을 보고 미술 매체를 통해 자신이 본 것과 느낌을 그림으로 표현하게 된다. 유아들은 감각적인 탐색과 활동을 통해 자신의 생각과 느낌을 표현하게 되므로 감각적인 경험을 많이 형성하도록 하는 것이 무엇보다 중요하다.

대부분 지각 활동은 여러 감각을 동시에 사용한다. 책에 있는 글자를 보거나 듣고 쓰는 것은 시각과 청각이 함께 사용되며, 냄새와 소리는 기억을 유발하는 데 중요한 역할을 한다. 사람의 청각은 예민한 편이어서 다양한 크기의 소리에 빨리 적응하며, 파이프 오르간의 낮은 음부터 피콜로의 높은 음까지도 들을 수 있다. 표현 반응은 특정한 부분의 감촉 또는 느낌을 좋아하는 경향이 나타나면서 보이기 시작한다. 유아들의 코를 억새풀로 간지럽히거나 따뜻한 온도의 감자를 집게 하는 것, 또는 숲속을 산책하면서 나뭇가지를 스치게 하는 것은 자신에게 일어나는 감각적 경험을 포착하고 표현하게 만든다. 유아들은 자신의 몸에 있는 모든 부분들을 사용해 감각을 느끼면서 지각하게 된다(오연주, 2005). 따라서 유아들은 보고 들은 것이 많을수록 더 많은 것을 보고 듣기 원하며, 모든 감각에 자극이 주어질수록 학습을 위한 기회는 더 확장된다. 유아가 무엇을 그리는가 하는 것은 바로, 자신이 본 것에 대한 자신의 느낌을 표현하는 것이다. 유아의 조형놀이는 만들어 나가는 과정이 완성품으로서의 결과물보다 더 중요하다.

이상과 같이 조형 놀이를 통한 다양한 프로그램은 유아의 전인적이고 자발적인 교육에 있어서 바람직한 효과를 가져다 주며 유아를 이해하고 그들의 창의적인 성장을 촉진하기 위한 큰 잠재력을 지니고 있다고 볼 수 있다.

2) 조형놀이에서 교사의 역할

조형놀이의 다양한 주제, 다양한 재료, 다양한 기법, 유아들이 마음껏 조형놀이를 할 수 있는 작업 환경과 활동 시간 등은 조형놀이의 중요한 학습 환경이다. 교사는 이러한 학습 환경을 통해 유아들의 조형놀이가 발달되도록 지원하는 역할을 해야 하며 바람직한 교사의 역할은 다음과 같다.

첫째, 유아의 상상에 근거한 색 표현은 심미적 차원에서 긍정되고 격려되어야 한다. 만약 교사가 사실에만 입각하여 지적하거나 수정을 하려는 태도를 보인다면, 유아는 예술적 표현에 대해 흥미를 잃을 수 있다. 예를 들어 유아가 달걀을 보라색으로 칠했을 때, 교사가 "보라색 달걀도 있니? 달걀은 살구색이거나 하얀색이야."라고 말하는 경우이다.

둘째, 유아가 그린 작품에 대해 빈말과 같은 성의 없는 상투적 칭찬은 하지 않도록 해야 한다. 때로 흥미를 느끼지 못하거나 피곤한 상태에서 그림을 그리는 경우도 있으므로, 막연하고 상투적인 칭찬을 피해야 한다. 그렇지 않으면, 해당 유아와 그 말을 들은 주변 친구에게 부정적인 영향을 미칠 수 있다. 상투적인 칭찬의 대상이 된 유아의 경우, 예술적 표현 능력을 부정적으로 인식하게 될 수 있다. 자신이 그림을 그릴 때의 정서와 표현에 상치되는 평가 때문이다. 나아가 아무 칭찬도 듣지 못했던 주변 친구는 칭찬받지 못한 자신에 대해 막연하고 상대적인 열등감을 느낄 수 있다. 따라서 교사는 유아의 그림을 칭찬하고자 할 때 구체적인 내용을 들어 인정하고 격려해 주는 것이 좋다.

셋째, 교사가 유아의 작품을 보고 구체적으로 무엇을 만들었는지를 말하도록 요구하는 질문을 하지 않는다. 유아들은 자신의 생각이나 느낌을 구체적 형상이

나 뚜렷한 사물이 아니라 추상적 차원으로 표현하기도 한다. 이때 유아 그림의 구체적인 형상에 대한 교사의 질문은 자기 생각이나 느낌에 따라 추상적 표현을 한 유아를 난감하게 한다. 왜냐하면 유아들은 자신이 자유롭게 표현한 것을 정확한 용어로 정의하는 것에 어려움을 느끼기 때문이다. 따라서 유아들이 자신의 감정과 느낌을 표현한 작품에 대해서 유아가 편하고 자유롭게 말할 수 있도록 질문해야 한다. 이때 교사는 유아들의 이야기를 충분히 호응하며 듣고 반응해 주고 격려해 주도록 해야 한다. 성인의 격려는 유아의 심미적 발달을 촉진시킨다. 다음은 조형놀이를 통한 유아 간 협력과 색에 대한 구별과 차이를 다양한 자료를 활용하면서 발견하게 되는 과정을 보여 주는 사례이다.

유아1: 우리 같이 그림 그릴 거야. 무엇을 그려 볼까?
유아2: 그런데 천이 자꾸만 움직여.
유아3: 그럼 우리 돌멩이를 주워서 천이 움직이지 않게 할까?
유아2: 좋아!
유아1: (소목액으로 흰 천 위에 그림을 그리며) 어! 물감이 아닌데도 색이 나오네.
유아2: 나는 나뭇잎으로 그려 볼래.
유아3: 저기 꽃도 있는데 꽃으로 그리면 어떻게 될까?
유아1: 토마토로 그리면 노란색이 나온다.
유아3: 이 꽃으로도 그려져. 그런데 왜 색이 다르게 나올까?

다양한 자료를 이용한 유아들의 자유로운 표현 활동은 색의 구별과 차이를 지각하게 한다. 유아들은 각기 다른 자연물로 그림을 그리면서 물감이 아닌 다른 매체를 통해서도 그림을 그릴 수 있다는 것을 발견하였다. 또한 자연물이 가진 고유의 색과 그것을 사용해서 그렸을 때의 색이 다름을 경험하면서 색의 차이를 이해하였다. 유아들의 조형 활동은 유아 간 협력이나 갈등을 해결하고 자료를 공유하는 기회를 제공한다. 천이 움직여서 그림 그리기 어려운 상황은 유아들이 서로 협력함으로써 해결하게 되었다.

7. 수·조작놀이

1) 수 · 조작놀이의 교육적 효과

수·조작놀이는 성장기에 있는 유아들의 손목 및 손가락의 소근육 운동 능력 증진에 도움을 주며, 다양한 놀잇감을 경험하게 함으로써 눈과 손의 협응력을 높여 준다. 또한 친구들과 놀잇감을 가지고 상호작용을 하면서 놀잇감의 형태, 크기, 무게, 질감에 대한 개념을 습득한다. 구체적인 수·조작놀이의 가치를 정리하면 다음과 같다.

첫째, 문제 해결력을 기른다. 문제를 해결하려는 목표를 달성하기 위해 계획을 세우고 시도하며, 조작하는 방법을 학습하게 된다.

둘째, 탐구력을 기른다. 교구를 가지고 놀이하면서 물체와 사물을 관찰하고 분류하며 측정하게 됨으로써 탐구력이 증진되고 다양한 방향으로 사고하게 된다.

셋째, 사회적 상호작용의 기회를 갖는다. 또래 친구와 놀이 과정에서 다양한 의사소통 방법을 습득하고, 타인과 조화롭게 문제를 해결하는 법을 익히게 된다.

넷째, 성취감을 갖는다. 수·조작놀이를 통해 문제를 해결하는 과정은 자신의 능력에 성취감을 갖게 한다.

유아들에게 발달적으로 적합한 수·조작놀이 활동을 하게 한다는 것은 유아가 이해할 수 있는 형태로 교구를 제공하는 것이다. 또한 유아가 교구 내용 속에서 그 관계성을 발견하고 의미를 찾을 수 있도록 경험을 제공하며 논리적 추리와 문제 해결 능력을 개발하고 연습할 수 있는 기회를 제공하는 것이다(Baroody, 1987).

2) 수 · 조작놀이에서 교사의 역할

수·조작놀이의 조사 활동들은 유아들이 직관적인 사고를 할 수 있도록 돕고, 수학, 과학, 사회, 언어 등의 문제 해결력에 이르기까지 모든 영역을 포함하는 통합적인 활동에 관심을 갖도록 할 수 있다. 따라서 교사는 유아가 일상생활과 놀이에서 자발적으로 탐색하고 조사 활동을 통해 이러한 개념을 발견할 수 있도록 환경을 지원해야 한다. 또한 그룹 게임 등을 통하여 또래 간의 상호작용을 격려하고, 자율적 사고를 기를 수 있도록 하는 것이 교사의 역할이다. 수·조작놀이에서의 교사의 역할을 정리하면 다음과 같다(이경우, 2001, 재인용).

첫째, 교사는 유아 스스로 물체를 조작하고 변형해 볼 수 있는 경험을 제공할 수 있도록 다양한 놀잇감과 조작물을 제공해야 한다.

둘째, 교사는 유아들이 스스로 수학적 사고를 향상시킬 수 있도록 수학적 기본 개념 어휘를 사용한 질문(예: 어느 것이 더 위쪽에 있니? 가까운 곳은 어디니?)을 하여 유아의 논리적 사고를 격려한다.

셋째, 교사는 수·조작놀이의 결과인 답보다는 과정이나 유아의 잘못된 반응과 설명에 관심을 가져야 한다.

다음은 교사가 수·조작놀이에서 답이 아닌 과정에 관심을 갖고 유아들 스스로 문제를 해결할 수 있도록 촉진하는 사례이다.

교사: 쑥차를 어떻게 나눌까?
유아1: 쑥차도 하나씩 가져가면 되잖아요.
유아2: 손으로 집어서 하면 어때?
교사: 손으로 어떻게 할 건데?
유아3: 이렇게 집어서요.
교사: 선생님도 집어 볼게. 어때?
유아1: 선생님이 집은 것이 더 많아요.
유아2: 아! 선생님이 손이 더 크니까 그런 거다.
유아3: 나랑 손 재어 보자. 어! 정말 내가 ㅇㅇ이보다 손이 커!
교사: 그렇구나. 그럼 어떻게 하면 좋을까?

유아들의 논리적, 수학적 지식은 유아들이 사물과 결과에 대한 관계를 스스로 발견할 때 획득된다. 위 사례에서 교사는 유아들이 수 세기가 어려운 재료인 쑥차를 나눌 수 있는 방법을 질문과 시범을 통해 유아 스스로 발견하고 인식할 수 있도록 하였다. 즉 교사는 직접적인 답을 제시하지 않고 유아의 방법에 대해 시범을 보여 줌으로써 자신의 방법이 적절치 않음과 원인에 대해 생각하게 하였다. 유아는 자신의 손과 교사의 손 크기가 다르기 때문에 정확한 양을 측정하지 못한다는 것을 이해하였고 이러한 인식은 사물의 관계적 지식에 기반한 논리적 개연성을 갖는 수적 지식으로 연결된다. 이와 같이 유아들에게 수·조작놀이를 지도할 때 정답을 가르쳐 주려는 태도를 지양하고, 유아 스스로 원인에 대한 과정을 생각하게 함으로써 문제 해결을 할 수 있도록 해야 한다.

8. 과학놀이

1) 과학놀이의 교육적 효과

유아들은 주변에 있는 사물을 자유롭게 탐색하면서 호기심을 갖게 된다. 유아의 호기심은 그것을 해결하기 위해 다양한 시도를 하게 하며 그러한 과정 속에서 사물에 대한 예측을 하고 가설을 만들게 한다. 따라서 유아의 과학 활동은 스스로 문제를 인식하고 해결하기 위해 직접적으로 조작하고 활동할 수 있는 환경을 지원하는 것이 필요하다. 그러한 차원에서 볼 때 전통 생활 과학은 유용하다. 기본적으로 전통 생활 과학은 우리의 과거 조상들이 어떻게 살았는지를 보여 줄 뿐만 아니라 일상생활과도 밀접하게 연결되어 있기 때문에 유아가 쉽게 접근할 수 있고, 유아의 흥미와 동기도 유도하기 쉽다. 나아가 전통 생활 과학은 직접 조작해 볼 수 있는 특성을 많이 포함하고 있기 때문에 유아의 주도적이고 직접적인 활동이 가능하며, 우리의 조상들이 거쳤던 것과 같은 자발적인 탐구 과정을 거칠 수 있도록 유아를 도울 수 있다. 전통 생활 과학은 자연물로 이루어져 있으므로 아이들이 직접 조작을 하더라도 유해하지 않으며, 그러한 조작의 결과로 발생하게 된 사물의 반응을 관찰하여 행위와 그 결과 간의 관계를 조합해 보기에 용이한 특성을 지녔다. 한편, 과학놀이에서는 '무엇'이라는 기술적인 것과 '왜'라는 설명적인 개념들을 학습할 수 있는 자료들이 필요하다. 과학놀이를 하는 동안 유아는 감각 기관과 물질 간에 상호작용하는 내용을 알게 된다. 또한 과학놀이 과정에서 유아는 동물의 본능과 전기 환경의 변화를 일으키는 체계에 대한 학습을 하여 살아 있는 식물·동물과 환경과의 관계에 대한 이해를 넓혀 나가게 되기도 한다.

2) 과학놀이에서 교사의 역할

교사는 유아의 발달에 적합한 내용을 토대로 과학 활동을 계획하여 유아들이 능동적으로 학습할 수 있도록 해야 한다. 과학놀이에서의 교사의 역할을 살펴보면 다음과 같다(이종희 외, 2002, 재인용).

첫째, 유아의 욕구와 발달 수준에 알맞은 과학놀이 환경을 계획하거나 변화 있게 조정해 주는 역할을 해야 한다. 유능한 교사는 유아들의 호기심이 계속 유지되도록 보고, 듣고, 맛보고, 만져 볼 수 있는 환경 구성자의 역할을 수행해야 한다.

둘째, 유아의 흥미를 유발하는 놀이 자료를 선정하여 제시해야 한다.

셋째, 교사는 유아 스스로 과학적 현상에 대해 탐구하고 의문을 가질 수 있도록 도와주면서 유아의 질문에 대해 답을 하되 정답을 미리 말해 주거나 유도 질문을 하는 것은 피해야 한다.

넷째, 실험을 하거나 안전이 필요한 자료에 대해서는 사전에 안전에 대한 규칙을 제시하여 지킬 수 있도록 하여야 한다.

다섯째, 유아 스스로 문제 해결의 방법을 찾고 합리적인 생활을 해 나갈 수 있도록 격려하는 역할을 해야 한다.

다음은 유아가 과학적 현상을 탐구하면서 발견한 것에 관해 유아 스스로 사고하도록 질문을 하는 사례이다.

> 유아들이 치자 씨앗을 관찰한 후 교사와 함께 물을 붓고 끓이려 하고 있다.
>
> 교사: 치자에 물을 붓고 2시간 동안 끓일 거야.
> 유아1: (물을 부으면서) 어? 치자가 계속 올라와요.
> 교사: 왜 그럴까?
> 유아2: 물이 밑으로 내려가잖아요.
> 교사: 2시간 후가 되려면 시계의 작은 바늘이 두 바퀴를 돌아야 돼.
> 유아1: 그럼 12시 30분인데.
> 교사: 그래, 그럼 2시간 후에는 여기에 있는 치자가 어떻게 될까?
> 유아1: 막 뜨거워서 끓을 거야.
> 유아2: 색이 나올 것 같아요.
> 유아3: 난 안 나올 것 같애.
> 교사: 색이 나오면 어떤 색이 나올까?
> 유아1: 주황색이요. 왜냐면 치자가 주황색이니까요.
> 유아2: 난 노란색!
> 유아4: 난 검정색!

유아는 치자 염색물을 끓이는 과정에서 물을 부으면 치자가 올라가는 것을 발견하고 교사에게 질문하였다. 교사는 유아에게 왜 그런지에 대한 생각을 스스로 할 수 있도록 질문을 하였다. 유아는 자율적 사고를 통해 물이 밑으로 내려가기 때문에 치자가 올라가는 것이라고 자신의 생각을 표현하였다. 이와 같이 과학적 놀이는 실험하고 탐구하는 과정에서 유아들이 스스로 발견하고 행위와 결과의 관계를 변별할 수 있는 능력을 갖게 한다. 또한 유아들은 치자 씨앗을 탐색한 후 치자 염색물을 추출하는 과정에서 색에 대한 예측을 하였다. 즉 치자 씨앗을 끓이는 관찰 과정을 통해 식물과 환경과의 관계에 따른 변화에 대해 이해할 수 있게 되었다.

9. 실외놀이

1) 모래놀이

(1) 모래놀이의 교육적 효과

유아의 모래놀이가 주는 교육적인 효과로는 모래의 감각적인 경험을 통한 정서순환과 구성하기 쉬운 비구조적인 특성에 의한 창의성 발달이다. 모래는 유아에게 차갑고 부드러운 감각을 경험하게 하며, 유아는 자유롭게 모래를 가지고 놀이하면서 자신의 감정을 표현하며 정서적인 안정감을 갖게 된다.

모래놀이는 유아교육 기관에서의 교육적 놀이 외에도 부적응 아동의 치료가 가능한 놀이로서 정서 발달에 도움이 된다. 즉 모래놀이 상자는 단순한 유아의 놀이나 학습의 한 방법으로 사용될 뿐만 아니라 치료적 도구로 사용할 수 있다. 이것은 모래가 가지고 있는 여러 가지 특성이 유아로 하여금 다양한 생각들을 활동으로 실행해 봄으로써 내면의 문제들을 유아 스스로 해결해 나갈 수 있는 기회를 제공해 줄 수 있는 것에서 기인한 것이다(천은영, 2004).

구성과 조작이 비교적 쉬운 편인 모래는 비구조적인 특성으로 인해 직접 구성하며 상상할 수 있는 놀이이다. 또한 모래놀이는 유아들의 경험과 생각을 자유롭게 표출할 수 있도록 하며 그 결과 유아의 창의력과 상상력을 발달시킬 수 있다(조형숙 외, 2018).

(2) 모래놀이에서 교사의 역할

모래놀이 활동에서 교사의 역할은 유아들이 안전한 규칙을 지키면서 모래놀이를 통하여 상상력을 발달시키고 측정 등의 과학적인 개념 발달을 도울 수 있도록 적절한 모래놀이 도구를 제공해 주는 환경 조성자, 자료 제공자의 역할을 해야 한다(이숙재, 2003; 지성애, 2005). 모래놀이에서의 교사의 역할은 다음과 같다.

첫째, 유아가 상상한 것에 대하여 지지하고 격려하는 역할을 해야 한다. 유아가 자신의 생각과 느낌에 대해 표현을 하는 과정에서 교사의 지지는 유아의 표현을 자유롭게 하며 정서적인 안정감을 갖게 한다.

둘째, 교사는 모래놀이에 필요한 놀이 자료를 적절하게 지원함으로써 유아의 놀이를 확장시키거나 사회적, 인지적 발달을 촉진시키는 역할을 해야 한다.

셋째, 유아들이 모래놀이를 하면서 스스로 과학적 개념이나 지식을 발견할 수 있도록 질문하며 상호작용해야 한다. 이와 같은 바람직한 교사의 개입은 유아의 지적 갈등이나 호기심을 불러일으키며, 유아의 전인 발달에 긍정적인 영향을 미친다.

다음은 유아가 모래놀이에서 자신의 경험과 생각을 자유롭게 표현하면서 인지적, 사회적 발달이 촉진되는 사례이다.

유아들이 다양한 크기의 용기들, 스푼을 가지고 모래놀이를 하고 있다.

유아1: 얘들아 우리 이 풀로 뭐 만들까?
유아2: 물하고 모래랑 섞어. 비벼 비벼! 스파게티 요리를 만들자!
유아3: 내가 손님 할까?
유아1: 어서 오세요. 손님, 뭐 드릴까요?
유아3: 스파게티 주세요. 그런데 음료수는 안 파나요?
유아2: 유치원에서 가져온 오미자차는 진짜로 마셔도 되니까 오미자차 사 먹어.
유아3: 네. 그럼, 맛있게 해서 저기 외나무다리로 배달해 주세요.

모래는 다양한 형태로 조작하기 쉬운 비구조적 특성으로 인해 유아들에게 상상력을 갖게 한다. 유아들은 모래놀이에서 모래를 스파게티로 가작화하면서 자신의 경험에 근거한 역할놀이를 하였다. 또한 가작화놀이 과정에서 현실로 돌아와 실제로 마실 수 있는 오미자차를 놀이 자료로 제시하였다. 유아들은 모래놀이 활동에서 모래를 스파게티로 가작화하는 사물에 대한 가작화와 먹을 수 있는 것과 먹을 수 없는 것에 대한 현실적 인지를 동시에 하게 된다. 즉 유아들은 놀이를 하면서 동시에 두 차원에서 조작하는 것을 배우게 된다. 하나는 사물과 행동의 가작화의 의미를 배우며 다른 차원에서는 놀이에 사용되는 사물과 활동의 현실적인 의미를 동시에 배우게 된다.

2) 물놀이

(1) 물놀이의 교육적 효과

유아들은 물의 무정형 성질을 이용하여 마음대로 변형시키면서 실험할 수 있고, 비우기, 채우기, 붓기, 쏟기 등의 활동을 통하여 큰 만족감을 얻을 수 있다. 물놀이의 교육적 효과는 다음과 같다.

첫째, 물놀이는 유아의 인지 발달을 돕는다. 물놀이 활동은 유아가 성숙해 갈수록 좀 더 복잡하고 세밀하게 조직화되어 가며, 놀이 경험이 증가함으로써 물의 특성과 이를 다루는 방법을 사고할 줄 알게 된다.

둘째, 물놀이는 유아의 정서 발달을 돕는다. 공격적인 유아들은 물을 마음대로 가지고 노는 개방적인 활동을 통해서 부정적인 정서 상태에서 벗어날 수 있게 된다. 또한 물은 부정형적 성질 때문에 신축성이 있고, 저항이 거의 없으며, 요구사항도 거의 없기 때문에 자신이 없는 유아나 미숙한 유아에게는 성공감과 만족감을 맛볼 수 있는 기회가 되고, 욕구 불만의 감정들을 해소, 발산시킬 수 있는 기회가 된다.

셋째, 물놀이는 유아의 사회성 발달을 돕는다. 유아는 물놀이를 하는 도중에 점점 그 활동에 익숙해지면서 동작이 자유로워진다. 물놀이는 소극적인 유아라 할지라도 병행놀이 형태로 친구들과 함께 놀 수 있게 한다.

넷째, 물놀이는 유아의 신체 발달을 돕는다. 유아는 물놀이를 통해 손, 발, 그리고 온몸으로 물을 접할 수 있는 기회를 얻어 촉감적인 자극을 감지할 수 있는 능력을 키우게 된다. 또 물을 여러 용기에 넣고 흔들거나 물을 쏟고, 옮기고, 붓고, 채우는 과정을 통하여 유아들의 신체 발달을 도울 수 있다.

다섯째, 물놀이는 유아의 언어 발달을 돕는다. 놀잇감을 사용하면서 다양한 형태에 관한 어휘와 동작에 관한 어휘들도 익히게 된다. 그리고 자신이 구성한 물체에 이름을 붙여 보고, 이 놀이 과정을 극화 형태로 이끌 수도 있으므로 언어 발달의 자연스러운 학습장이 될 수 있다.

(2) 물놀이에서 교사의 역할

물놀이에서 교사의 역할은 유아들이 안전하게 편안한 마음으로 놀 수 있도록 감독하는 역할이다. 유아들에게 물을 사용하면 미끄러워져 사고가 날 수 있음을 충분히 설명하고, 사고나 혼잡한 상황이 발생하지 않도록 지도해야 한다. 또한 유아들이 놀잇감을 혼자 독점하거나, 놀이를 하면서 다른 유아들을 공격하지 않는지를 살펴보아야 한다.

물놀이를 위한 앞치마는 여밈이 간단하고 튼튼해야 하며, 길이는 무릎까지 오는 것으로 앞이 좀 더 긴 모양이 좋다. 천을 방수천으로 할 경우 무겁고 갑갑해 싫어하므로 합성수지로 된 면이 좋으며, 가볍고 튼튼하며 빨리 마르는 천이 좋다. 물놀이에서 교사의 역할은 다음과 같다.

첫째, 유아들의 활동을 주의 깊게 관찰하여 우발적인 사고에 대비해야 한다.

둘째, 유아들 스스로의 욕구에 따라 놀 수 있도록 자유로운 분위기를 조성해 주어야 하고 유아의 행동 양상에 따라 항상 민감하게 반응할 준비를 갖춰야 한다.

셋째, 물놀이 기구를 제시할 때는 유아의 사고 및 과학적 개념 발달을 고려하여 적절히 제시하는 것이 좋다.

넷째, 처음에는 물만 가지고 놀게 하는 것이 좋으며, 이후 유아가 물과 아주 친숙해졌을 때 물감이나 세제를 섞어 주는 등의 단계적인 다양한 지도 방법이 필요하다. 물은 그 자체만으로도 유아들에게 다양한 즐거움을 주지만, 소품을 자주 바꾸거나 새것으로 모양을 바꾸는 것은 유아들이 흥미롭고 발현적인 사고를 하도록 자극하는 것이다.

다음 사례는 유아들이 흙과 물을 이용한 물놀이를 통해 기존에 가지고 있던 흙이 더럽다는 이미지를 탈피해 색다른 경험을 제공해 주었다.

유아들이 흙과 물을 가지고 함께 놀이를 하고 있다.

유아1: 지난번에 물을 넣어 뒀는데 다시 땅이 딱딱해졌어.
유아2: (위로 점프를 하며) 정말 땅이 딱딱하다. 선생님, 빨리 물 넣어 주세요.
교사: 그래. 이제 물 들어간다.
유아1: 이야! 딱딱했던 땅이 점점 미끌미끌해진다.
교사: 정말 흙이랑 물이랑 만나니까 딱딱한 땅이 점점 부드러워지고 미끄러워진다.
유아4: 얘들아, 그런데 앉아 봐. 물이 엄청 따뜻해!
유아3: 와! 정말 따뜻하고 좋은데?
교사: 정말 물이 따뜻하다. 왜 이렇게 따뜻한 거야?
유아3: 햇빛 때문에 그런 거죠. 이렇게 햇빛이 물을 따뜻하게 해 주니까.

유아들은 흙이 물을 만나면 딱딱했던 성질이 미끌미끌하고 부드러운 성질로 변한다는 것을 놀이를 통해 체험하게 되었다. 또한 고여 있던 물이 햇빛을 받으면 따뜻해진다는 감각적 경험도 하게 되었다. 이와 같이 유아들의 흙을 이용한 물놀이는 감각적인 경험을 통해 땅의 성질과 물의 온도와 같은 과학적 개념을 자연스럽게 습득하게 하였다.

3) 목공놀이

(1) 목공놀이의 교육적 효과

유아는 목공놀이를 통하여 주의 집중하는 능력을 기를 수 있고, 나무의 무게, 질감, 부피, 길이, 넓이 등을 인지하게 된다. 또한 전체와 부분의 관계, 공간 관계, 그리고 크기 비교 및 길이 측정 등을 통하여 수 개념이 발달된다. 더욱이 대팻밥과 톱밥이 어떻게 생기는가 하는 물체의 물리적 변화 과정에 있어서의 원인과 결과를 직접 관찰할 수 있는 기회를 가질 수 있다. 유아들은 망치로 쾅쾅 소리를 내면서 못을 박고, 톱질하는 목공놀이 활동을 통해서 스트레스와 같은 부정적 감정을 해소하고 정서적인 안정을 얻게 된다. 목공 연장들을 유아들이 직접 사용하고 완성함으로써 자신감을 형성하여 긍정적인 자아 개념을 갖게 된다.

유아는 과학적인 방법을 통하여 새로운 물체를 만들어 내는 활동, 특히 재료 상태에 따라 단순한 나무토막으로부터 독창적인 작품을 표상하여 만들어 가는 과정에서 창의력과 입체 구성 능력이 발달되고, 당면한 문제에 대해 여러 번의 시행착오를 거쳐 해결하며 성공과 실패에 적응할 줄 알게 된다(황의도, 2003).

나무를 자르고, 못질을 하고, 모래종이로 나무의 거친 면을 다듬는 활동에서 유아들은 쉽게 협동하며 서로 도움을 주고받을 수 있다. 목공놀이를 할 때에는 서투르지만, 유아가 못 박기나 톱질을 해 볼 수 있는 충분한 시간적 여유를 주어 스스로 완성해 볼 수 있게 함으로써 자신이 시작한 일을 마무리하는 습관을 기르고, 성취감과 자신감을 느낄 수 있게 한다(이경주, 2002).

(2) 목공놀이에서 교사의 역할

목공놀이 지도 시 교사는 유아로 하여금 심미적 감상의 기회를 제공하며, 창의력 발달 및 유아의 성장을 도울 수 있는 환경을 조성해야 한다. 유아들은 어른의 기준에서 보는 완성된 결과보다 과정 그 자체를 즐기므로 완성된 작품의 가치보다는 활동하는 과정을 즐길 수 있는 환경 조성이 필요하다.

유아들의 즐겁고 안전한 목공놀이를 위한 교사의 역할은 다음과 같다.

첫째, 목공 놀잇감의 올바른 사용법을 지도해야 한다. 목공놀이는 위험성이 따르는 놀이이므로 처음 시작할 때 충분히 규칙과 주의할 점에 대해 이야기를 해야 한다.

둘째, 교사나 성인이 있을 경우에만 놀이를 할 수 있도록 해야 하며, 목공놀이 도구의 사용법은 교사가 직접 시범을 보여 유아들이 안전하게 도구를 사용할 수 있는 방법을 알 수 있도록 한다.

셋째, 목공놀이는 유아의 개인 발달 단계에 따라 지도하며, 놀이 활동 중 상처를 입었을 경우를 고려해 적절한 대비책을 마련해야 한다.

다음은 유아들이 나무를 자르는 활동에서 서로 협동하며 도움을 주고받는 사례이다.

> 한쪽에서 유아들이 줄자를 이용해서 길이를 잰 후 표시를 하고 다른 한쪽에서는 톱을 이용해 나무를 자르기로 하였다. 유아1이 유아2가 나무를 자르기 용이하게 옆에서 나무를 잡아 주고 있다.
>
> 유아1: 내가 여기 잡아 줄게.
> 유아2: 응, 고마워.
> 유아1: 더 세게 해.
> 유아2: 이렇게?

유아들은 목공놀이에서 서로 역할을 분담하고 안전하게 서로 도움을 주고받는 과정을 통해 사회적으로 협동하는 기술을 배울 수 있게 된다.

제2부 실제편

9장 봄

1. 식물은 햇빛이 많은 곳에서 자라야 해

1) 관찰(탐색)

주말에 할머니 집에 다녀온 민재가 강냉이를 가져와 할머니께서 주신 것이라고 하며 친구들과 함께 나누어 먹었다. 유아들은 강냉이가 무엇인지 물었고 민재는 '할머니가 옥수수를 키워서 뻥 과자로 만든 것'이라고 이야기한다. 강냉이를 먹은 유아들은 '맛있다. 우리도 옥수수 키워서 뻥 과자 만들어 먹자.'라고 의견을 모았고, 놀이가 시작되었다.

예준: 선생님! 민재가 강냉이 가져왔어요.
민재: 우리 할머니가 옥수수 키워서 뻥 과자로 만들어 준 거예요.
예준: 와! 맛있겠다.
민재: (웃으며) 어 맛있어. 선생님 이것 같이 먹어도 돼요?
교사: 그래. 우리 같이 먹자.
성연: 정말 맛있다. 그런데 옥수수를 키운다고?

민재: 어! 옥수수 알이 이렇게 많은 과자가 되는 거야.
성연: 정말? 우리도 옥수수 키우면 과자 많이 먹을 수 있겠다.
선생님! 우리도 옥수수 키워요. 네?

유아들이 함께 모이는 시간, 성연이는 옥수수를 키우는 것에 대해 친구들에게 이야기했고 유아들은 서로 협의하여 옥수수 씨앗을 심기로 하였다.

교수 학습	교사 놀이 지원
상호작용 (관찰하기)	민재는 친구들에게 할머니께서 옥수수를 심고 수확해 강냉이 과자를 만들어 주셨다고 하며 친구들과 나누어 먹었다. 교사는 유아들의 이야기를 관찰하며 듣는다.
놀이 자료의 변화 (유아가 요구한 자료) & 상호작용 (정서적 지원)	자신들도 옥수수를 심어 강냉이 과자를 만들어 먹고 싶다고 하는 유아들의 의견을 지지하면서 상호작용을 하였다. 교사는 유아들이 옥수수를 심기 전 씨앗(옥수수 알)을 잘 관찰할 수 있도록 옥수수 씨앗과 관찰지, 돋보기를 놀이 공간에 준비해 주었다. 그리고 옥수수 관찰을 한 유아들이 씨앗을 심을 수 있도록 교사에게 자료를 요청하여 투명한 컵, 흙, 물조리개를 준비하여 지원하였다.

2) 놀이

다연: 옥수수 씨앗이 옥수수구나!
지후: 옥수수 씨앗은 부드러워.
다연: 미끌미끌하다.
지용: 여기 속에는 옥수수가 숨어 있을 거야.
다연: 그럼 옥수수 알을 먹으면 옥수수 뼈가 나오겠네.
교사: 아! 옥수수 알이 있는 옥수수 심을 말하는구나.
다연: 네. 하하하.

유아들은 씨앗을 관찰하고 교사가 준비한 투명한 컵에 옥수수 씨앗 심기를 한다. 며칠 후 유아들이 씨앗을 심은 작은 컵에서 옥수수 싹이 나왔다. 작은 싹을 매일 관찰하던 유아들이 이야기를 한다.

윤성: 옥수수 싹이 나왔다.
도연: 정말! 싹이 (몸을 기울이며) 이렇게 기울어져 있다.
윤성: 정말 이쪽으로 기울어져 있네.
교사: 정말 몸이 기울어져 있네. 왜 그런 거지?
도연: 모르겠어요.
교사: 그럼 우리 이렇게 (기울어진 반대 방향으로 돌리며) 놓아 줄까?

교수 학습	교사 놀이 지원
상호작용 (제안하기)	옥수수에서 싹이 나오자 유아들은 신기한 듯 관찰하였다. 옥수수 싹이 조금씩 자라면서 줄기는 점점 햇빛이 들어오는 쪽으로 기울어졌다. 유아들은 옥수수 싹이 한쪽 방향으로 기우는 것을 신기해하며 '왜 그렇게 될까?'라는 의문을 갖게 되었다. 교사는 유아들이 햇빛을 따라 싹이 기울어지는 것을 발견할 수 있도록 현재 옥수수 싹이 기울어진 반대 방향으로 옥수수 싹을 놓아줄 것을 제안하였다.

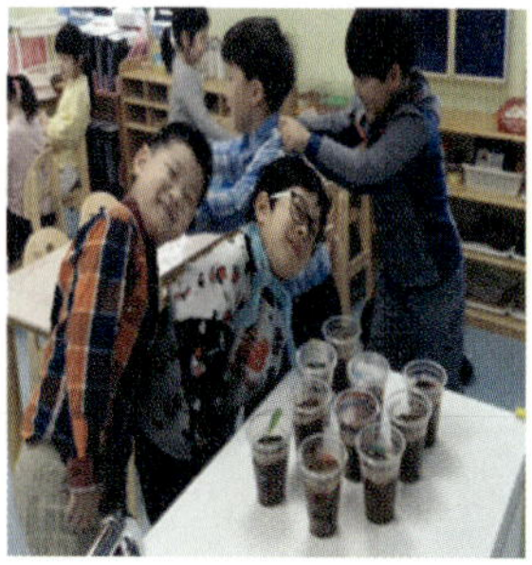

[하루가 지난 후]

도연: 어! 똑바로 섰다.

윤성: 정말 그렇네.

교사: 어떻게 똑바로 선 걸까?

도연: 모르겠어요.

교사: 그럼 내일 또 볼까?

윤성: 네.

[다시 하루가 지난 후]

도연: 다시 기울었다.

윤성: 정말 이렇게 옆으로 갔어.

교사: 왜 다시 옆으로 간 걸까?

윤성: 음, 뭐 때문일까?

교사: 너희들 옥수수 싹이 나오게 하려고 어디에 화분을 놓았니?

도연: 창문에요.

윤성: 아! 햇빛 따라 가는 거다. 식물은 햇빛이 있어야지 잘 자라잖아.

도연: 맞다. 햇빛을 따라서 (윤성이와 어깨동무를 하며) 이쪽으로 저쪽으로 몸을 계속 움직이는구나.

윤성이와 도연이는 몸을 이리저리 움직이며 놀이를 한 후 다시 햇빛이 많은 창문에 옥수수 싹을 놓아준다.

교수 학습	교사 놀이 지원
상호작용 (인지적 질문)	교사의 제안대로 화분의 위치를 바꾸자 기울어져 있던 싹이 똑바로 섰다가 다시 기울어지는 모습을 보고 유아들은 다시 의문을 갖게 되었다. 교사는 유아들이 식물이 자라기 위해서는 햇빛이 필요하고, 그렇기 때문에 옥수수 싹의 줄기가 햇빛이 비치는 방향대로 움직인다는 것을 알 수 있도록 화분 위치에 대한 질문을 하였다. 유아들은 질문에 답을 하면서 햇빛이 있어야 식물이 자랄수 있다는 것을 인지하였다.

놀이 후 도연이와 윤성이는 친구들에게 자신들의 놀이를 소개한다.

도연: 아마 반대쪽으로 놓으면 또 햇빛을 찾아서 몸을 이쪽으로 (반대쪽으로) 움직일 거야.
하연: 그럼, 계속 햇빛을 따라서 움직이는 거야?
윤성: 어, 창문 쪽에 햇빛도 많고 공기도 많잖아. 그래서 움직이는 거지.
하연: 그런데 옥수수 싹은 힘들 것 같아. 계속 햇빛을 찾아서 몸을 이렇게 (몸을 기울이며) 기울여야 하잖아.
도연: 그렇네. 그럼 햇빛 많은 곳에 심어 줄까?
윤성: 어, 그래. 그러면 몸을 이렇게 (몸을 기울이며) 할 필요가 없잖아.
하연: 텃밭 어때? 거기는 햇빛도 공기도 많잖아.
도연: 그래, 우리 텃밭에 심어 주자.

유아들은 자신들이 싹틔운 옥수수를 텃밭으로 가져가 심어 주었다.

교수 학습	교사 놀이 지원
놀이 공간의 지원 (다양한 놀이 공간) & 놀이 자료의 변화 (교사의 지원 자료) & 상호작용 (놀이 참여) & 기타(안전)	유아들은 유치원 텃밭에 옥수수 싹을 심어 주면 햇빛이 많고 공기가 많아 더 잘 자랄 것이라 생각하여 옥수수 싹을 텃밭에 심어 주기로 하였다. 교사는 유아들이 옥수수 싹을 심을 수 있도록 모종삽과 물조리개를 지원하였고 함께 참여하였다. 또한 텃밭에서의 놀이이기 때문에 유아들의 안전을 수시로 확인하며 놀이를 하였다.

3) 교사 저널

식물은 햇빛이 많은 곳에서 자라야 해

유아들은 민재가 가져온 강냉이를 먹으며 '강냉이는 무엇으로 만들었을까?'라는 질문으로 놀이를 시작하였다.

강냉이가 옥수수로 만들어졌다는 사실을 알게 된 유아들은 옥수수를 심어 강냉이를 많이 먹자는 의견을 나누었다. 단순하게 강냉이를 많이 먹기 위해 씨앗을 심기로 한 유아들이 옥수수 씨앗과 싹을 관찰하면서 식물이 자라는 것에 대해 생각하는 기회가 되었다.

유아들은 생활 경험 속에서 '화분은 창가에 햇빛이 많은 곳에 놓는 것' 정도로만 생각하였다. 그러나 창가의 옥수수 싹을 매일 탐색하면서 햇빛에 따라 싹의 방향이 기울어지는 것을 발견하였고, 식물이 잘 자라기 위해서는 햇빛과 공기가 필요하다는 것을 인식하게 되었다.

유아들은 싹이 햇빛을 찾아 이리저리 움직이면 힘들겠다는 공감을 하면서 싹이 힘들지 않도록 햇빛과 공기가 많은 텃밭에 심어 주자고 제안하였다.

봄이 되면 씨앗을 심는 활동을 한다. '씨앗은 어디에 심어야 할까요?'라는 질문을 하면 유아들은 '햇빛이 있는 곳이요.'라고 대답을 하면서도 '왜 햇빛이 있는 곳에 심어야 하는지'에 대한 의미는 잘 모르고 있었다. 하지만 유아들이 자신이 심은 옥수수 싹을 자발적으로 탐색하면서 식물이 자라기 위해서는 햇빛과 공기가 필요하다는 것을 자연스럽게 배우게 되었다.

4) 놀이 전개에 따른 유아 발달

[식물은 햇빛이 많은 곳에서 자라야 해]

교육 영역	놀이를 통한 유아 발달
[의사소통, 사회관계] 우리 할머니가 옥수수를 키워서 만들어 준 과자야	• 관찰(강냉이 모양, 맛: 감각적 경험)
[의사소통, 사회관계, 자연탐구] 옥수수 씨앗을 관찰해요	• 탐색–관찰(옥수수 씨앗의 모양, 촉감: 감각적 경험) • 탐색–표현(옥수수 관찰 일지: 언어 능력)
[신체운동 · 건강, 의사소통, 사회관계, 자연탐구] 식물은 자라기 위해 햇빛을 따라가	• 탐구(햇빛에 따른 옥수수 싹줄기의 방향) • 표현–신체적 표현(햇빛을 따라 기울어지는 옥수수 싹줄기 표현: 인지력)
[신체운동 · 건강, 의사소통, 사회관계] 햇빛이 많은 텃밭에서 자랄 수 있게 심어 주자	• 공감: 자기표현–공감(옥수수 싹은 힘들겠다) • 공감: 협력–공감(옥수수 싹을 햇빛이 많은 텃밭에 심어 주자)

5) 놀이 흐름에 따른 교사 지원

① 우리 할머니가
옥수수를 키워서 만들어 준 과자야

▶ 교사 지원: 상호작용(관찰하기)

– 민재가 가져온 옥수수 뻥 과자를 친구들과 함께 나누어 먹으며 이야기 나누는 것을 관찰함

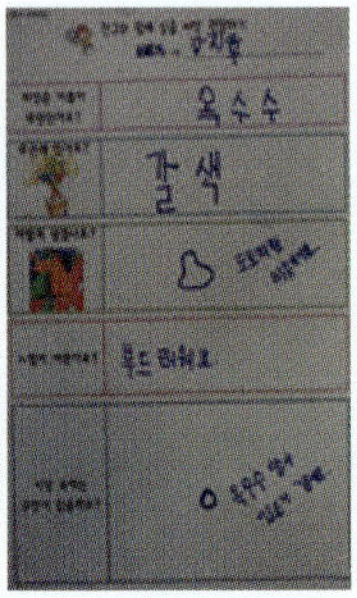

② 옥수수 씨앗을 관찰해요

▶ 교사 지원: 놀이 자료의 변화(씨앗, 돋보기, 흙 등)

– 옥수수 씨앗, 관찰지, 돋보기를 준비해 관찰하게 함
– 투명한 컵, 흙, 물조리개를 준비하여 옥수수 씨앗을 심을 수 있게 지원함

③ 식물은 자라기 위해 햇빛을 따라가

▶ 교사 지원: 상호작용(인지적 질문)

– 옥수수 화분의 싹이 햇빛의 방향에 따라 움직이는 것을 유아들이 직접 관찰할 수 있도록 화분의 위치를 바꾸어 주고, 인지적 질문을 하며 유아들과 상호작용함

④ 햇빛이 많은 텃밭에서 자랄 수 있게 심어 주자

▶ 교사 지원
: 상호작용(놀이 참여–유아와 옥수수 싹 심기)
: 놀이 공간의 지원(유치원 텃밭)
: 놀이 자료의 변화(모종삽, 물조리개)

– 작은 모종삽, 물조리개를 지원해 주고 옥수수 싹을 텃밭에 심는 것을 도움

2. 우리들의 봄꽃(봄 식물)놀이

1) 관찰(탐색)

봄이 되면 다양한 색, 향, 모양의 봄꽃들이 유아들을 유혹한다. 유아들의 봄꽃(봄 식물)놀이는 '달콤한 꽃향기를 먹고 싶어.'라는 예주의 이야기로 시작되었다.

하율: 음, 향기 정말 좋다. 엄청 달콤해.

상혁: 꽃을 만져 봤더니 내 손에서 향기가 난다. 음, 좋다.

예주: 나는 이것 먹고 싶어. 얌얌얌. 맛있는 꽃초콜릿이다.

하율: 하하하! 나는 꽃사탕이야.

예주: 진짜로 먹으면 좋겠다. 그치?

상혁: 어, 꽃은 예쁘고 향기도 좋고 그래서 먹으면 정말 좋겠는데.

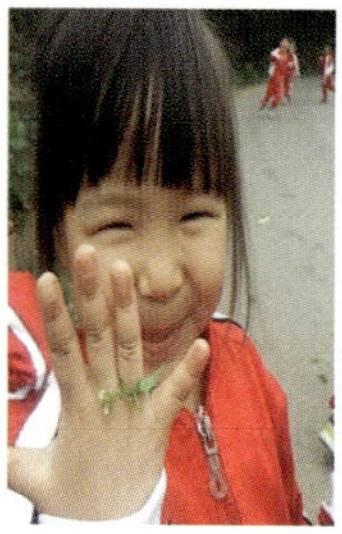

재언: 예쁜 꽃머리핀입니다. 히히히.

율원: 내 귀걸이 어때?

재언: 어, 길쭉해서 예뻐. 우리 이모도 그렇게 했었어.

율원: 고마워, 너도 이뻐. 하하하.

아현: 난 머리에도 했다.

민하: 우리 커플 반지하자. 하하하.

교수 학습	교사 놀이 지원
놀이 자료의 변화 (다양한 놀이 자료) & 상호작용 (놀이 참여) & 기타(안전)	주변의 꽃과 나뭇잎은 유아들의 다양한 놀이 자료가 되었다. 유아들은 꽃향기를 탐색하고 꽃을 머리에 올리며 꽃을 이용해 놀이를 하였고, 교사는 유아들과 꽃반지, 꽃귀걸이 등을 함께 만들며 놀이를 지원하였다.
상호작용 (놀이 참여)	교실로 들어온 유아들은 서로 자신의 놀이를 친구들에게 소개하였고 앞으로의 놀이를 계획하였다. '꽃을 진짜 먹고 싶었어.'라고 했던 예주의 이야기는 '꽃으로 만든 음식을 만들어 먹자.'는 의견으로 모아졌다. 유아들은 자신들이 좋아하는 음식 중 소풍을 갈 때 먹는 '김밥' 메뉴를 이야기 했고 '직접 꽃을 넣은 김밥'을 만들어 먹자고 하였다. 그리고 꽃으로 꾸미는 놀이를 했던 재언이는 꽃을 이용해 예쁘게 꾸밀 수 있는 '미용실놀이'를 제안하였다.

2) 놀이

(1) 봄꽃을 진짜 먹고 싶어

상혁: 이것 쑥이야. 선생님 이것도 먹는 거죠?

교사: 어! 어떻게 알았어?

상혁: 할머니가 떡 만들어 줬어요. 쑥떡! 히히히.

지연: 그럼 쑥도 같이 넣어서 만들면 되겠다.

태민: 여기 이 풀도 먹는 것 같은데.

지연: 정말?

태민: 봄꽃은 우리가 금방 알겠는데 먹을 수 있는 식물(나물)은 잘 모르겠어.

교사: 그럼 어떻게 하면 좋을까?

상혁: 모양을 잘 기억하면 되잖아.

지연: 아니. 잘 기억해도 자꾸 까먹잖아.

지호: 좋은 방법이 있어. 그리면 되잖아. 그려서 갖고 가자.

지연: 오! 좋은 생각인데?

지호: 그런데 그려도 잘 모르겠어.

지연: 아! 선생님 우리 사진 가져가면 되잖아요.
선생님이 사진 찍어서 뽑아 주면 되잖아요.

교사: 그래, 그런 방법이 있구나!
그럼, 선생님이 사진으로 준비해 갈게.

교수 학습	교사 놀이 지원
놀이 공간의 지원 (다양한 놀이 공간) & 상호작용 (놀이 참여) & 기타(안전)	봄꽃을 이용해 김밥을 만들어 먹기로 한 유아들은 봄꽃뿐만 아니라 '쑥'도 먹을 수 있다는 것을 이야기한다. 태민이는 쑥을 보면서 숲에 있는 다른 풀도 먹을 수 있을 거라 생각하고 유치원 주변 숲에서 '먹을 수 있는 식물(나물)'에 대해 물어보며 교사의 도움을 요청하여 정보를 지원하였다.
놀이 공간의 지원 (다양한 놀이 공간) & 놀이 자료의 변화 (유아가 요구한 자료) & 상호작용 (놀이 참여) & 기타(안전)	유아들은 직접 봄꽃과 나물을 채집하기 위해 숲으로 갔다. 봄꽃은 쉽게 찾을 수 있었지만 비슷비슷하게 생긴 나물은 잘 구분하지 못해 교사에게 봄나물 사진을 준비해 달라고 요청한다. 교사는 봄나물을 캘 수 있는 작은 숟가락과 비닐, 그리고 사진을 준비해 주어 유아들의 놀이를 지원하였다.
일과 구성의 변화 (놀이 시간 연장) & 놀이 자료의 변화 (교사의 지원 자료)	봄나물을 캐 온 유아들이 분류하기 쉽도록 분류 상자를 지원해 주었다. 유아들이 나물 분류를 충분히 할 수 있도록 놀이 시간을 연장하였다.

다음 날 유아들은 먹을 수 있는 봄꽃과 식물(나물) 사진을 들고 주변 숲으로 산책을 나가 채집을 했다. 자신들이 채집한 나물과 꽃은 같은 것끼리 분류하고 깨끗하게 씻고 데쳐 김밥 만들기 준비를 한다.

예주: 꽃은 살살 씻어야 해. 찢어질 수 있어.

지연: 어 알았어. 꽃잎은 정말 얇아서 조심해야 해.

준수: 와! 나물이 위, 아래로 춤을 춘다.

태민: 정말 뽀글뽀글하면서 점점 아래로 내려가.

지윤: 색깔이 달라졌어. 어떤 것은 더 초록색이 되고, 어? 이건 연두색도 됐어.

교수 학습	교사 놀이 지원
놀이 자료의 변화 (교사의 지원 자료) & 상호작용(제안하기)	교사는 준비한 나물을 생것으로 먹을 경우 배가 아플 수도 있어 끓는 물에 나물을 데쳐 먹는 것을 제안하였고 유아들과 함께 투명한 냄비를 준비하여 나물을 데쳤다. 유아들은 나물을 데치는 과정에서 나물의 색이 변화하는 과정을 관찰할 수 있었고 재미있어하였다.
기타(안전)	나물 데치기는 불을 사용하는 놀이이기 때문에 사용 전 유아들과 함께 불 사용 시 안전에 대해 충분하게 이야기한 후 놀이를 진행하였다.

재료를 모두 준비한 유아들은 김밥을 싸기 시작하였다. 그런데 기존의 방법으로 김밥을 싸면 예쁜 봄꽃이 보이지 않는다고 하며 유아들은 봄꽃이 밖으로 보이게 '거꾸로 김밥'을 싸는 방법을 생각해 내고 김밥을 만든다.

예준: 그런데 이렇게 김밥을 싸면 봄꽃이 보이지 않아. 밖에 봄꽃이 보이게 하고 싶은데 (김에 꽃을 붙여 보며) 이렇게 하면 봄꽃이 떨어지네.

교사: 봄꽃이 떨어지지 않고 붙어 있는 방법이 필요해.

예준: (손에 붙은 밥풀을 만지며) 방법이 없을까?

교사: 너 손에 지금 뭐가 붙어 있어?

예준: 밥이야! 밥으로 붙이면 되겠다! 이렇게 뒤집어서 밖에 밥을 붙이면 되겠네.

서윤: 와! 뒤집었다. 히히히.

교사: 정말 뒤집어서 만든 김밥이다. 우리 이 김밥 이름을 뭐라고 하면 좋을까?

서윤: 뒤집었으니까, '쇠뜨기의 봄꽃 뒤집어 김밥'이라고 하자.

지민: 좋아 좋아. 우리는 쇠뜨기니까.

예준: 쇠뜨기의 봄꽃 뒤집어 김밥! 엄청 맛있다.

교수 학습	교사 놀이 지원
상호작용 (인지적 질문)	유아들은 김밥 싸기를 하며 예쁜 봄꽃이 잘 보이는 방법에 대해 고민한다. 교사는 밥풀이 붙은 손을 만지며 고민하는 유아에게 찐득거리는 밥의 성질을 알 수 있도록 질문을 하였다. 유아들은 밥풀의 성질을 이용해 '쇠뜨기의 봄꽃 뒤집어 김밥'을 만들었다.

시간이 흘러 어버이날이 되었고 유아들은 부모님에게 드릴 선물을 친구들과 협의하였다. 자신들이 만들어 먹은 '쇠뜨기의 봄꽃 뒤집어 김밥'을 선물로 하자는 의견이 나왔다. 하지만 김밥의 경우 그날 만들어 바로 먹어야 하는데 부모님을 주말에만 만나는 경우, 출장을 가는 경우도 있어 적절하지 못하다는 의견이 나왔다. 유아들은 '저장'을 할 수 있는 무언가를 찾고 있었다. 그러던 중 지윤이를 데려다 주시던 지윤이 엄마가 감기에 걸려 힘들어하는 모습을 본 준서가 몸에 좋은 '차'를 만들어 선물을 해 주자는 의견을 냈다. 차를 만들기로 한 유아들은 우리 주변의 식물들 중 차로 만들 수 있는 것들이 어떤 것이 있는지 알아보았고 '민들레 꽃과 쑥'을 차로 만들 수 있다는 것을 알게 되었다.

교사: 우리가 몸에 좋은 민들레 꽃차하고 쑥차를 만들기로 했잖아.
　　그런데 민들레 꽃차하고 쑥차가 우리 몸 어디에 좋은 걸까?
　　너희들 알고 있니?

예지: 모르겠어요.

지용: 그럼 우리가 찾아보면 되잖아요.

예지: 맞아, 그리고 우리 민들레 꽃차하고 쑥차 만드는 방법도 알아봐야 해.

준수: 맞다. 우리는 아직 만드는 방법도 모르잖아.

예지: 우리가 알아보고 친구들한테 알려 주자.

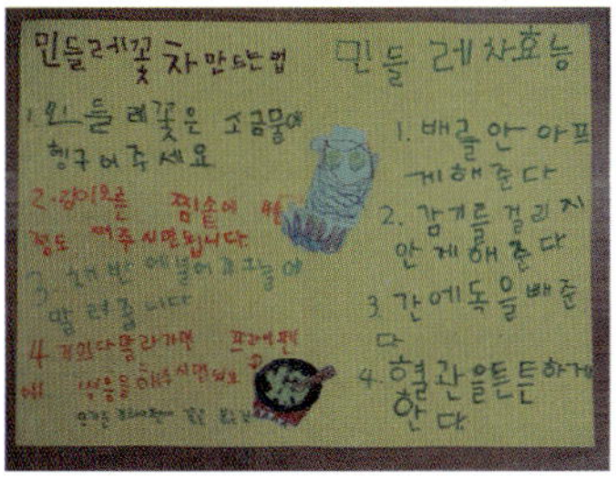

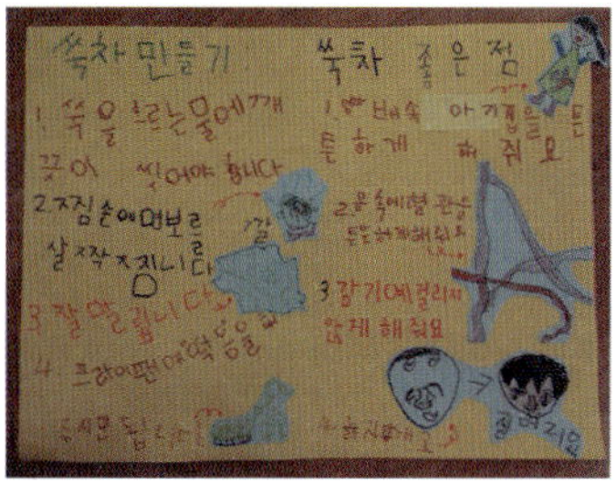

교수 학습	교사 놀이 지원
상호작용 (놀이 참여)	교사는 민들레 꽃차와 쑥차 만드는 방법과 효능에 대해 컴퓨터로 자료를 찾아보고 그림과 글로 기록할 수 있도록 지원하였다.

규현: 우리들이 알아봤을 때 4분 있다가 꽃을 꺼내면 된다고 했어.

교사: 꽃이 어떻게 될 것 같아?

율원: 꽃이 활짝 필 것 같아요.

태민: 노란색 물이 나올 것 같아요.

창대: 꽃이 모두 오무라졌어. 와! 신기해.

동성: 노란색 꽃이 검은색이 된 것 같아.

율원: 다 말리면 다시 피지 않을까?

지호: 프라이팬에 이렇게 볶으니까. 와! 맛있는 냄새가 난다.

지윤: 누룽지 냄새 같아.

교사: 정말 누룽지처럼 구수한 향이 난다.

교수 학습	교사 놀이 지원
기타(안전)	불을 사용하며 하는 놀이이기 때문에 놀이 전 안전에 대한 약속을 하고 놀이를 시작하였다.
놀이 자료의 변화 (교사가 지원한 자료) & 상호작용 (놀이 참여)	만드는 과정은 하루에 모든 것을 하는 것이 아니고 며칠 동안 놀이를 하는 것이기 때문에 중간중간 유아들과 함께 만드는 순서를 확인해 가면서 놀이를 진행하였다. 열이 가해지면서 민들레 꽃과 쑥의 색(민들레 꽃이 노란색에서 검은색으로/ 쑥색이 더 선명해지는 것), 모양의 변화(민들레 꽃이 오므라 들었다가 펴지는 것)에 대한 상호작용을 하였다.

교사: 지난번에 민들레 꽃차 말릴 때는 그늘에 직접 말렸잖아. 그런데 시간이 조금 많이 걸려서 선생님이 '건조기'를 가져왔어. 여기에 넣으면 빨리 말릴 수 있대.

예준: 선생님, 여기에 물이 많이 생겼어요.

교사: 수증기야. 쑥 속에 있던 물이 올라가는 거야.

예준: 아! 신기하다. 그럼, 여기에 구름이 생기겠네.

지윤: 여기 속에 어떻게 구름이 생겨. 구름은 하늘에 생기지.

예준: 계속 보면 알 수 있겠지.

예지: 선생님 덖음(찻잎을 뜨거운 불에 볶는 것) 하니까. 건강해지는 향기가 나요.

지윤: 정말이네. 우리 엄마 이거 먹으면 감기 빨리 나을 수 있겠다.

교수 학습	교사 놀이 지원
놀이 자료의 변화 (교사의 지원 자료) & 상호작용 (놀이 참여)	민들레 꽃차를 건조할 때는 직접 그늘에 말리기를 하였다. 그래서 시간도 많이 걸리고 중간중간 곰팡이가 생겨 버린 것도 있었다. 그래서 이번에는 유아들에게 '건조기'를 지원해 주었다. 유아들은 건조기를 사용하며 쑥에 있던 수분이 수증기가 되어 날아가는 것을 탐색하고 '쑥에 물이 많았구나. 민들레 꽃차도 이렇게 하늘로 올라간 거야.'라고 예측하였다.

차를 다 만든 유아들이 이번에는 차를 어떻게 포장을 해서 가져갈지 고민하게 되었다. 유아들은 민들레 꽃차는 개수를 세어 보고 나누어 가져가는 방법을 생각했고, 쑥차는 작은 풀 뚜껑을 이용해 포장하는 방법을 생각하였다.

영민: 우리들이 모두 필요한 민들레 꽃차 개수를 적어서 알아보자.
민재: 엄청 많아. 어떻게 다 더하지?
보성: 친구들이 적은 숫자만큼 동그라미를 그리자.
예준: 동그라미를 2개씩 묶어. 그리고 합쳐.
민재: 어 좋은 방법인데.
예준: 와! 118개다. 힘들어.
보성: 우리가 해냈다.
교사: 정말 대단하다. 너희들이 모두 센 거야?
예준: 네! 우리가 해냈어요.
교사: 그래 너희들이 한 방법처럼 2개씩 더하는 방법도 있고 또 다른 방법도 있어.

보성: 다른 방법이요?

교사: 어. 너희들 이 동그라미를 10개씩 묶어 볼래?

예준: 10개씩 묶고, 그다음에는요?

교사: 여기 10개가 한 개 있으면?

보성: 10이요.

교사: 그럼 10개가 2개 있으면?

예준: 10이었으니까, 다음은 20이요. 아! 10, 20, 30… 100.

교사: 그다음 이건 몇 개야?

민재: 1, 2, 3… 18이요.

교사: 이걸 같이 읽으면?

예준: 118이요. 우리 반 모두 가져갈 수 있어요. 이제 이걸 나눠 가지면 되는 거야.

교사: 그럼 몇 개씩 나누지?

동성: 선생님 작은 종이 주세요. 여기에 10개씩 민들레 꽃차를 놓는 거야.

서연: 1, 2, 3… 10. 이제 민들레 꽃차가 없어.

예준: 여기에 한 명씩 필요한 사람 이름을 적어.

보성: 다 적었다.

예준: 빠진 사람 없지? 선생님이 봐 주세요.

교사: 없는 것 같아.

서연: 이름을 다 적었는데 여기 또 있다.

예준: 남는 건 우리가 먹자.

교수 학습	교사 놀이 지원
놀이 공간의 지원 (공간 확장) & 놀이 자료의 변화 (교사의 지원 자료) & 상호작용 (인지적 질문)	유아들은 자신들이 만든 민들레 꽃차 개수를 세어 필요한 만큼 나누면서 필요한 양에 대해 수 세기놀이를 한다. 수 세기를 할 때 유아들의 전략은 2개씩 묶어서 세는 방법이었다. 유아들의 놀이를 관찰하던 교사는 새로운 수 세기 전략으로 10으로 묶어 세기를 묻고 답하기를 통해 알려 주었다. 유아들은 이미 1~10까지의 개념을 이해하고 있었기 때문에 10개씩 1묶음은 10, 2묶음은 20이라는 것을 이해하고 놀이할 수 있었다. 유아들의 수 세기놀이가 방해받지 않고 지속될 수 있도록 놀이 공간을 넓혀 주고 놀이 시간을 연장하였다.

교사: 쑥차는 어떻게 나눌까?

서연: 쑥차도 하나씩 가져가면 되잖아요.

보성: 이렇게 작은데?

민재: 손으로 집어서 하면 어때?

교사: 손으로 어떻게 할 건데?

민재: 이렇게 집어서요.

교사: 선생님도 집어 볼게. 어때?

서연: 선생님이 한 것이 더 많아요.

보성: 아! 선생님이 손이 더 크니까 그런 거다.

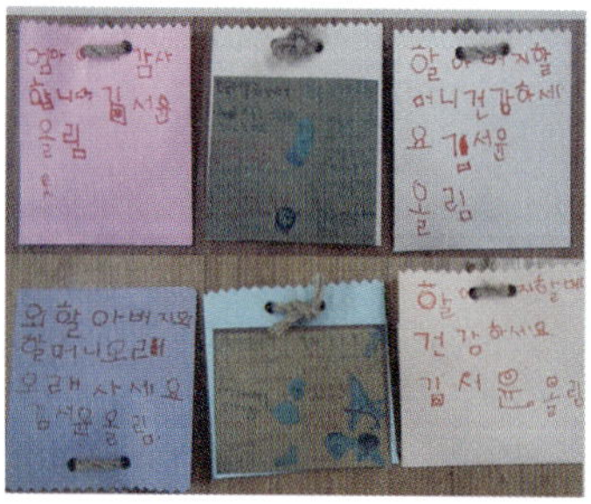

예준: 나랑 손 재어보자. 어! 정말 내가 서연이보다 손이 커!

교사: 그렇네. 그럼 어떤 것이 좋을까?

창대: 나 엄마랑 시장 갔을 때 봤는데 (역할 영역에 있는 그릇을 가져오며) 이런 통에 넣어 있었어.

예준: 그런데 이 그릇은 너무 커!

교사: 그래, 우리가 만든 차가 모두 들어가겠다.
교실에 있는 것 중에 더 작은 통이 있지 않을까?

보성: 찾았다. 여기 풀 뚜껑! 이것 어때?

서연: 좋아, 괜찮을 것 같아.

교수 학습	교사 놀이 지원
놀이 자료의 변화 (교사의 지원 자료) & 상호작용 (인지적 질문)	유아들은 쑥차를 나누는 방법으로 자신의 신체를 사용하여 나누려 하였다. 하지만 그렇게 할 경우 각자의 신체 크기가 달라 정확한 양의 측정이 어려움을 유아가 인식할 수 있도록 질문을 하며 상호작용하였다. 고민하던 유아들은 자신이 시장에서 봤던 '그릇'을 생각하고 역할 영역에 있는 통을 제시하였다. 유아들이 역할 영역의 통이 쑥차를 나누는 것으로 활용하기에는 크기가 맞지 않은 것을 인식하고 적당한 도구를 찾을 수 있도록 질문을 통해 상호작용하였다. 유아들은 풀 뚜껑을 발견하고 쑥차 나누기를 하였다. 또한 무엇을 측정할 때는 항상 일정하게 측정을 할 수 있는 약속된 물건(풀 뚜껑)이 있음을 알 수 있었다.

부모님에게 선물을 하고 남은 민들레 꽃차와 쑥차는 예준이의 의견대로 역할 영역에서 찻집놀이에 사용하였다.

서연: 손님에게 맛있는 민들레 꽃차를 만들어 주자.

다연: 손님! 꿀 두 숟가락 넣은 민들레 꽃차 나왔습니다.

다연: 꽃이 피어서 차가 노란색이야.

교수 학습	교사 놀이 지원
놀이 자료의 변화 (교사의 지원 자료) & 상호작용(놀이 참여) & 기타(안전)	차를 우려낼 수 있는 미지근한 물, 찻잔, 꿀, 숟가락, 행주를 준비해 유아의 놀이를 지원하였다. 놀이 전 따뜻한 물 사용, 찻잔 사용 시 안전에 대해 충분히 이야기를 나눈 후 놀이를 진행하였다.

(2) 봄꽃으로 이쁘게 꾸밀래

유치원 주변의 꽃을 보고 꽃으로 꾸미기 놀이를 했던 민아는 꽃을 이용해 예쁘게 꾸밀 수 있는 '미용실놀이'를 제안하였다.

<table>
<tr><th>교수 학습</th><th colspan="2">교사 놀이 지원</th></tr>
<tr><td>놀이 자료의 변화
(교사의 지원 자료)
&
상호작용
(놀이 참여)</td><td>봄꽃을 이용해 놀이하기를 즐기는 유아들을 위해 『아카시아 파마』(2011) 동화책을 지원하였다. 동화책 내용을 통해 식물을 이용한 미용실놀이를 간접 경험한 유아들은 친구들과 협의하여 '봄꽃 미장원' 놀이를 준비하였다.</td><td>

『아카시아 파마』
이춘희 글 · 윤정주 그림, 2011, 사파리.</td></tr>
<tr><td>놀이 자료의 변화
(유아가 요구한 자료)
&
기타(안전)</td><td colspan="2">미장원놀이에 필요한 떨어진 꽃잎, 봄 식물 줄기는 바깥놀이 시 유아들이 준비하였고, 미용 도구, 거울, 머리핀, 머리끈, 천, 미장원 간판은 교사가 준비하여 지원하였다.</td></tr>
<tr><td>놀이 공간의 지원
(공간 확장)
&
놀이 자료의 변화
(교사의 지원 자료)
&
상호작용
(개방적 질문)</td><td colspan="2">유아들이 '봄꽃 미장원' 놀이를 할 수 있도록 쌓기 영역과 역할 영역을 합쳐 놀이 공간을 넓혀 주었다. 유아들은 미장원에서 기다리는 동안 '맛있는 차'를 준비해 주자는 의견을 제시하였다. 유아의 자발적인 의견을 지지하면서 차는 지난번 만들어 놓은 쑥차를 준비하였고 찻잔과 찻잔 받침, 미지근한 물, 꿀, 숟가락, 행주를 준비해 주었다. 유아들에게 '미용실 이름 짓기'에 대한 질문을 통해 놀이가 지속되고 확장될 수 있도록 지원하였다.</td></tr>
</table>

서현: 미장원 이름은 뭐라고 하면 좋을까?

민아: 음, 봄꽃으로 놀이하니까 '봄꽃 미장원'이라고 하면 좋을 것 같아.

서현: 그래, 우리 여기에 '봄꽃 미장원'이라고 쓰고 놀이하자.

다연: 손님 머리 어떻게 해 드릴까요?

서율: 파마해 주세요.

다연: 어떤 파마 해 드릴까요? 오늘은 냉이, 제비꽃 파마를 할 수 있습니다.

서율: 그럼, 냉이 파마로 해 주세요.

다연: 머리하는 동안 차를 드리고 있는데 마시면서 기다리시겠어요?

서율: 네, 고맙습니다.

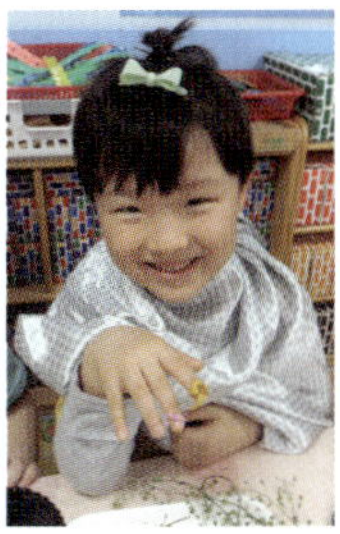

제아: 기다리는 손님들은 저한테 오세요. 예쁜 네일아트 해 드릴게요.

지연: 저는 벚꽃으로 해 주세요. 제가 분홍색을 좋아하거든요.

제아: 네 손님, 벚꽃으로 도와드리겠습니다. 차 마시면서 기다려 주세요.

지연: 선생님, 나 예쁘죠? 꼭 TV에 나오는 언니들 같죠?

교사: 정말 예쁘다. 냉이 줄기 파마 컬이 그대로 살아 있어.
분홍색 꽃잎 매니큐어도 지연이 얼굴색이랑 정말 잘 어울린다.

지연: 선생님, TV에 나오는 언니들처럼 이렇게 꾸미고 자랑하는 놀이하면 좋을 것 같아요.

교수 학습	교사 놀이 지원
놀이 자료의 변화 (유아가 요구한 자료) & 상호작용 (놀이 참여)	미장원놀이를 하면서 머리를 하기 위해 기다리는 손님들이 많아지자 유아들은 기다리는 손님을 위해 '차'뿐만 아니라 네일아트 숍을 열어 놀이를 확장하였다. 유아들이 교사에게 어린이들이 사용하는 매니큐어를 준비해 달라고 요청해 교사는 지원해 주었다.
상호작용 (제안하기 & 놀이 참여)	유아들은 '멋지게 꾸민 사람들이 왔다 갔다 하는 것'이라는 표현을 통해 놀이를 제안하였고 교사는 그런 것을 '패션쇼'라고 한다는 것을 설명해 주었다. 패션쇼에 관심을 갖게 된 유아들은 가정에서 가져온 패션 책자를 보며 자발적으로 쌓기 영역에 무대를 구성하고 역할 영역을 꾸미며 놀이(미장원놀이)를 하였다.

교수 학습	교사 놀이 지원
놀이 자료의 변화 (교사의 지원 자료) & 상호작용(제안하기) & 기타(안전) & 놀이 공간의 지원 (다양한 놀이 공간)	교사는 더 풍성한 패션쇼놀이를 위해 패션쇼에 사용할 소품을 만들 수 있도록 브로치 만들기 활동을 제안하였다. 브로치 틀, 본드, 면봉, 깔판, 유아들이 채집한 봄 식물과 꽃을 놀이 자료로 제공하여 브로치 만들기를 하였다. 또한 압화할 흰색 천을 준비하여 압화를 하고 천을 이용해 놀이를 할 수 있게 지원하였다.

[봄 식물과 꽃으로 브로치 만들기]

치훈: 꽃을 위에 붙이고 그다음 줄기, 잎을 붙이면 완성! 봄꽃 브로치예요!

재언: 선생님, 패션쇼 할 때 옷에 붙이면 예쁠 것 같아요.

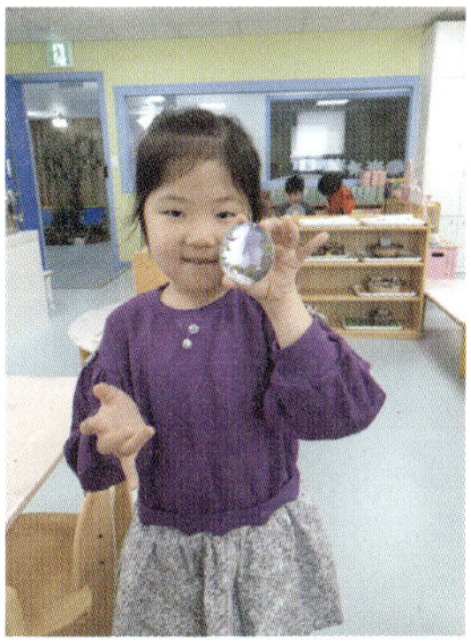

[봄 식물과 꽃으로 천 압화하기 & 천으로 놀이하기]

성연: 동동 동대문을 열어라. 열두 시가 되면은 문을 닫는다.

정현: 잡았다. 하하하.

나경: 와! 봄꽃이 나를 잡았어.

연우: 짜잔! 나는 하늘을 날으는 번개맨이다.

교수 학습	교사 놀이 지원
놀이 자료의 변화 (교사의 지원 자료) & 상호작용 (놀이 참여)	유아들은 자발적으로 쌓기 영역에 블록을 이용해 패션쇼 무대를 구성하고 봄꽃 미장원에서 머리와 손톱을 꾸몄다. 꽃과 식물로 압화한 천과 브로치를 몸에 치장한 후 멋진 모델이 되어 무대 위를 걸으며 패션쇼놀이를 하였다. 교사는 패션쇼를 할 때 다양한 음악을 준비하여 유아들과 함께 놀이를 하며 모델이 되기도 하고 유아들을 꾸며 주는 사람이 되기도 하였다.

3) 교사 저널

우리들의 봄꽃(봄 식물)놀이

'우리들의 봄꽃(봄 식물)놀이'는 유아들과 꽤 오랜 시간 진행된 놀이이다. 유아들은 봄꽃을 이용해 숲에서 놀이를 한 후 교실에서도 연장하여 다양한 놀이를 하였다. 유아들이 봄꽃의 향기를 맡는 감각적 경험은 봄꽃을 먹고 싶다는 상상과 함께 진짜 꽃을 먹을 수 있는지에 대한 탐구로 이어지게 되었다. 유아들은 먹을 수 있는 꽃에서 식물로 탐구 영역을 확대하였고 먹는 식물을 구별할 수 있는 방법을 스스로 발견하였다.

봄꽃을 먹고 싶어 하는 유아의 마음에서 시작된 놀이는 '쇠뜨기의 봄꽃 뒤집어 김밥' 놀이, 민들레 꽃차와 쑥차 만들어 부모님께 선물하기, 그리고 미용실놀이와 찻집놀이, 패션쇼놀이로 이어졌다. 놀이에서 유아들은 직접 요리 재료를 준비하고 만드는 과정을 통해 다양한 물질의 변화(꽃이 오므라 든다, 꽃이 핀다, 뜨거운 물에 색이 진해지고 노란색으로 변한다, 구수한 냄새가 난다 등)를 탐색하며 신기해하였고, 자신들이 만든 차를 나누어 갖는 방법에 대해 고민하면서 수학적 사고를 할 수 있었다. 특히 필요한 민들레 꽃차의 수를 세기 위해 이름과 숫자에 하나씩 동그라미를 하고 2개씩 묶어 가며 친구와 손을 모아 수를 세고, 다 센 후 뿌듯해하였다. 교사가 10개씩 묶는 방법을 알려 주자 신기해하며 자신들이 진짜 빠르게 수 세기를 할 수 있다고 자랑하고 으스대기도 하였다. 성취감에 기뻐했던 유아들의 얼굴이 너무나도 선명하다.

유아들은 봄꽃과 식물을 이용해 꾸미는 미용실놀이를 하면서 패션쇼놀이까지 놀이를 확장하였다. 놀이를 하면서 유아들은 다른 유아들과 협력하여 놀이를 준비하였고, 자신을 꾸미고 친구를 꾸며 주면서 서로의 모습에 '아름다움'을 느끼며 공감하였다. 유아들은 놀이를 하면서 자발적으로 찻집과 네일아트 등 놀이를 확장하는 모습을 보였다. 유아들의 즐거운 표정, 유아들의 행복한 웃음 소리로 가득했던 '우리들의 봄꽃(봄 식물)놀이'였다.

4) 놀이 전개에 따른 유아 발달

우리들의 봄꽃(봄 식물)놀이	➡	- 봄꽃을 진짜 먹고 싶어 - 봄꽃으로 이쁘게 꾸밀래

[봄꽃을 진짜 먹고 싶어]

교육 영역		놀이를 통한 유아 발달
[신체운동 · 건강, 의사소통, 사회관계, 자연탐구] 먹을 수 있는 봄꽃과 식물 채집하고 분류하기	➡	• 관찰(꽃향기: 감각적 경험) • 탐색–표현(꽃을 이용한 다양한 표현–꽃반지, 꽃귀걸이, 꽃머리핀), • 탐구–관찰(먹을 수 있는 풀: 인지력, 언어 능력)
⬇		
[신체운동 · 건강, 의사소통, 사회관계, 자연탐구] '쇠뜨기의 봄꽃 뒤집어 김밥' 재료 준비하기	➡	• 표현–창의적 표현(꽃을 이용한 김밥: 창의력)
⬇		
[신체운동 · 건강, 의사소통, 사회관계, 예술경험, 자연탐구] 민들레 꽃차, 쑥차 만드는 방법과 효능 알아보기	➡	• 탐구(차의 효능과 만드는 방법: 인지력, 언어 능력)
⬇		

활동	평가
[신체운동 · 건강, 의사소통, 사회관계, 예술경험, 자연탐구] 민들레 꽃차와 쑥차 만들기	• 탐색–관찰(민들레 꽃과 쑥의 건조 과정에서의 색과 모양)
[신체운동 · 건강, 의사소통, 사회관계, 자연탐구] 민들레 꽃차는 얼마나 필요할까?	• 탐구–관찰(꽃차 수 세기, 분류하기: 인지력) • 탐구–표현(수 세기 방법–2개씩 묶기에서 10개씩 묶기: 인지력, 어휘력)
[신체운동 · 건강, 의사소통, 사회관계, 예술경험, 자연탐구] 쑥차를 나누어 어버이날 선물해요	• 탐구–표현(차 종류에 따른 정확한 양 측정 분류) • 표현–언어적 표현(감사 편지: 어휘력) • 공감: 협력–공감(꽃차 배분하기, 이름 적기: 인지력, 사회성, 언어 능력)
[신체운동 · 건강, 의사소통, 사회관계, 예술경험, 자연탐구] 민들레 꽃차와 쑥차 찻집놀이	• 표현–언어적 표현(상황에 맞는 언어 사용) • 공감: 협력–공감(친구와 사이 좋게 찻집놀이: 사회성)

[봄꽃으로 이쁘게 꾸밀래]

교육 영역	놀이를 통한 유아 발달
[신체운동 · 건강, 의사소통, 사회관계, 예술경험, 자연탐구] 『아카시아 파마』 동화 읽기 및 봄꽃 미장원놀이	• 공감: 협력–공감(미장원놀이 계획에 따른 협력: 사회성) • 표현–언어적 표현(미용실 이름 정하기: 창의성, 언어 능력)
[신체운동 · 건강, 의사소통, 사회관계, 예술경험, 자연탐구] 냉이 줄기 파마 해 드릴게요	• 표현–창의적 표현(냉이 파마, 제비꽃 파마: 창의성, 인지력, 언어 능력)
[신체운동 · 건강, 의사소통, 사회관계, 예술경험, 자연탐구] 봄꽃 미장원에서 머리를 하며 네일아트도 해 드려요	• 표현–창의적 표현(꽃잎 매니큐어: 창의성, 자기표현) • 협력–공감(네일아트놀이: 사회성, 정서 표현)
[신체운동 · 건강, 의사소통, 사회관계, 예술경험, 자연탐구] 봄꽃(봄 식물) 패션쇼놀이	• 표현–창의적 표현(패션 모델) • 공감: 협력–공감(패션쇼 무대 만들기: 사회성, 자발성)
[신체운동 · 건강, 의사소통, 사회관계, 예술경험, 자연탐구] 브로치, 압화한 천 만들기	• 표현–창의적 표현(봄꽃으로 브로치, 압화한 천 만들기: 창의력, 감각 지각 능력, 정서 표현)

5) 놀이 흐름에 따른 교사 지원

① 꽃향기 좋다, 먹고 싶어

▶ 교사 지원

: 놀이 자료의 변화(꽃과 잎)

: 상호작용(놀이 참여–꽃을 이용한 놀이)

: 기타(안전–산에서 유아 안전에 유의함)

② 먹을 수 있는 식물을 찾자

▶ 교사 지원

: 놀이 공간의 지원(다양한 놀이 공간–유치원 주변 숲)

: 놀이 자료의 변화(나물 사진, 비닐)

: 상호작용(놀이 참여–먹을 수 있는 나물에 대해 유아들과 함께 알아보기)

③ 같은 종류끼리 분류하자

▶ 교사 지원

: 일과 구성의 변화(놀이 시간 연장)

: 놀이 자료의 변화(쟁반)

④ '쇠뜨기의 봄꽃 뒤집어 김밥' 재료 준비하기

▶ 교사 지원

: 놀이 자료의 변화(꽃, 나물, 밥, 김, 김발)

: 상호작용(인지적 질문–밥의 끈적이는 성질 알아보기)

⑤ 민들레 꽃차, 쑥차 만드는 방법과 효능 알아보기

▶ 교사 지원

: 상호작용(인지적 질문, 놀이 참여)

– 민들레 꽃차와 쑥차의 효능에 대해 질문하고, 컴퓨터로 차 만드는 방법에 대해 유아들과 함께 알아봄

⑥ 민들레 꽃차와 쑥차 만들기

▶ 교사 지원

: 상호작용(놀이 참여–민들레 꽃과 쑥의 색과 모양의 변화 과정 살펴보기)

: 놀이 자료의 변화(휴대용 가스레인지, 찜기, 전기 프라이팬)

: 기타(안전–불 사용에 대한 유아 안전교육)

⑦ 민들레 꽃차는 얼마나 필요할까?

▶ 교사 지원

: 상호작용(관찰하기–유아들의 꽃차 세기)

⑧ 쑥차를 나누어 어버이날 선물해요

▶ 교사 지원

: 상호작용(인지적 질문–쑥차 양 측정 방법)

: 상호작용(놀이 참여–쑥차 도구로 개량하기)

: 놀이 자료의 변화(차 포장 종이, 젓가락)

⑨ 민들레 꽃차와 쑥차 찻집놀이

▶ 교사 지원

: 상호작용(놀이 참여-찻집놀이)

: 놀이 자료의 변화(미지근한 물, 찻잔, 꿀, 숟가락, 행주)

: 기타(안전-따뜻한 물, 찻잔 사용 시 안전교육)

⑩『아카시아 파마』 동화 읽기 및 봄꽃 미장원놀이

▶ 교사 지원

: 상호작용(놀이 참여-동화 함께 읽고 미장원놀이)

: 놀이 자료의 변화(『아카시아 파마』 동화책)

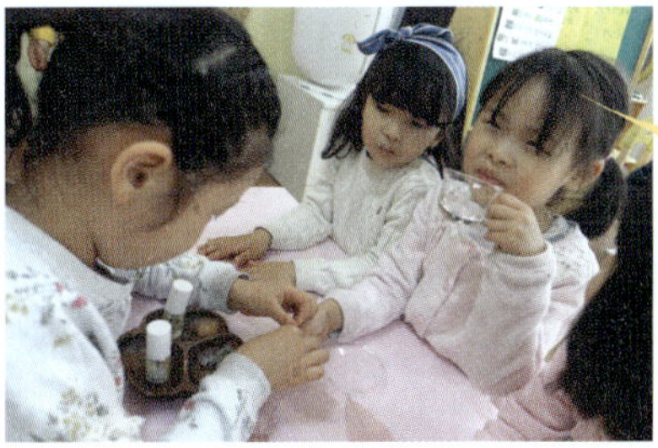

⑪ 봄꽃 미장원에서 머리를 하며 네일아트도 해 드려요

▶ 교사 지원

: 상호작용(놀이 참여-기다리는 사람들을 위해 '네일아트놀이'를 하기로 유아들과 협의함)

: 놀이 자료의 지원(매니큐어)

⑫ 봄꽃(봄 식물) 패션쇼놀이

▶ 교사 지원

: 상호작용(놀이 참여-패션쇼 음악을 틀어 주는 사람, 모델, 꾸며 주는 사람으로 나누어 놀이함)

: 놀이 자료의 변화(꽃잎, 봄 식물, 압화한 천, 봄 식물 브로치, 다양한 음악)

3. 10개월 송

1) 관찰(탐색)

현호: 완전 작아. 너무 귀여워.

민하: 내가 엄마 배 속에 있을 때 모습이야.

교사: 민하가 배 속에 있을 때 부모님은 민하를 어떻게 불렀어?

민하: 기쁨이요.

현호: 왜 기쁨이라고 했어?

민하: 엄마 아빠가 많이 기뻐서 기쁨이라고 했어요.

규연: 정말 신기하다. 저렇게 작은데 어떻게 아기가 되는 거지?

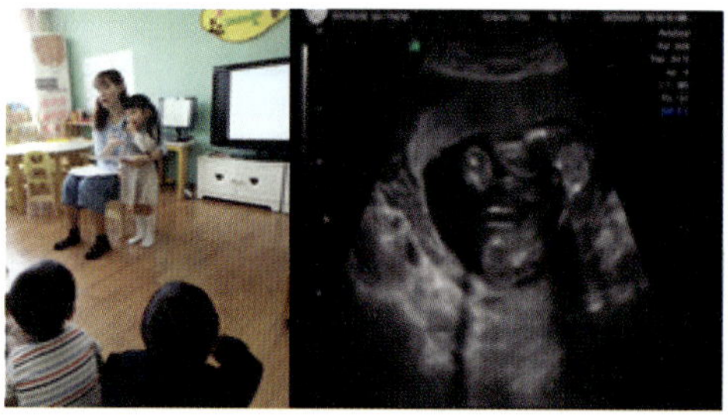

2) 놀이

교수 학습	교사 놀이 지원
놀이 자료의 변화 (교사의 지원 자료) & 상호작용 (놀이 참여)	나에 관한 놀이에서 유아들은 자신의 태아 사진을 가져와 이야기하는 시간을 가졌다. 유아들은 '엄마 배 속' 사진이라는 것을 재미있어하였고 이때부터 배 속 성장에 대해 관심을 갖고 놀이를 하였다.

교수 학습	교사 놀이 지원
상호작용(관찰하기) & 기타(안전) & 놀이 공간의 지원 (공간 변화) & 일과 구성의 변화 (놀이 시간 연장)	교사는 유아들이 '태내 성장'에 대해 탐구할 수 있도록 활용할 수 있는 책을 교실에 비치하였고, 컴퓨터를 활용할 수 있게 지원하였다. 유아들이 구체적인 엄마의 배 속 태내 환경을 직접 탐색할 수 있도록 '인천 어린이 박물관'으로 견학을 다녀왔다.

[인천 어린이 박물관 견학]

현호: 엄마 배 속에서 이런 모습으로 있는 거야.

윤아: 엄마 소리가 들려요. 나는 4개월 된 아기야.

현호: 우리는 쌍둥이야.

하연: 그래, 이제 10개월이니까 엄마를 기다리자.

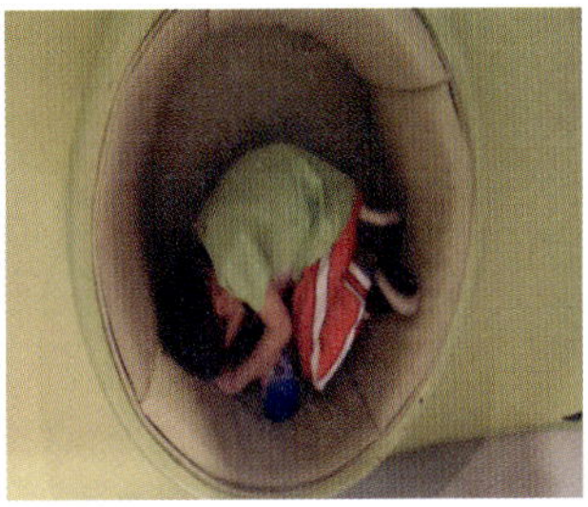

교수 학습	교사 놀이 지원
놀이 자료의 변화 (유아가 요구한 자료) & 상호작용 (놀이 참여)	유아들은 견학 후 '인천 어린이 박물관'에서 경험한 엄마 배 속을 기억하고 블록으로 구성해 놀이를 하였다. 엄마 배처럼 동그란 통을 교사에게 준비해 달라고 요청해 교사는 지원해 주었고 함께 놀이를 하였다.

희수: 어! 이 노래는? 서현아 니가 1(일)이라고 해 봐!

서현: 1(일)!

희수: 작은 점 하나!

서현: 2(이)!

희수: 2개월 때 심장이 쿵!

서현: 맞아, 그때 심장이 생기잖아.

희수: 하하하.

교사: 너희 노래 만드는 거야?

서현: '숫자 송'에 만드는 거예요.

서현이와 희수가 중심이 되어 친구들과 함께 '숫자 송'(조재윤 작사, 김희빈 작곡) 노래에 '태아의 성장'에 대한 내용을 넣어 개사를 한다.

교사: 그럼 이 노래 제목은 뭐가 좋을까?

서현: 음, 1개월 2개월?

희수: 아! 10개월 동안 엄마 배 속에서 이야기니까 '10개월 송' 어때?

서현: 좋아.

유아들은 자신들이 만든 '10개월 송'을 친구들에게 소개한다.

교수 학습	교사 놀이 지원
놀이 자료의 변화 (교사의 지원 자료) & 상호작용 (놀이 참여)	놀이 시간 후 정리를 하는 유아들이 자신들이 좋아하는 노래인 '숫자 송' 노래를 연주해 달라고 교사에게 부탁해 교사는 유아들이 부를 수 있게 '숫자 송' 노래를 연주해 주었다. 유아들은 자연스럽게 숫자 송을 이용해 '10개월 송' 노래를 만들었고 교사는 유아들이 만든 가사를 가사판으로 만들어 주었다.

개사를 해 '10개월 송'을 만든 후 유아들은 쌓기 영역에서 블록을 이용해 각 개월 수에 맞게 태아를 표현하기도 하고, 몸으로 태아를 표현하며 친구들과 서로 몇 개월 된 태아인지 언어로 표현하는 놀이를 하였다.

지우: 내가 몇 개월 아기일까?
현호: 4개월?
지우: 딩동댕!
현호: 나는 몇 개월일까?
민하: 눈이니까 8개월.
현호: 딩동댕!
민하: (코를 움직이며) 나는 몇 개월일까?
지우: 하하하! 6개월!

놀이 시간 후 평가를 하면서 지우는 몸으로 하는 놀이는 넓은 강당에서 하고 싶다는 의견을 냈다. 유아들은 강당 무대에서 놀이를 할 때 필요한 것들을 준비하였다.

[음향 효과 찾기]

정우: 이것 봐! (풀을 양손 가운데에 넣고 비비면서) 이렇게 문지르면 소리가 난다. '이야 이야 이야' 할 때 이 소리 사용하자.

현호: 나무로 풀이 있는 곳을 쳐도 소리가 나. '요리조리 왔다 갔다' 할 때 이 소리 넣어 주자.

[소품 제작하기]

지우: 심장이 두근두근 뛰는 거는 하트가 좋겠다.

서현: 귀로 소리를 들으니까 귀를 그리면 되겠네.

희수: 눈이 깜빡깜빡하는 것은 눈을 그리면 되겠지.

교수 학습	교사 놀이 지원
놀이 공간의 지원 (다양한 놀이 공간) & 놀이 자료의 변화 (다양한 놀이 자료) & 상호작용 (놀이 참여)	나무와 풀이 있는 곳으로 장소를 옮겨 자연 속에서 음향 효과를 찾는 놀이를 하며 다양한 소리를 접하고 찾을 수 있게 지원하였다.
놀이 자료의 변화 (교사의 지원 자료) & 상호작용 (놀이 참여)	소품을 제작하는 놀이에서 부직포와 다양한 미술 재료를 지원하였으며 유아들이 그림으로 표현하기 어려워하는 것은 교사가 도움을 주어 표현할 수 있게 지원하였다.

[10개월 송 노래 공연]

교수 학습	교사 놀이 지원
놀이 공간의 지원 (공간 확장) & 놀이 자료의 변화 (교사의 지원 자료) & 상호작용 (놀이 참여)	유아들이 10개월 송 공연놀이를 할 수 있도록 장소를 강당으로 옮겨 주었다. OHP 기계를 활용하여 무대를 꾸며 주고, 유아들이 부른 노래를 녹음하여 신체 표현을 할 때 지원해 주었다.

3) 교사 저널

10개월 송
나에 관한 이야기는 자신이 엄마 배 속에 있는 사진으로부터 시작되었다. 유아들은 간혹 "선생님 나 엄마 배 속에서 다 기억해요. 나 엄마 배 속에 있을 때 비행기타고 프랑스 갔었대요. 나 거기서 맛있는 것 먹었던 것 다 기억 해요."라고 말하며 엄마 배 속에서의 이야기를 한다. 유아들은 엄마 배 속의 자신을 직접 본 적은 없지만 한 장의 사진과 주변 이야기를 듣고 상상과 현실을 오가며 새로운 이야기를 만든다. 밖에서는 보이지 않지만 내가 좋아하는 엄마와 한 몸이 되어 존재했었다는 것을 이야기하고 싶은 것이라 생각한다. 유아들은 태내 사진을 탐색하면서 엄마 배 속에서 어떻게 성장해 아기로 태어나는지를 탐구하게 되었다. 유아들은 자신이 관찰하고 이해한 것을 블록을 가지고 각 개월 수에 맞게 표현해 보기도 하고 '10개월 송'을 스스로 개사하여 불렀다. 이런 유아들의 놀이는 내가 엄마 배 속에서 태어났다고 막연하게 생각했던 것에서 10개월이라는 시간 속에서 스스로 성장하는 생명의 신비함과 소중함을 인식하게 만든다. 유아들이 개사한 '10개월 송'에 이러한 정서가 반영되었다고 생각한다.

4) 놀이 전개에 따른 유아 발달

[10개월 송]

교육 영역	놀이를 통한 유아 발달
[의사소통, 사회관계, 자연탐구] 엄마 배 속에 있을 때 내 태명은…	• 관찰(태내기 시절 나의 모습)
[신체운동 · 건강, 의사소통, 사회관계, 예술경험, 자연탐구] [견학] 인천 어린이 박물관 [신체운동 · 건강, 의사소통, 사회관계, 자연탐구] 태아의 성장	• 탐색–관찰(태내 환경) • 탐구(배 속 태아의 모습: 인지력)
[의사소통, 사회관계, 예술경험, 자연탐구] 우리들이 만든 10개월 송 [신체운동 · 건강, 의사소통, 사회관계, 자연탐구] 10개월 송에 맞춰서 블록을 만들어요 [신체운동 · 건강, 의사소통, 사회관계, 자연탐구] 몸으로 표현해요	• 표현–창의적 표현(10개월 송 노래 만들기: 창의력, 어휘력, 인지력) • 공감: 협력–공감(함께 노랫말 만들기: 사회성, 정서 표현) • 공감: 배려–공감 • 공감: 자기표현–공감(개월 수에 따라 발달하는 태아 모습)
[신체운동 · 건강, 의사소통, 사회관계, 예술경험, 자연탐구] 소품을 만들어요	• 탐구(자연 속 소리 찾기) • 표현–창의적 표현(개월 수에 따라 다른 태아의 모습을 소품을 이용해 상징적으로 표현: 인지력, 창의력) • 공감: 협력–공감(10개월 송 소품 만들기)
[신체운동 · 건강, 의사소통, 사회관계, 예술경험, 자연탐구] 10개월 송을 몸으로 표현해요	• 표현–신체적 표현 · 창의적 표현(10개월 노래에 맞춘 신체 표현: 창의력, 언어 능력)

5) 놀이 흐름에 따른 교사 지원

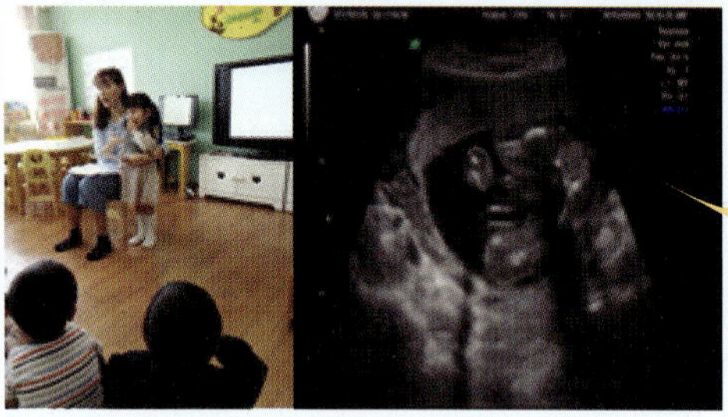

① 엄마 배 속에 있을 때 내 태명은…

▶ 교사 지원
: 놀이 자료의 변화(태내 성장 관련 책, 컴퓨터)
: 상호작용(놀이 참여)
- '태내 성장'에 대해 알아보는 놀이를 할 때, 활용할 수 있는 책을 교실에 배치하고 컴퓨터를 활용할 수 있게 지원함
- 배 속 태아 사진을 보며 이야기 나누기를 함

② [견학] 인천 어린이 박물관

▶ 교사 지원
: 놀이 공간의 지원(공간 변화-인천 어린이 박물관)
: 일과 구성의 변화(놀이 시간 연장)
: 상호작용(관찰하기-유아의 태내 환경 체험)
: 기타(안전-견학 현장에서 유아 안전 살피기)
- 태내 성장을 경험하고 알아볼 수 있는 장소를 지원함

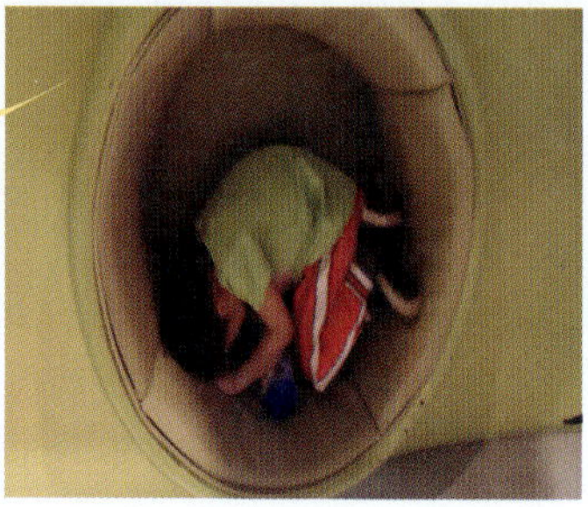

③ 태아의 성장

▶ 교사 지원
: 놀이 자료의 변화(유아가 요구한 동그란 통)
: 상호작용(놀이 참여-태내 공간을 블록으로 구성하기)
- 쌓기 영역에 큰 둥근 통과 블록을 지원함

④ 우리들이 만든 10개월 송

▶ 교사 지원
: 상호작용(놀이 참여-피아노 연주, 개사 기록)
: 놀이 자료의 변화(10개월 송 그림 가사판)
- 10개월 송을 연주해 주고, 개사 기록을 도움
- 글자와 그림으로 10개월 송 가사판을 만들어 전시해 줌

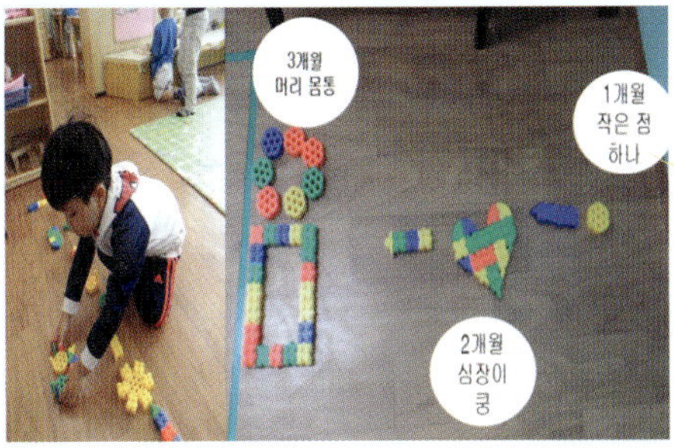

⑤ 10개월 송에 맞춰서 블록을 만들어요

▶ 교사 지원

: 상호작용(정서적 지원–유아들의 블록 만들기를 격려함)

⑥ 몸으로 표현해요

▶ 교사 지원

: 상호작용(정서적 지원–유아들의 다양한 신체 표현을 지지함)

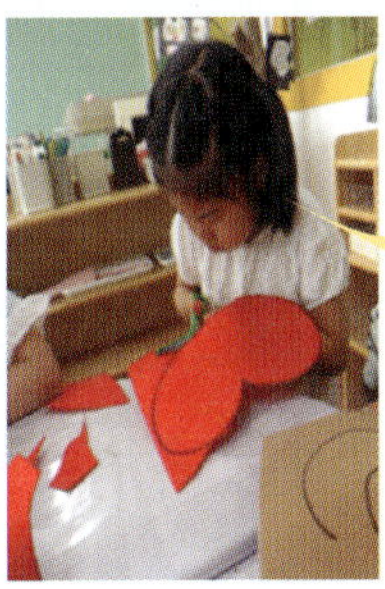

⑦ 소품을 만들어요

▶ 교사 지원

: 상호작용(놀이 참여–소품 만들기, 자연 속 소리 찾기)

: 놀이 공간의 지원(공간 변화–유치원 주변 숲)

: 놀이 자료의 변화(자연물, 부직포, 고무줄 등)

– 자연 속 소리를 찾을 수 있게 지원함

– 다양한 미술 재료를 지원하고 소품 만들기를 도움

⑧ 10개월 송을 몸으로 표현해요

▶ 교사 지원

: 상호작용(놀이 참여–신체 표현 활동 시 나레이션)

: 놀이 공간의 지원(공간 확장–유치원 강당)

: 놀이 자료의 변화(OHP 기계, 유아들이 부른 노래 녹음한 것)

– 유치원 강당을 활용해 공간을 넓혀 줌

– OHP 기계를 활용해 무대를 꾸며 주고 유아들이 부른 노래를 녹음해 신체 표현 시 지원함

4. 나의 감정 표현하기

1) 관찰(탐색)

시연이는 언어 영역에 제시된 『소피가 화나면, 정말 정말 화나면』(2013) 동화책에 관심을 갖고 교사에게 동화책을 읽어 달라고 하였다.

시연: 이 책 재미있겠다. 선생님 이 책 읽어 주세요.
교사: 그래. 읽어 줄게.
나경: (동화책을 읽고 나서) 난 이제부터 소피야!

그 뒤 나경이와 친구들은 동화 속의 주인공 소피가 되어 다양한 방법으로 자신의 감정을 표현하며 놀이를 하였다.

『소피가 화나면, 정말 정말 화나면』 몰리 뱅 글 · 그림, 박수현 역. 2013, 책 읽는 곰.

교수 학습	교사 놀이 지원
놀이 자료의 변화 (교사의 지원 자료) & 상호작용 (놀이 참여)	언어 영역에 『소피가 화나면, 정말 정말 화나면』 동화책을 전시해 주었다. 유아는 책에 관심을 가지고 교사에게 읽어 달라고 요청하여 유아와 함께 동화책 읽기놀이를 하였다. 유아는 책을 반복해서 읽으며 책 속의 내용에 따른 정서를 이해하고 자신이 소피라고 하며 책 속의 주인공을 따라 하였다.

2) 놀이

시연: (달리기를 하며) 나는 소피야!
나경: 나도 소피야! 나 잡아 봐라!

진하: 아~ 아~ 아~!
민준: 소피처럼 하니까 시원하다.

교수 학습	교사 놀이 지원
놀이 공간의 지원 (다양한 놀이 공간) & 상호작용 (놀이 참여) & 기타(안전)	유치원 주변 숲으로 산책을 나가자 소피가 된 나경이와 친구들은 동화 속 소피가 되어 자신의 감정을 표현하였다. 스트레스를 풀며 자유롭게 달리기도 하고 소리를 지르며 놀이를 하였다. 교사도 유아들의 안전을 체크하며 함께 소리도 지르고 달리며 놀이에 참여하였다.

주안: 이러면 나는 기분이 좋아!

시연: 민하가 과자를 줘서 기분이 좋아.

서영: 미안해.
규연: 괜찮아. 히히히.

교수 학습	교사 놀이 지원
놀이 자료의 변화 (교사의 지원 자료) & 상호작용 (놀이 참여)	유아들이 자신의 감정을 표현하는 것에 있어 좀 더 구체적인 언어 표현을 할 수 있도록 언어놀이 '이러면 기분이 어떨까?', '표정 목걸이로 내 기분을 표현해요', '글씨로 표현해요' 놀이 자료를 지원해 주었다.

자신의 감정을 표현하는 것에 익숙해진 유아들은 자신들의 생활 속에서도 감정을 표현하며 재미있어하였다. 견학을 가 서로 간식을 나누어 먹으며 친구들과 고마움을 표현하고 도시락을 싸 준 부모님께 고마운 마음을 전하고 싶어 했다.

선아: 니가 아까 도와줬잖아. 고마워 먹어.

민준: 내가 과자 줘서 고맙지?
진하: 응 고마워.

연우: 엄마가 싸 준 거야.
준서: 엄마한테 정말 고맙다고 해야겠다.

교사: 엄마 아빠께 어떤 선물을 해 주면 좋을까?
시연: 좋아하는 것 사 주자.
지우: 난 돈이 없는데?
교사: 돈으로 말고 우리의 마음을 표현하는 방법은 없을까?
연우: 우리 엄마는 매운 고추장 좋아하는데.
민준: 우리 오늘 고추장 먹었잖아.

교사: 그래, 고추장이랑 뭐랑 먹었더라?

시연: 상추! 아! 상추는 텃밭에 있어.

민준: 그럼 상추를 주면 되겠네.

유아들과 교사는 함께 협의하여 상추를 이용해 얼굴을 만든 쌈밥을 만들어 부모님께 선물해 주기로 하였다.

교수 학습	교사 놀이 지원
상호작용 (개방적 질문)	견학에서 돌아온 후 준서는 도시락을 싸 준 부모님께 고마운 마음을 전하자고 친구들에게 이야기하였다. 유아가 자신들이 부모님께 선물을 할 수 있는 것과 방법을 친구들과 함께 협의해 결정할 수 있도록 질문하며 상호작용하였다.
상호작용 (정서적 지원)	부모님께 드리는 선물로 부모님이 좋아하는 쌈밥을 만들기로 유아들이 협의한 것을 격려하였다.

유아들은 직접 텃밭에서 상추를 수확하여 정성스럽게 상추로 쌈밥을 만들고 편지를 써 선물을 하였다.

준서: 엄마께 드릴 선물 만들 거예요.
찬영: 예쁘게 얼굴을 만들어서 선물해야지.

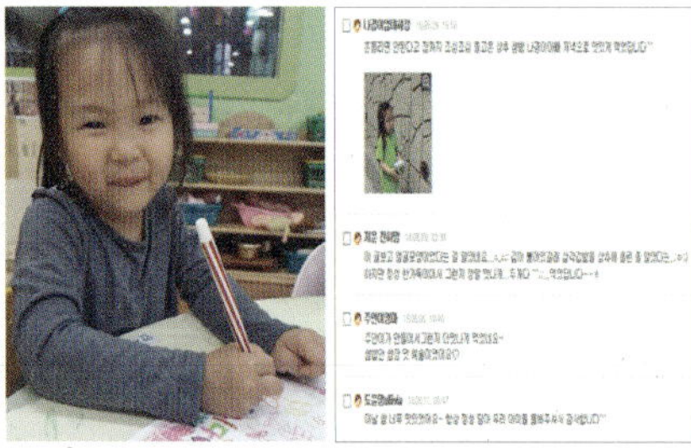

민하: 엄마, 고맙습니다.
[가정 연계] 부모님들의 감사 글

교수 학습	교사 놀이 지원
놀이 공간의 지원 (다양한 놀이 공간)	유아들과 함께 텃밭에서 안전에 유의하며 함께 상추 수확을 하였다.
놀이 자료의 변화 (교사의 지원 자료) & 상호작용 (개방적 질문)	'상추 쌈밥' 요리 만들기에 필요한 도마, 그릇, 밥, 콩, 당근, 김 등을 제공해 주었다.
놀이 자료의 변화 (교사의 지원 자료) & 상호작용 (놀이 참여)	부모님께 드릴 감사 편지를 쓸 수 있도록 편지지와 필기도구를 준비하여 주었고, 유아들이 그림과 글로 표현할 수 있도록 지원하였다.
놀이 자료의 변화 (교사의 지원 자료) & 상호작용 (놀이 참여)	가정과 연계한 활동으로 선물을 받으신 부모님들께 홈페이지에 글을 남겨 달라고 부탁하였다. 유아들은 교사와 부모님들이 올린 감사의 글을 읽으며 즐거워하였고, 자신이 스스로 만들어 선물한 것에 대해 성취감을 느꼈다.

3) 교사 저널

나의 감정 표현하기

유아의 놀이는 자신의 감정을 표현하는 것을 자유롭게 한다. 『소피가 화나면, 정말 정말 화나면』이라는 동화책을 읽은 유아는 책을 반복해서 보며 책 내용만이 아니라 책 속에 담겨 있는 정서를 공감하였다.

그래서 유아들은 소피처럼 다양한 방법으로 정서를 표현하는 것을 흉내 내게 되었다. 숲에서 소피 흉내를 내며 달리던 유아들은 "소피처럼 하니까 시원하다."라고 말하였고, 달리고 소리를 지르면서 유아들의 정서가 순환됨을 느낄 수 있었다.

유아들은 '이러면 기분이 어떨까?', '표정 목걸이로 내 기분을 표현해요', '글씨로 표현해요' 놀이 자료를 통해 자신의 생각과 감정을 다양하게 표현하고 상대방에게 전달하는 방법을 배우게 되었다.

유아들의 솔직한 감정 표현은 또래 유아들과 의사소통에 있어서도 이해를 가져오고 공감을 불러 일으켰다. 과자를 나누어 먹으며 서로 고마움을 표현하고 자신의 잘못에 대해 '미안해.'라고 인정하는 과정은 유아로 하여금 더불어 살아가는 것에 대한 이해에 도움이 된다.

유아들의 감정을 표현하는 놀이는 부모님에 대한 감사 표현으로까지 이어졌고 부모님에게 무엇을 선물하면 좋을지에 관한 생각을 서로 협의하고 만들어 가는 모습을 보여 주었다. 이러한 과정은 다른 사람의 입장에서 생각해 보는 기회를 갖게 해 주었다. 유아들은 부모님께 서툰 솜씨지만 자신이 스스로 만든 쌈밥을 선물한 것과 부모님이 홈페이지에 고마운 마음을 표현한 것을 읽으며 행복해하였다.

4) 놀이 전개에 따른 유아 발달

[나의 감정 표현하기]

교육 영역	놀이를 통한 유아 발달
[의사소통, 사회관계] 『소피가 화나면, 정말 정말 화나면』	• 표현-언어적 표현(자신의 감정 표현)
[신체운동 · 건강, 의사소통, 사회관계, 자연탐구] 나는 소피야!	• 표현-신체적 표현(달리고 소리 지르며 감정 표현: 정서 표현, 신체 조절 능력)
[신체운동 · 건강, 의사소통, 사회관계] 이러면 기분이 어떨까? / 글씨로 표현해요	• 표현-언어적 표현(자신의 감정과 다른 사람의 감정을 이해하며 표현) • 공감: 배려-공감(다른 사람의 감정 공감)
[의사소통, 사회관계] 맛있는 도시락을 싸 준 엄마 고마워	• 공감: 자기표현-공감 • 공감: 배려-공감(사회성, 어휘력, 정서 표현)
[신체운동 · 건강, 의사소통, 사회관계, 자연탐구] 상추쌈(쌈밥) 만들기	• 표현-창의적 표현(쌈밥으로 얼굴 표현) • 공감: 자기표현-공감 • 공감: 배려-공감
[신체운동 · 건강, 의사소통, 사회관계, 예술경험] 감사 편지도 쓰자	• 탐구(생각을 글자로 표현: 인지력, 언어 능력) • 공감: 자기표현-공감(감정과 생각 전달)
[신체운동 · 건강, 의사소통, 사회관계] 맛있게 잘 먹었습니다	• 탐구(언어가 감정과 생각을 전달할 수 있음을 인식함) • 공감: 배려-공감(홈페이지 글의 감정 공감)

5) 놀이 흐름에 따른 교사 지원

① 『소피가 화나면, 정말 정말 화나면』

▶ 교사 지원

: 상호작용(놀이 참여–동화 읽고 이야기 나누기)

: 놀이 자료의 변화(『소피가 화나면, 정말 정말 화나면』 동화책)

② 나는 소피야!

▶ 교사 지원

: 놀이 공간의 지원(공간 변화–유치원 주변 숲)

: 상호작용(놀이 참여–함께 뛰고 소리 지르며 놀이함)

: 기타(안전–숲에서 유아 안전에 유의)

③ 이러면 기분이 어떨까? / 글씨로 표현해요

▶ 교사 지원

: 놀이 자료의 변화('이러면 기분이 어떨까?' 놀이지, 가위, 풀, 기분 목걸이, 자석 글자, 감정이 써 있는 쟁반)

: 상호작용(놀이 참여–유아들의 감정에 대한 놀이를 확장하기 위해 활동을 준비하며 상호작용함)

④ 맛있는 도시락을 싸 준 엄마 고마워

▶ 교사 지원

: 놀이 공간의 지원(공간 변화–견학 장소)

: 상호작용(관찰하기–도시락을 싸 준 부모님에게 감사하는 마음을 표현)

⑤ 상추쌈(쌈밥) 만들기

▶ 교사 지원

: 놀이 공간의 지원(공간 변화-유치원 텃밭)

: 놀이 자료의 변화(도마, 그릇, 밥, 콩, 당근, 김, 유아들이 수확한 상추)

⑥ 감사 편지도 쓰자

▶ 교사 지원

: 상호작용(놀이 참여-유아의 생각과 감정을 표현한 편지 쓰기)

: 놀이 자료의 변화(편지지와 필기도구)

⑦ 맛있게 잘 먹었습니다

▶ 교사 지원

: 상호작용(놀이 참여-유아들과 부모님이 홈페이지에 올린 감사 글 읽기)

: 놀이 자료의 변화(홈페이지 글)

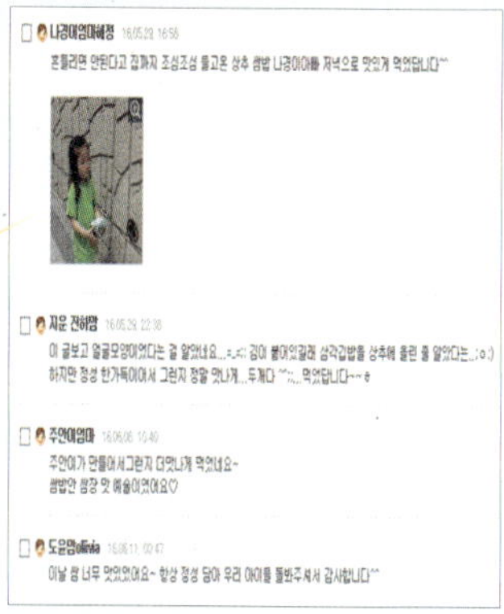
나경이엄마혜정 16.05.29. 16:56
흔들리면 안된다고 집까지 조심조심 들고온 상추 쌈밥 나경이아빠 저녁으로 맛있게 먹었답니다^^

지윤 진하맘 16.05.29. 22:38
이 글보고 얼굴모양이었다는 걸 알았네요...ㅋㅋ 김이 붙어있길래 삼각김밥을 상추에 올린 줄 알았다는..;o:)
하지만 정성 한가득이어서 그런지 정말 맛나게...두개다 ^^;;...먹었답니다~~ㅎ

주안이엄마 16.06.06. 15:40
주안이가 만들어서그런지 더맛나게 먹었네요~
쌈밥안 쌈장 맛 예술이었어요♡

도윤맘olivia 16.06.11. 00:47
이날 쌈 너무 맛있었어요~ 항상 정성 담아 우리 아이를 돌봐주셔서 감사합니다^^

10장 여 름

1. 커다란 미꾸라지와 함께하는 쇠뜨기들의 무언극 여행

1) 관찰(탐색)

작년 형님반이 졸업 여행 때 미꾸라지를 잡아 논에 넣어 주는 것을 영상으로 보고, 미꾸라지를 논에 넣어 주면 모기를 잡아먹어 유기농 농사를 돕는다는 것을 알게 된 유아들은 졸업 여행에서 모내기 후 미꾸라지를 잡아 와 논에 넣어 주었다. '커다란 미꾸라지와 함께하는 쇠뜨기들의 무언극 여행' 놀이는 미꾸라지를 논에 넣어 주면서 놀이가 시작되었다.

2) 놀이

유아들은 형님들처럼 논에 미꾸라지를 넣어 주기 위해 졸업 여행 때 미꾸라지를 잡아 와 논에 넣어 주었고, 더 자세하게 보기 위해 교실에도 미꾸라지를 놓아 두었다.

지용: 형님들이 졸업 여행 때 미꾸라지 잡아서 논에 넣어 준 거래.

예준: 우리도 졸업 여행에서 미꾸라지 잡아서 논에 넣어 주자.

민석: 미꾸라지 수염이 2개나 있어. 지느러미는 꼬리, 아랫배 등에도 있어.

지호: 미꾸라지는 몸이 흙색이고 수염도 있고 지느러미도 있어.

교수 학습	교사 놀이 지원
놀이 공간의 지원(공간 변화) & 일과 구성의 변화(놀이 시간 연장) & 상호작용(놀이 참여) & 기타(안전)	교사는 작년 형님들의 졸업 여행 놀이 사진을 소개하였다. 유아들은 졸업 여행에서 미꾸라지를 잡는 놀이를 하고 싶어 했고 교사는 놀이를 할 수 있게 지원하였다.
놀이 자료의 변화(교사의 지원 자료) & 기타(안전)	졸업 여행에서 유아들이 미꾸라지를 잡아 넣을 수 있도록 통을 제공해 주었다. 졸업 여행에서 돌아온 뒤 유아들과 함께 잡은 미꾸라지를 논에 풀어 주었다.
놀이 자료의 변화(교사의 지원 자료) & 상호작용(놀이 참여 & 정서적 지원)	교사는 잡은 미꾸라지를 교실에서도 관찰할 수 있도록 관찰지를 준비해 주었고 미술 영역에는 흙 등 자연물 재료를 준비해 주고 함께 놀이를 하였다.

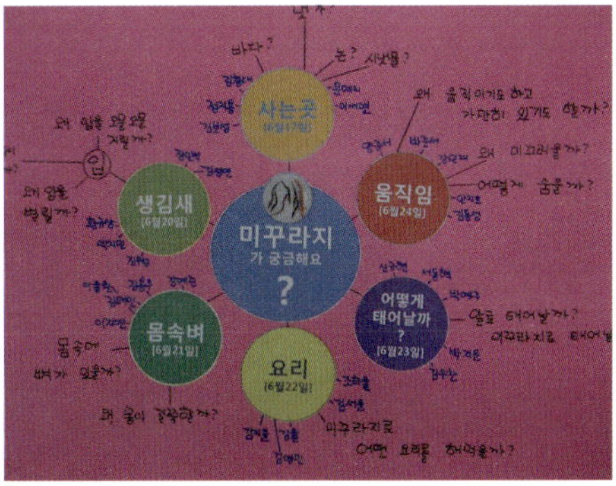

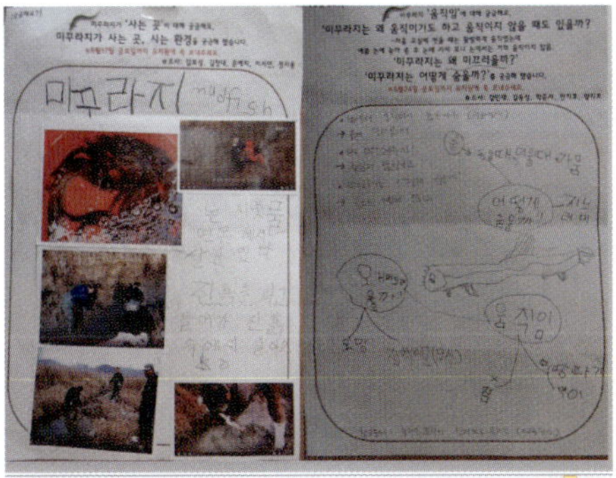

교수 학습	교사 놀이 지원
놀이 자료의 변화 (교사의 지원 자료) & 상호작용 (놀이 참여)	미꾸라지에 대해 궁금한 것이 많아진 유아들은 궁금한 것을 기록하고 궁금한 내용을 서로 나누어 조사한 후 친구들에게 소개해 주기로 하였다. 교사는 유아들이 궁금해 하는 것을 가정과 연계하여 알아볼 수 있도록 조사지를 만들어 지원하였다.

['나는 미꾸라지' 게임]
논에 사는 곰팡이와
노린재 먹기

['야! 황새를 피해' 게임]
천적인 황새가 되어
미꾸라지 잡기

[음률 & 언어놀이]
'미꾸라지 부화'로
개사해서 노래 부르기

교수 학습	교사 놀이 지원
놀이 공간의 지원 (공간 변화) & 놀이 자료의 변화 (교사의 지원 자료) & 상호작용 (놀이 참여)	교사는 유아들이 미꾸라지에 대해 알게 된 지식을 이용한 게임을 지원해 주었다. '나는 미꾸라지' 게임을 위해 미꾸라지 머리띠, 작은 젤리, 과자, 접시를 제공하였고 미끄럼틀이 있는 공간을 활용하였다. '야! 황새를 피해' 게임을 위해서는 황새 머리띠, 손수건을 제공하였다. 미꾸라지의 천적인 황새가 되어 미꾸라지를 잡는 게임이며 함께 놀이에 참여하였다.
상호작용 (놀이 참여)	유아들과 협의하여 '식물의 성장'(Hap Palmer 작곡, 유애열 편역) 동요를 '미꾸라지 부화'로 개사하여 노래 부르기를 하였다.

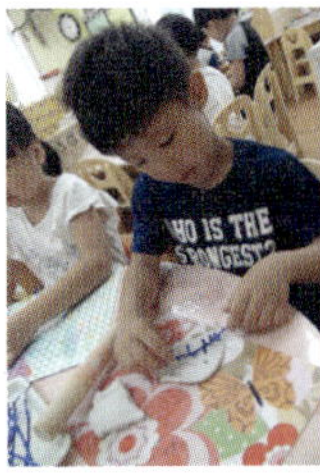

율원: 저기 미꾸라지 있다.
지용: 어디 어디? 에이, 그런데 죽은 거다.
교사: 그런데 너희들 미꾸라지 몸속 뼈가 어떻게 생겼는지 궁금하다고 했잖아.
우리 가져가서 몸속이 어떻게 생겼는지 볼까?

교실에 가져온 미꾸라지를 물에 삶은 후 몸속 뼈가 어떻게 생겼는지 관찰을 하였고 유아들은 우리처럼 미꾸라지도 움직일 수 있는 뼈가 있어 몸을 움직인다는 것을 알게 되었다.

교수 학습	교사 놀이 지원
놀이 자료의 변화 (교사의 지원 자료)	교사는 미꾸라지의 몸속에 대해 궁금해하는 유아들을 위해 논에서 죽은 미꾸라지를 가져와 삶아서 준비하였다. 교실에 삶은 미꾸라지, 집게, 플라스틱 작은 칼, 관찰지를 제공하여 유아들이 미꾸라지의 몸속을 관찰할 수 있도록 지원하였다.
놀이 자료의 변화 (유아가 요구한 자료)	과학 영역에서 미꾸라지의 몸속 뼈를 알게 된 유아들은 미술 영역에서 미꾸라지를 표현할 수 있는 재료를 요구해 끈을 준비해 유아들의 표현을 지원하였다.

이번에는 쌓기 영역에 '커다란 미꾸라지'가 나타났다. 그동안 자신들이 직접 관찰하고 조사하여 알게 된 미꾸라지에 대한 이야기를 자신들이 블록으로 구성하여 미꾸라지를 타고 놀이를 한다.

규현: 뭐 만들고 있어?

준서: 커다란 미꾸라지 만들 거야.

태민: 커다랗게 뼈를 만들고 있는 거야.

규현: 재미있겠다. 같이하자!

준서: 자! 출발! 꼭 잡아 주세요!

규현: 아~ 아~!

준서: 지금은 속력이 엄청 빨라요. 고개를 숙여요!

지민: 아이고 냄새.

동혁: 미꾸라지가 뿌웅 방귀를 뀐 거야.

규현: 하하하! 위로! 위로 가!

서윤: 재미있다. 지연아 우리는 동화책 만들면 어때?
그림도 그리고 이야기도 만들면 재밌겠다.

지연: 그래, 우리는 이야기책 만들어 주자.

교수 학습	교사 놀이 지원
놀이 자료의 변화 (유아가 요구한 자료) & 상호작용 (관찰하기 & 놀이 참여)	유아들은 쌓기 영역에서 블록으로 커다란 미꾸라지의 뼈를 만들고 그 위를 덮을 미끈거리는 큰 비닐(미꾸라지의 몸이 미끄럽기 때문에)을 교사에게 준비해 달라고 요구하였다. 교사는 큰 비닐을 준비해 주고 유아들의 이야기 속으로 함께 들어가 놀이를 하였다.

서윤이와 지연이는 이때부터 이야기도 만들고 그림도 그려 친구들과 함께 '커다란 미꾸라지와 함께하는 쇠뜨기들의 여행' 동화책을 만든다.

<table>
<tr><th>교수 학습</th><th>교사 놀이 지원</th></tr>
<tr><td rowspan="3">놀이 자료의 변화
(유아가 요구한 자료)
&
상호작용
(놀이 참여)</td><td>동화책을 어떻게 만들지 유아들과 협의하고 사진이 필요한 것은 교사가 편집하여 준비해 주었다.</td></tr>
<tr><td>유아들의 이야기를 동화처럼 글과 그림으로 기록해 사용할 수 있도록 지원을 하였다.</td></tr>
<tr><td>유아들이 만든 그림과 글을 편집하고 테이블 동화로 만들어 완성하였다.</td></tr>
</table>

'커다란 미꾸라지와 함께하는 쇠뜨기들의 여행' 동화책을 만들어 놀이를 하던 유아들은 미꾸라지가 살고 있는 논으로 가서 놀이를 하였다.

준서: 내가 소고를 빨리 치면 커다란 미꾸라지가 빨리 가는 거야.
예주: 방구 뿡뿡 할 때는 크게 쳐 줘!
율원: 천천히 갈 때는 느리게 해!

['미꾸라지 탑승' 게임]
커다란 미꾸라지에 탑승하기

[신체 표현 & 언어놀이]
커다란 미꾸라지와
함께하는 쇠뜨기들의 여행

교수 학습	교사 놀이 지원
놀이 공간의 지원 (공간 변화: 교실 → 논) & 놀이 자료의 변화 (다양한 놀이 자료) & 상호작용 (관찰하기)	유아들은 교실에서 했던 놀이를 논에서도 연결하여 하고 싶어 해 안전에 유의하여 놀이를 할 수 있게 지원하였다. 유아들의 놀이가 확장될 수 있도록 유아들이 손쉽게 연주할 수 있는 소고를 준비해 주었고 소고의 리듬에 따라 유아들이 신체 표현을 하였다.
놀이 공간의 지원 (공간 변화: 논 → 밭고랑) & 상호작용 (놀이 참여) & 상호작용 (제안하기)	교사는 밭고랑을 이용해 '미꾸라지 탑승' 게임을 지원하여 유아들과 함께 놀이를 하였다. 숲속 놀이터에서도 유아들은 긴 시소를 이용해 '커다란 미꾸라지와 함께하는 쇠뜨기들의 무언극 여행' 동화 내용에 대해 이야기하며 신체놀이를 하였다.
기타(안전)	교사는 텃밭에서 이루어지는 놀이이기 때문에 유아들의 안전을 살피며 함께 놀이를 하였다.

단오절이 되어 교사는 유아들에게 '단오 무언극'을 소개해 주었다.

유찬: 무언극 재미있다.

예주: 말도 하지 않고 춤만 추는데 어떤 이야기인지 알 것 같아.

시원: 이야기를 만들고 춤추면서 연기만 한 거야.

창대: 우리도 이야기 있잖아.

예준: '커다란 미꾸라지와 함께하는 쇠뜨기들의 무언극 여행'

예주: 그럼 우리도 무언극놀이 해 보자.

서윤: 그럼 역할도 나누고, 무엇이 필요한지도 이야기 해야겠네.

교수 학습	교사 놀이 지원
놀이 자료의 변화 (교사의 지원 자료) & 상호작용 (놀이 참여)	음력 5월 5일은 단오절이다. 단오 무언극을 감상한 유아들은 자신들이 만든 '커다란 미꾸라지와 함께하는 쇠뜨기들의 여행' 내용을 무언극으로도 표현해 보자는 의견을 냈고 이때부터 '커다란 미꾸라지와 함께하는 쇠뜨기들의 무언극 여행' 놀이를 준비하였다.

유아들은 역할에 따라 필요한 것들을 하나씩 만들면서 무언극을 준비하였다.

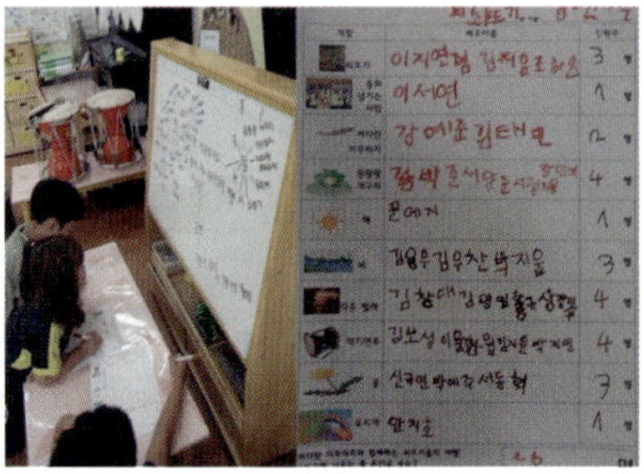

지용: 우리 무언극 제목은 '커다란 미꾸라지와 함께하는 쇠뜨기들의 무언극 여행'으로 하자!

서연: 우리들이 나눈 역할을 기록해 놓아야 잊지 않지.

예주: 미꾸라지는 흙색이잖아.

지연: 흙은 우리 옷에 묻으면 염색되잖아.

예지: 흙으로 천을 염색해서 미꾸라지 몸을 하면 되겠어.

예주: 미꾸라지는 몸속 뼈가 있잖아. 뼈도 만들자.

우성: 미꾸라지 몸은 동그란 모양이니까, 훌라후프로 만들면 될 것 같아.

교수 학습	교사 놀이 지원
놀이 자료의 변화 (교사의 지원 자료) & 상호작용 (놀이 참여)	'커다란 미꾸라지와 함께하는 쇠뜨기들의 여행'을 무언극으로 하기로 결정하고 필요한 것들은 협력하여 각자 역할을 분담하였다. 유아들은 자신들이 나눈 역할을 잊지 않도록 기록으로 남기길 원해 기록지를 제공하여 놀이를 지원하였다.
놀이 자료의 변화 (유아가 요구한 자료) & 상호작용 (놀이 참여)	무언극에 사용할 미꾸라지를 어떻게 만들지 협의하면서 교사에게 미꾸라지 몸을 표현하는 천, 훌라후프, 긴 나뭇가지, 접착제를 준비해 달라고 요청하여 제공하였다. 유아들이 표현하기 어려워하는 부분은 함께 놀이에 참여하며 지원하였다.

무언극에서는 국악 연주에 맞추어 탈춤을 춘다는 것을 알게 된 유아들은 국악 악기 연주와 탈춤을 배우고 싶어 하였다.

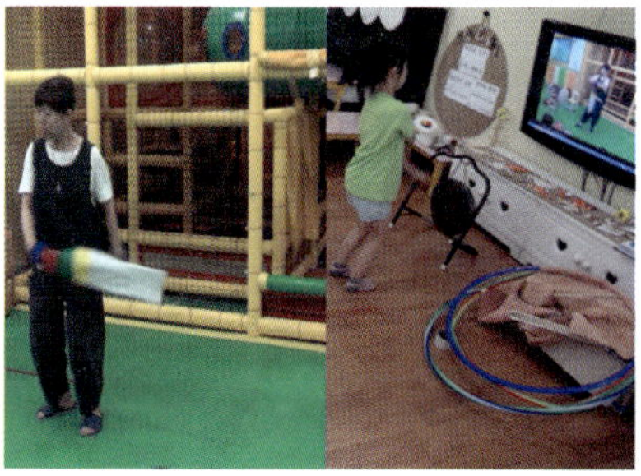

교사: 무언극에서 할 수 있는 장구와 탈춤의 기본 동작을 알려 줄게.
지연: 국악 선생님과 함께 배운 탈춤을 연습해 봐야지.

지윤: 우리는 탈춤 연습할게.
예준: 우리들이 장구 연주할게.
지연: 조금 빨리 연주해 봐.

동성: 나는 꽃향기를 표현하기로 했으니까, 탈에 예쁘게 꽃을 그려서 꾸며야지.

교수 학습	교사 놀이 지원
놀이 공간의 지원 (공간 확장) & 일과 구성의 변화 (놀이와 연결 활동)	교사는 장구와 탈춤을 알려 줄 전문가를 초빙해 유아들이 장구와 탈춤을 배울 수 있게 도와주었다.
놀이 자료의 변화 (유아가 요구한 자료) & 상호작용 (놀이 참여)	교실에 장구를 비치해 놓았고 국악 선생님과 함께 배웠던 동영상을 놀이 시간에 볼 수 있게 지원하였다. 미술 영역에서는 무언극에서 자신들이 쓰고 놀이할 탈을 꾸밀 수 있도록 그림이 없는 종이 탈과 물감을 제공하여 유아들이 자신의 역할에 맞는 탈을 만들도록 지원하였다.

[언어 & 미술놀이]
현수막 만들기

[음악 & 신체 표현 & 언어놀이]
무언극을 연습하자

[쌓기 & 역할놀이]
블록으로 무대 만들기

교수 학습	교사 놀이 지원
놀이 자료의 변화 (유아가 요구한 자료)	유아들이 무언극에 필요한 현수막을 만들 긴 종이를 요청하여 제공해 주었다.
놀이 공간의 지원 (공간 확장)	놀이 시간에 함께 모여 무언극을 연습할 수 있는 공간이 필요해 음률, 역할 영역을 통합하여 놀이 공간을 넓혀 주었다.
놀이 공간의 지원 (공간 변화) & 기타(안전)	유아들은 서로 협의 끝에 최종 공연장으로는 넓은 공간인 강당을 선택하였다. 유아들은 강당에 블록을 가져가 자발적으로 무대를 구성하였고 유아들의 안전을 고려하며 놀이를 격려하였다.

교수 학습	교사 놀이 지원
상호작용 (관찰하기 & 놀이 참여)	유아들이 맡은 역할을 스스로 할 수 있도록 놀이를 관찰하고 도움이 필요한 경우 지원하였다.

3) 교사 저널

커다란 미꾸라지와 함께하는 쇠뜨기들의 무언극 여행

'커다란 미꾸라지와 함께하는 쇠뜨기들의 무언극 여행'은 유아들이 표현할 수 있는 모든 영역이 총체적으로 융합된 종합적 예술 표현이었다. 만 5세 반인 우리 반의 가장 큰 관심은 '졸업 여행'이었다. 작년 졸업 여행에서 형님들이 미꾸라지를 잡고 다시 논에 풀어 주는 영상을 본 유아들은 자신들도 형님들처럼 하고 싶다고 하였다. 드디어 졸업 여행 가는 날 미꾸라지를 잡을 수 있도록 통을 준비해 주었고 유아들은 즐거워하며 미꾸라지를 잡았다. 졸업 여행에서 잡은 미꾸라지는 다시 논에 풀어 주었고 유아들이 미꾸라지를 관찰할 수 있도록 교실에 놓아주었다.
유아들은 미꾸라지를 다양한 방법으로 탐구하였다. 그리고 놀이를 통해 표현하기 시작하였다. 먼저 쌓기 영역에서 자신이 탐색한 미꾸라지 모양을 블록으로 크게 만들고 상상하며 놀이를 시작하였다. 블록 위에 앉아 '지금은 속력이 엄청 빨리 가고 있어요. 고개를 숙여요.'라고 표현하는 유아들의 모습은 진짜 커다란 미꾸라지를 타고 여행하는 것 같았다. 유아들의 '커다란 미꾸라지' 놀이는 '커다란 미꾸라지와 떠나는 쇠뜨기들의 여행'이라는 동화책 만들기 놀이로 확장되었다. 단오절에 교사가 틀어 준 무언극 영상을 보게 된 유아들은 자신의 동화책으로 무언극을 했으면 좋겠다는 의견을 제시하였다. 유아들의 놀이는 다시 무언극 '커다란 미꾸라지와 함께하는 쇠뜨기들의 무언극 여행'으로 확장되었다. 유아들은 자신의 놀이에 적극적으로 참여하면서 자발적으로 필요한 것들을 교사에게 요청하였다. 무언극 준비를 위해 역할을 서로 분담하고 협력하는 모습 속에서 서로 공감하며 배려하는 마음을 느낄 수 있었다. 유치원 교육 과정에서 이야기하는 5개 영역(신체운동·건강, 의사소통, 사회관계, 예술경험, 자연탐구)이 모두 꽉꽉! 들어차 있다. 만약 이 놀이를 교사가 의도하여 계획하고 유아들에게 실행하였다면 이렇게 다양한 놀이들이 나오지 못했을 것이다. 유아들의 의지에 따라 호기심을 갖고 친구들과 소통하며 상상하면서 온몸을 움직여 놀이를 한 유아들의 결과물이라 생각한다.

4) 놀이 전개에 따른 유아 발달

[커다란 미꾸라지와 함께하는 쇠뜨기들의 무언극 여행]

교육 영역	놀이를 통한 유아 발달
[신체운동 · 건강, 의사소통, 사회관계, 자연탐구] 졸업 여행 때 미꾸라지를 잡아오자 [신체운동 · 건강, 의사소통, 사회관계, 예술경험, 자연탐구] 미꾸라지를 관찰해요 [신체운동 · 건강, 의사소통, 사회관계, 예술경험, 자연탐구] 미꾸라지를 표현해요	• 관찰(자연 속의 미꾸라지: 감각적 경험) • 탐색–관찰(미꾸라지의 모습) • 탐구–표현(미꾸라지 모습 표현하기)
[의사소통, 사회관계, 자연탐구] 미꾸라지가 궁금해요	• 탐구(미꾸라지에 대한 지식: 인지력)
[신체운동 · 건강, 의사소통, 사회관계, 자연탐구] 나는 미꾸라지! [신체운동 · 건강, 의사소통, 사회관계, 예술경험, 자연탐구] '미꾸라지 부화' 개사하여 노래 부르기	• 표현–신체적 표현·창의적 표현(나는 미꾸라지: 창의성) • 표현–언어적 표현·창의적 표현(미꾸라지에 관한 지식을 노랫말로 표현: 언어능력, 창의성)
[신체운동 · 건강, 의사소통, 사회관계, 자연탐구] 미꾸라지 몸속이 궁금해 [신체운동 · 건강, 의사소통, 사회관계, 예술경험, 자연탐구] 미꾸라지를 표현해요	• 탐구(미꾸라지 몸속 뼈: 인지력) • 탐구–표현(미꾸라지 뼈 모양 표현)

교육 영역	놀이를 통한 유아 발달
[신체운동 · 건강, 의사소통, 사회관계, 자연탐구] 커다란 미꾸라지를 구성하고 놀자	• 표현–창의적 표현(블록으로 만든 커다란 미꾸라지) • 공감: 협력–공감(미꾸라지놀이)
[신체운동 · 건강, 의사소통, 사회관계, 예술경험, 자연탐구] 잊지 않게 동화책으로 만들자	• 표현–언어적 표현(미꾸라지 이야기) • 공감: 협상–공감 • 공감: 협력–공감(동화책 만들기: 언어 능력, 정서 표현, 사회성, 인지력)
[신체운동 · 건강, 의사소통, 사회관계, 예술경험, 자연탐구] 논에 사는 커다란 미꾸라지 [신체운동 · 건강, 의사소통, 사회관계, 자연탐구] 숲에서 하는 커다란 미꾸라지놀이	• 표현–신체적 표현 · 창의적 표현(커다란 미꾸라지 표현) • 공감: 협력–공감 • 공감: 협상–공감 • 표현–창의적 표현(커다란 미꾸라지에 탑승) • 공감: 규칙–공감(미꾸라지 게임)
[의사소통, 사회관계, 예술경험] 단오 무언극 감상	• 공감: 협상–공감(미꾸라지 무언극 준비 과정)

교육 영역		놀이를 통한 유아 발달
[신체운동 · 건강, 의사소통, 사회관계, 자연탐구] 무언극에 나오는 주인공 **[신체운동 · 건강, 의사소통, 사회관계, 예술경험, 자연탐구]** 미꾸라지는 흙색이니 천을 흙으로 염색하자	➡	• 탐색–표현 • 표현–창의적 표현(미꾸라지 몸 표현) • 공감: 협상–공감 • 공감: 협력–공감 • 공감: 자기표현–공감(미꾸라지 무언극 준비 과정)
[신체운동 · 건강, 의사소통, 사회관계, 예술경험, 자연탐구] 무언극을 하려면 장구와 탈춤을 할 수 있어야 해	➡	• 탐구–표현(탈춤 배우기: 인지력)
[신체운동 · 건강, 의사소통, 예술경험, 자연탐구] 내 탈 만들기 **[신체운동 · 건강, 의사소통, 사회관계, 예술경험]** 무언극 현수막 만들기 **[신체운동 · 건강, 의사소통, 사회관계, 예술경험, 자연탐구]** 강당에 무언극 무대를 만들자	➡	• 표현–창의적 표현(탈 만들기) • 공감: 협력–공감(현수막 만들기) • 공감: 협상–공감 • 공감: 규칙–공감 • 공감: 배려–공감 • 공감: 자기표현–공감(사회성, 창의력)
[신체운동 · 건강, 의사소통, 사회관계, 예술경험, 자연탐구] '커다란 미꾸라지와 함께하는 쇠뜨기들의 무언극 여행'	➡	• 공감: 협상–공감 • 공감: 협력–공감 • 공감: 규칙–공감 • 공감: 배려–공감 • 공감: 자기표현–공감(사회성, 언어 능력, 창의력)

5) 놀이 흐름에 따른 교사 지원

① 졸업 여행 때 미꾸라지를 잡아오자

▶ 교사 지원
: 놀이 자료의 변화(졸업생들 졸업 여행 사진)
: 놀이 공간의 지원(공간 변화-졸업 여행지, 논)
: 일과 구성의 변화(놀이 시간 연장-유아들이 미꾸라지를 잡을 수 있도록 시간을 연장함)
: 기타(안전-외부 놀이 시 유아 안전에 유의함)

② 미꾸라지를 관찰해요

▶ 교사 지원
: 놀이 자료의 변화(미꾸라지, 관찰지, 필기도구)
: 상호작용(관찰하기-유아가 미꾸라지를 탐색하는 과정 관찰)

③ 미꾸라지를 표현해요

▶ 교사 지원
: 놀이 자료의 변화(흙, 물풀, 네임펜, 활동지)
: 상호작용(정서적 지원-유아들의 미꾸라지 표현 활동을 지지함)

④ 나는 미꾸라지!

▶ 교사 지원
: 놀이 공간의 지원(공간 확장-유치원 강당)
: 놀이 자료의 변화(미꾸라지 머리띠, 작은 젤리, 과자, 접시, 황새 머리띠, 손수건)
: 상호작용(놀이 참여-'나는 미꾸라지' 게임)

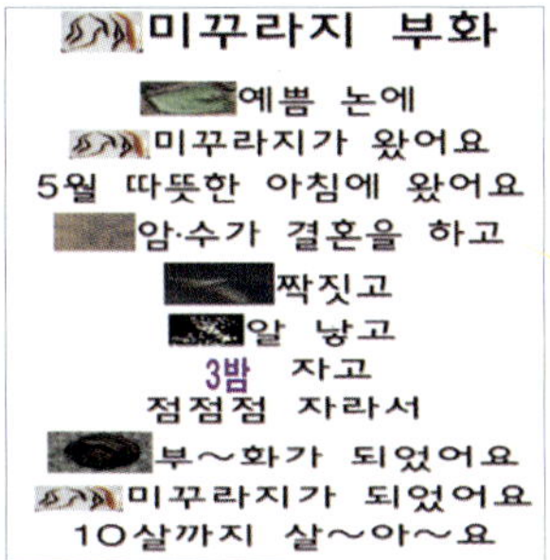
미꾸라지 부화
예쁜 논에
미꾸라지가 왔어요
5월 따뜻한 아침에 왔어요
암·수가 결혼을 하고
짝짓고
알 낳고
3밤 자고
점점점 자라서
부~화가 되었어요
미꾸라지가 되었어요
10살까지 살~아~요

⑤ '미꾸라지 부화' 개사하여 노래 부르기

▶ 교사 지원

: 상호작용(놀이 참여-유아들이 '식물의 성장' 노래를 개사하는 내용을 글로 기록)

⑥ 미꾸라지 몸속이 궁금해

▶ 교사 지원

: 놀이 공간의 지원(다양한 놀이 공간-유치원 논)

: 놀이 자료의 변화(투명 냄비, 휴대용 가스레인지, 집게, 플라스틱 작은 칼, 관찰지)

: 상호작용(놀이 참여-논에 죽어 있는 미꾸라지를 가져와 해부함)

⑦ 커다란 미꾸라지를 구성하고 놀자

▶ 교사 지원

: 놀이 자료의 변화(블록, 큰 비닐)

: 상호작용(관찰하기-유아들의 미꾸라지놀이 모습 관찰)

⑧ 잊지 않게 동화책으로 만들자

▶ 교사 지원

: 놀이 자료의 변화(필기도구, 종이)

: 상호작용(놀이 참여-동화 사진 편집, 동화 내용 글로 기록)

⑨ 논에 사는 커다란 미꾸라지
▶ 교사 지원
: 놀이 공간의 지원(공간 변화-유치원 논)
: 놀이 자료의 변화(소고)
: 상호작용(관찰하기-유아들의 놀이 관찰)
: 일과 구성의 변화(놀이 시간 연장-미꾸라지 놀이 시간을 연장함)

⑩ 단오 무언극 감상
▶ 교사 지원
: 놀이 자료의 변화(단오 무언극 영상)
: 상호작용(놀이 참여-단오절이 되어 유아들에게 '단오 무언극'을 소개함)

⑪ 미꾸라지는 흙색이니 천을 흙으로 염색하자
▶ 교사 지원
: 놀이 공간의 지원(다양한 놀이 공간-유치원 텃밭)
: 상호작용(제안하기-무언극 준비물 지원)
: 놀이 자료의 변화(흰 천, 훌라후프, 막대, 테이프)
: 기타(안전-외부 놀이 시 유아 안전에 유의함)

⑫ 무언극을 하려면 장구와 탈춤을 할수 있어야 해
▶ 교사 지원
: 놀이 공간의 지원(공간 확장-유치원 강당)
: 일과 구성의 변화(놀이와 연결 활동-무언극 표현을 위해 탈춤 전문가를 섭외하여 함께 배움)
: 놀이 자료의 변화(한삼, 장구, 탈춤놀이 영상)

⑬ 무언극 현수막 만들기
▶ 교사 지원
: 상호작용(놀이 참여-유아들이 표현하기 힘들어 하는 부분을 지원함)
: 놀이 자료의 변화(현수막 제작용 긴 종이, 크레파스, 탈 만들기를 위한 종이 탈, 물감)

⑭ 강당에 무언극 무대를 만들자
▶ 교사 지원
: 상호작용(놀이 참여-무언극놀이)
: 놀이 공간의 지원(공간 변화-유치원 강당)
: 기타(안전-놀이 시 유아 안전에 유의함)

⑮ '커다란 미꾸라지와 함께하는 쇠뜨기들의 무언극 여행'
▶ 교사 지원
: 상호작용(놀이 참여-무언극에서 유아들이 맡은 역할 지원)

2. 모기야 물러가라

1) 관찰(탐색)

유치원 텃밭은 유아들이 직접 가꾸는 것으로 농약을 사용하지 않고 유기농으로 농사를 짓는 곳이다. 그렇기 때문에 텃밭에는 진딧물, 모기 등이 항상 있다. 텃밭에서 규연이와 친구들이 모여 텃밭 식물에 붙어 있는 진딧물을 보며 이야기를 하고 있다.

2) 놀이

서영: 으, 여기 봐!
나경: 진딧물이야. 엄청 많다.
규연: 진딧물이 너무 많아서 식물이 아플 것 같아.
교사: 규연아 걱정되니?
서영: 약 뿌려 주면 되잖아.
규연: 아니야, 농약은 몸에 좋지 않아.
교사: 그래? 그럼 어떻게 하지? 우리 교실에 가서 친구들하고 더 이야기해 볼까?

교실로 들어와 규연이와 서영이의 이야기를 들은 유아들이 의견을 이야기한다.

연우: 그럼, 컴퓨터로 자료를 찾아봐요.

교사: 어떻게 찾아볼까? 뭐라고 물어보면 좋을까?

찬영: 건강한 농약?

유아들은 교사의 도움을 받아 자료를 찾아보고 난황과 식초를 이용해 만드는 건강한 약을 알아냈다.

교수 학습	교사 놀이 지원
놀이 공간의 지원 (다양한 놀이 공간) & 상호작용 (관찰하기 & 놀이 참여)	텃밭에서 진딧물을 보고 걱정하는 유아들을 관찰하며 함께 이야기를 나눈 후 교실로 들어와서 텃밭에 뿌릴 수 있는 건강한 약(식물에 뿌릴 약) 만드는 방법을 컴퓨터를 이용해 함께 알아보았다.

유아들은 난황과 식초를 이용해 '우리 몸에도 식물한테도 좋은 건강한 약'을 만들어 텃밭에 뿌려 준다.

나경: 노란색 난황이랑 식초랑 섞었더니 색깔이 연한 노란색으로 변했어.

준서: 으, 이런 냄새가 나면 진딧물이 모두 없어지겠지.

규연: 우리가 건강한 약 만들어 왔어.
서영: 진딧물아 없어져라!
연우: 모두 없어져라!

규연: 여기 봐, 정말 많이 없어졌어.
나경: 우리가 구해 주었어.
서영: 이제 간지럽지 않지? 하하하!

교수 학습	교사 놀이 지원
놀이 자료의 변화 (교사의 지원 자료) & 상호작용 (놀이 참여)	유아들과 이야기한 건강 약(식물에 뿌릴 약) 만들기에 필요한 달걀, 식초, 믹서기, 분무기를 준비하여 건강 약 만들기를 지원하고 유아들과 함께 텃밭에 나가 건강 약을 뿌려 주었다.

자신들이 만든 약으로 정말 진딧물이 없어진다는 것을 확인하며 유아들은 들떠 있었다.

연우: 아, 간지러워. 선생님 텃밭에 모기도 많아요.
교사: 그래, 모기도 많구나.
서영: 모기약도 만들면 되잖아요.

교실로 돌아온 유아들은 텃밭에는 모기도 많다고 하며 모기약을 만들자고 이야기한다.

교사: 모기약은 어떻게 만들까?
찬영: 그런데 모기약은 텃밭에 가면 선생님이 뿌리는 것 있잖아요.
교사: 그래, 선생님이 텃밭 가면 뿌리는 것이 있지.
그런데 그건 너희들 몸에 뿌리면 좋지 않은 약이야.
진하: 그럼 이건 어때? 이건 우리 엄마가 만들어 준 약인데 텃밭에 갈 때 이것 뿌리면 모기한테 물리지 않아.
나경: 맞아. 우리 엄마가 만든 것도 있어.
교사: 그럼 그 약은 어떻게 만드는지 아니?
찬영: 그럼 내일까지 알아 와서 이야기해요.

교수 학습	교사 놀이 지원
상호작용 (놀이 참여) & 기타(안전)	유아들은 텃밭에 '건강한 약'을 뿌려 주며 식물에 있는 진딧물이 사라져 더 이상 간지럽지 않았으면 하는 마음을 표현하였다. 텃밭에 '모기'가 많아 간지러워하던 유아들은 모기를 쫓는 약도 만들자는 의견을 제시하였고, 교실로 들어와서 모기를 쫓는 약을 만드는 방법에 대해 함께 이야기를 나누었다.

다음 날 유아들은 부모님이 만든 모기 퇴치제에는 계피가 들어가 있다는 것을 이야기 나눈다.

진하: 우리 엄마가 그러는데 계피로 만든 것이라고 했어요.
계피를 물에 넣어서 만들었다고 했어요.
찬영: 물에다 계피를 넣은 거야?
진하: 어 맞아. 모기가 계피 냄새를 싫어한대.
연우: 그럼 우리도 그렇게 만들면 되겠네.
교사: 그래, 우리도 계피를 물에 넣어 모기약을 만들자.

놀이 시간이 되어 유아들은 과학 영역에 있는 계피를 관찰하며 모기 퇴치제를 만들었다.

지우: 아, 여기 계피 있다.

지성: (계피 향을 맡으며) 음, 향기 좋은데?

서영: 어디 음, 향기 좋은데 왜 모기는 싫어하지?

찬영: (계피 향을 맡으며) 음, 나도 좋아.
어제 나 계피 들어간 빵 먹었는데 정말 맛있었다.

서영: 나도 먹어 봤어. 맛있어.

진하: 그럼 우리도 빵 만들어 볼까?
빵 만들어서 우리가 먹으면 우리 몸에서 계피 냄새가 날 거잖아.

서영: 하하하! 그러면 좋겠다. 맛있는 계피빵도 먹고.

진하: 선생님, 우리 계피빵 만들어 먹어요.

교수 학습	교사 놀이 지원
놀이 자료의 변화 (교사의 지원 자료) & 상호작용 (놀이 참여)	모기 퇴치제를 만들기 위한 재료로 '계피'가 필요하다는 것을 유아를 통해 전해 듣고, 유아들이 계피를 탐색할 수 있도록 교실에 비치해 놓았다.
	모기 퇴치제를 만들기 위한 계피, 물, 통을 제공하여 유아들과 함께 '계피 모기 퇴치제'를 만들었다.
	계피를 탐색하던 유아들이 계피를 이용해 빵을 만들어 먹으면 모기가 도망갈 거라 생각하고 계피로 만든 빵을 만들자는 의견을 제시하였다. 유아들의 의견을 지지하고 계피 롤빵 만들기 재료인 식빵, 계피 잼, 밀대, 도마, 접시를 제공하여 함께 만들었다.

시연: 계피 롤빵이 달팽이 모양이라서 마음에 들어.

주안: 계피 롤빵 정말 맛있겠다.

민준: 선생님, 우리가 만든 계피 롤빵은 텃밭에 가져가서 먹어요.

민하: 어, 그러면 모기도 안 오고 좋겠다.

유아들은 자신들이 만든 '계피 롤빵'을 텃밭으로 가져가 먹는다.

지우: (빵을 잡고 공중에 휘휘 저으며) 모기야 가라!

진하: 나는 먹고 내 몸에 계피 향기를 저장할 거야.

교사: 계피 롤빵을 먹으면 몸에서 계피 향이 나서 모기가 오지 않을 것 같구나.

진하: 네! (입을 크게 벌리며) 아~! 모기야 물러가라!

교수 학습	교사 놀이 지원
놀이 공간의 지원 (다양한 놀이 공간)	유아들이 텃밭에서 '계피 롤빵'을 먹고 싶어 해 놀이 장소를 텃밭으로 옮겨 먹을 수 있도록 지원하였다.

3) 교사 저널

모기야 물러가라

유아들과 함께 가꾸는 텃밭은 유기농으로 농사를 짓기 때문에 여름이면 진딧물, 모기들이 기승을 부린다. 만 3세 반 유아들은 농작물에 붙어 있는 진딧물을 관찰하면서 진딧물이 농작물을 괴롭히고 있다고 생각하여 농작물에 '건강한 약'을 만들어 뿌려 주자고 하였다.
유아들은 '건강한 약' 만드는 방법을 탐구하며 같이 만들었다. 유아들은 농작물에 자신들이 만든 건강 약을 뿌려 주면서 진딧물이 농작물을 괴롭히지 않기를 바라는 마음을 표현하였다. 건강 약을 뿌려 주다가 모기의 공격을 당한 유아는 '모기'를 퇴치하는 약도 필요함을 인식하였고 '계피'를 이용한 모기 퇴치제(부모님이 만들어 주신 것)를 생각해 내었다. '계피를 이용한 모기 퇴치제'를 만들기 전에 재료인 계피를 탐색할 수 있도록 교실에 비치해 놓자 유아들은 계피 냄새를 맡으며 감각적 경험을 하였다. 계피 냄새를 맡은 유아들은 자신들은 '계피 냄새가 좋은데 왜 모기들은 싫어할까?'라는 호기심을 가지게 되었다.
이러한 호기심은 계피를 이용한 빵을 만드는 놀이와 연결되었다. 유아들은 자신들이 직접 계피를 먹으면 몸에서 계피 향이 나고 그러면 모기가 자신들에게 오지 않을 것이라는 재미있는 생각을 한 것이다. 유아들은 계피가 듬뿍 들어간(교사는 계피 롤빵을 만들 때 계피의 매운 맛이 최대한 나지 않게 유치원 조리사님과 의논하여 준비한다.) '계피 롤빵'을 직접 만들고 텃밭으로 가서 맛있게 먹고 난 후 입을 벌리고 여기저기를 '아~ 아~ 아~!'하며 뛰어다니면서 계피 향을 이용해 모기를 퇴치하는 놀이를 즐겼다. 입에서 나는 계피 향으로 모기를 공격하는 것이었다. 유아만이 생각할 수 있는 기발한 아이디어가 놀랍기도 하고 재미있기도 하였다.

4) 놀이 전개에 따른 유아 발달

[모기야 물러가라]

교육 영역	놀이를 통한 유아 발달
[신체운동 · 건강, 의사소통, 사회관계, 자연탐구] 진딧물이 엄청 많아 식물들 아프겠다 [의사소통, 사회관계, 자연탐구] 농약은 안 돼	• 관찰(텃밭 식물 위의 진딧물) • 공감: 자기표현–공감(식물이 아프겠다) • 탐구(식물에 뿌릴 건강한 약을 만드는 방법)
⬇	
[신체운동 · 건강, 의사소통, 사회관계, 자연탐구] 우리에게도 식물에게도 좋은 약을 만들어 식물에 주기	• 탐색–관찰(색깔의 변화, 냄새: 감각적 경험)
⬇	
[신체운동 · 건강, 의사소통, 사회관계, 자연탐구] 텃밭에는 모기도 많아	• 탐구(모기 약 만드는 방법, 모기가 싫어하는 향)
⬇	
[의사소통, 사회관계, 자연탐구] 우리 엄마가 계피 넣고 모기 퇴치제 만들어 줬어 [신체운동 · 건강, 의사소통, 사회관계, 자연탐구] 계피 롤빵을 만들자	• 탐색–관찰(계피의 향과 모양, 색: 감각적 경험) • 표현–창의적 표현(모기 퇴치제 계피 롤빵: 인지력, 창의력) • 공감: 협상–공감(계피 롤빵 만들기: 사회성) • 탐구(계피 롤빵 만드는 방법: 인지력)
⬇	
[신체운동 · 건강, 의사소통, 사회관계, 자연탐구] 모기야 물러가라	• 표현–창의적 표현(계피 향을 싫어하는 모기 쫓는 방법–계피 롤빵 먹고 냄새 풍기기)

5) 놀이 흐름에 따른 교사 지원

① 진딧물이 엄청 많아 식물들 아프겠다

▶ 교사 지원

: 놀이 공간의 지원(다양한 놀이 공간–유치원 텃밭)

: 상호작용(관찰하기–유아들의 텃밭놀이 모습 관찰)

② 농약은 안 돼

▶ 교사 지원

: 상호작용(놀이 참여–식물에 뿌릴 수 있는 건강한 약 찾는 방법)

: 상호작용(인지적 질문)

: 놀이 자료의 변화(컴퓨터)

③ 우리에게도 식물에게도 좋은 약을 만들어 식물에 주기

▶ 교사 지원

: 놀이 자료의 변화(달걀, 식초, 믹서기, 분무기)

: 상호작용(놀이 참여–식물에 뿌릴 건강한 약 만들기)

④ 진딧물이 정말 많이 없어졌어

▶ 교사 지원

: 놀이 공간의 지원(다양한 놀이 공간–유치원 텃밭)

: 상호작용(놀이 참여–식물에 건강한 약 뿌려 주기)

: 기타(안전–외부 놀이 시 유아 안전에 유의함)

⑤ 우리 엄마가 계피 넣고
모기 퇴치제 만들어 줬어

▶ 교사 지원
: 상호작용(인지적 질문–모기약은 어떻게 만들까?)

⑥ 계피 향이 빵 같아

▶ 교사 지원
: 놀이 자료의 변화(계피)

⑦ 계피 롤빵을 만들자

▶ 교사 지원
: 놀이 자료의 변화(계피를 이용한 빵 사진, 식빵, 계피 잼, 밀대, 도마, 접시)
: 상호작용(놀이 참여–계피 롤빵 만들기)

⑧ 모기야 물러가라

▶ 교사 지원
: 놀이 공간의 지원(다양한 놀이 공간–유치원 텃밭)
: 상호작용(정서적 지원–유아 놀이를 지지함)

3. 꼬불꼬불 길, 마을

1) 관찰(탐색)

'꼬불꼬불 길, 마을' 놀이는 교통 기관과 우리 동네 주제에 대해 이야기하던 중 쌓기 영역에 제시되어 있는 자동차를 이용해 자동차 길을 구성하면서 놀이가 시작되었다.

2) 놀이

하율: 너희들 뭐하고 놀아?
지용: 자동차가 올라가고 내려갈 수 있게 길을 만들고 있는 거야.
하율: 이렇게 하니까 자동차놀이가 더 재밌다.
민석: 슝~! 그런데 자동차가 잘 가지를 않아.
바닥이 미끄러우면 더 잘 가는데.
지용: 그럼, 우리 여기 바닥에 있는 거를 위로 올려서 놀이할까?
하율: 어, 그럼 자동차가 더 잘 갈 것 같아.

유아들은 바닥에 있던 도로가 그려져 있는 판(고무처럼 한 번 코팅이 되어 있는 판)을 구성한 블록 위에 올린다.

교수 학습	교사 놀이 지원
놀이 자료의 변화 (교사의 지원 자료) & 상호작용 (관찰하기)	교통 기관에 대한 유아의 놀이를 위해 쌓기 영역에 다양한 자동차, 자동차 길이 그려져 있는 고무판, 경사 블록을 지원하고 유아들의 놀이를 관찰하였다.

민석: 에이! 이렇게 하니까 울퉁불퉁한 길이 보이지 않고 차가 잘 지나가지도 않아.
하율: 판이 너무 커서 그래, 더 작은 것이 필요해.
교사: 여기 있는 판보다 작고 미끄러운 것, 우리 교실 어디에 있을까?
동성: (미술 영역에 있는 깔판을 가져오며) 이것 어때?
(직접 블록으로 길을 만들고 그 위에 깔판을 올려놓으며)
이렇게 하면 자동차가 잘 가지 않을까?
민석: 오! 정말 자동차가 잘 간다.
우리 미술 영역에 있는 깔판으로 길을 만들자.

유아들이 블록으로 길을 만들어 깔판을 올려놓고 놀이를 하던 중 준서가 길을 만들 블록이 부족하다며 문제를 이야기한다.

준서: 나 길 만들어야 하는데 블록이 부족해.
지용: 어쩔 수 없어.
준서: (블록을 쌓아 만든 길에서 아래 블록을 빼며)
여기 블록을 빼면 되지 않을까?
동성: 안 돼! 그렇게 하면 길이 망가지잖아.
준서: 아니야! 봐. (블록의 수를 세며 두 줄로 블록을 세우고)
이렇게 하고 깔판을 놓으면 되잖아. 슝~! 자동차도 잘만 가네.
지용: 그래, 그럼 그렇게 하자.

같은 높이의 길만 만드는 유아들에게 교사가 질문을 하였다.

교사: (블록의 높이를 다르게 하여 길을 만든 후) 얘들아!
선생님은 높이가 다른 길도 만들었다. 이 길은 어때?
동성: 어? 길이 꼬불꼬불해졌다.
예준: 어떻게 했지? 아! 여기 개수가 다르다.

유아들은 블록의 높이를 다양하게 하여 길을 구성하여 놀이를 하였다.

교수 학습	교사 놀이 지원
상호작용 (인지적 질문 & 제안하기)	유아들의 놀이 확장을 위해 함께 참여하여 블록의 높이를 다르게 하면 자동차 길의 높이가 다양해짐을 질문을 통해 상호작용하였다.

놀이를 하며 자동차 길에 관심을 갖게 된 유아들은 유치원 기사님의 도움을 받아 직접 유치원 차를 타고 찻길을 견학하였다. 견학을 다녀온 유아들은 자신들이 본 차도를 그림으로 그리기도 하고 찻길에 대해 궁금했던 것을 기사님께 물어보고 자신들이 알게 된 찻길과 마을을 꾸미며 놀이를 하였다.

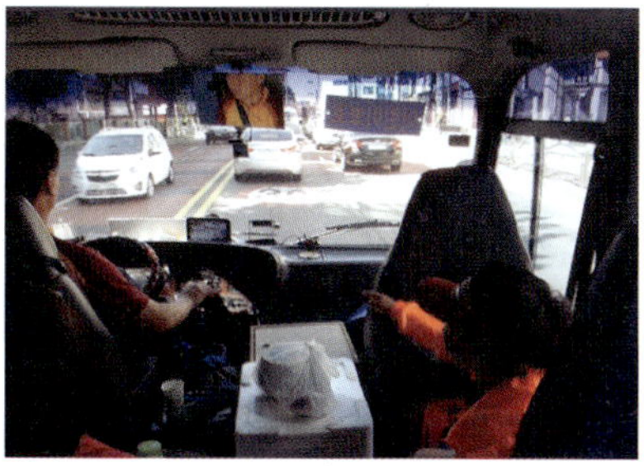

민석: 와! 여기는 차가 두 줄로 가는 데 옆에는 세 줄로 간다.

창민: 우리가 봤던 길을 그려 보자.

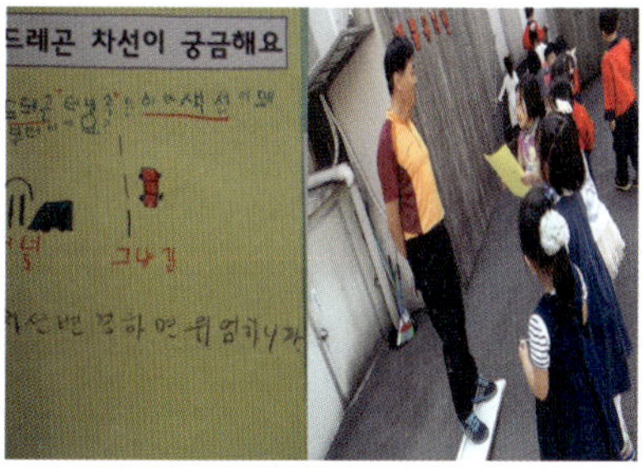

보민: 하얀색 선이 왜 있어요?

기사님: 터널에서 차선을 바꾸면 위험하니까 바꾸지 말라고 있는 선이란다.

지윤: 기사님이 노란 줄부터 차선을 세는 거라고 했지?

교수 학습	교사 놀이 지원
놀이 공간의 지원 (다양한 놀이 공간) & 일과 구성의 변화 (융통성 있는 일과 운영)	놀이를 하며 자동차 길에 관심을 갖게 된 유아들은 교사와 협의하여 직접 찻길을 탐색할 수 있도록 유치원 기사님의 도움을 받아 유치원 차를 타고 찻길 견학을 하였다.
놀이 자료의 변화 (교사의 지원 자료)	유아들의 놀이에 도움이 될 수 있게 견학하면서 본 것들을 사진으로 전시해 주었다.
	찻길 견학 때 탐색한 차선에 대해 유아들이 탐구할 수 있도록 수놀이인 '몇 차선 도로일까?' 놀이를 준비하여 지원하였다.

태민: 찻길은 실선이랑 점선이 있어.
서현: 차가 잘 움직이게 코팅을 해야 해.

준서: 길이 지나가는 곳에는 마을이 있어.
서현: 마을에는 유치원도 있고 가게도 있어.

우성: 우리가 만든 길을 연결하면 꼬불꼬불 길이 되고 마을이 된다.

교수 학습	교사 놀이 지원
놀이 자료의 변화 (교사의 지원 자료) & 상호작용(놀이 참여)	유아들이 찻길을 표현하는 미끌미끌한 길을 만들고 싶어 해, 검정색 종이, 크레파스, 코팅 기계를 제공하였고 코팅 기계 사용법을 알려 주며 놀이를 지원하였다.
놀이 공간의 지원 (공간 확장)	다양한 재료를 이용해 마을에 있는 건물을 표현할 수 있도록 미술실을 개방하여 도움을 주었다.
놀이 자료의 변화 (교사의 지원 자료) & 상호작용(놀이 참여)	유아들이 표현한 길과 마을의 건물을 전시할 수 있도록 큰 판, 접착제 등을 제공하고 유아들이 원하는 곳에 자신들이 만든 길과 건물을 전시할 수 있도록 지원하였다.

자신들이 만든 것들을 하나씩 붙이며 구성하던 보성이가 빠진 것이 있다고 하며 이야기하였다.

보성: 어? 그런데 찻길에 안내 표지판을 안 만들었네.
교사: 안내 표지판?
보성: (쌓기 영역에 있는 '교통 표지판' 모형을 가져와 보여 주며) 이거요.

예준: 그리고 또 있어. 내가 유치원 오면서 봤는데 길에 글씨도 있어.
'천천히' 이렇게 크게 써 있었어.
교사: 정말 그렇구나.
그럼 우리 직접 나가서 길에 어떤 것들이 있는지 보고 더 만들어 볼까?

교사는 유아들과 함께 이야기를 나눈 후 유치원 주변을 산책하며 길을 탐색한다. 길을 탐색한 후 교사는 '교통 표지판'과 관련된 수교구놀이를 소개해 주고 유아들과 함께 가게 이름표, 신호등, 길바닥에 방향 표시 화살표와 글씨를 기록하여 '꼬불꼬불 길, 마을'을 만든다.

예준: 주차할 때는 여기까지 하라는 거야.

보성: 이건 공사 중이라는 표시지?

서현: 교통 표지판으로 놀이하자.

서윤: 가게 이름표 만들어 주자.
민석: 바닥에 방향 표시 화살표도 만들어 주자.

교수 학습	교사 놀이 지원
놀이 공간의 지원 (다양한 놀이 공간) & 상호작용(놀이 참여)	유아들이 마을 만들기 과정에서 유치원 주변 길에 대해 알고 싶어 해 유아들과 함께 유치원 주변을 산책하였다. 유치원 주변의 찻길, 사람들이 다니는 길 등을 직접 탐색하며 유아들과 상호작용하였다.
놀이 자료의 변화 (교사의 지원 자료) & 상호작용(관찰하기)	유치원 주변을 탐색하면서 유아들이 교통 표지판에 관심을 보여 쌓기 영역에 교통 표지판 모형을 준비해 주었다.
상호작용(놀이 참여)	'교통 표지판' 놀이를 준비하여 함께 놀이하였다.
놀이 자료의 변화 (교사의 지원 자료) & 상호작용(놀이 참여)	유아들이 협의하여 만들기로 한 교통 표지판, 가게 이름표, 방향 표시 화살표 등을 표현하기 위한 재료인 종이, 가위, 풀, 필기도구, 작은 나뭇가지, 접착제 등을 제공하고 함께 놀이를 하였다.

'꼬불꼬불 길, 마을'에서 놀이를 하던 보성이가 교사에게 이야기를 하였다.

보성: 선생님 자꾸 싸워서 안 되겠어요.
약속을 정해서 적어 놓고 해야겠어요.

교수 학습	교사 놀이 지원
놀이 자료의 변화 (교사의 지원 자료) & 상호작용(놀이 참여)	유아들이 약속을 기록할 수 있도록 기록지와 필기도구를 제공하고 글로 기록할 수 있도록 지원하였다.

보성이와 친구들은 '꼬불꼬불 길, 마을'에서의 놀이 방법을 그림과 글로 만들어 붙여 놓고 놀이를 하였다. 그런데 또 이번에도 문제가 생겼다.

서윤: 내가 봤어. 내가 먼저 왔다고.
지용: 아니라고 난 아까부터 여기서 기다리고 있었다고.
창민: 야! 그만해! 싸우지 말고. 우리 순서를 알 수 있게 번호표 만들자.
교사: 그래, 그런 방법이 있었네.
예준: 맞아. 나도 지난번에 음식점에 갔을 때 번호표 받고 기다렸어.

유아들은 번호표를 만들고 오래 사용할 수 있도록 코팅을 하여 놀이를 하였다.

교수 학습	교사 놀이 지원
놀이 자료의 변화 (유아가 요구한 자료)	숫자를 기록할 수 있는 자료를 유아들이 요구하여 종이와 필기도구, 코팅 기계와 필름지를 제공해 주었다.

3) 교사 저널

꼬불꼬불 길, 마을
유아들의 놀이를 살펴보면 대부분 자동차에 관심이 있지 자동차 길에 관심을 갖는 경우는 드물다. 자동차놀이를 하던 유아들은 자동차가 달릴 수 있도록 블록으로 길을 만들면서 자동차 길에 대한 관심을 가지게 되었다. 자동차 매트를 자신이 만든 블록 길 위에 올려놓고 자동차를 밀자, 잘 밀리지 않았다. 유아들은 이러한 문제 해결을 위해 다양한 방법을 시도하며 놀이를 하였다. 유아들이 일정한 높이의 길만 블록으로 쌓아 놀이하는 것을 관찰하고 다양한 높이로도 길을 쌓을 수 있음을 제안하였다. 유아들이 자동차 길과 관련된 놀이를 하면서 점차적으로 실제 자동차 길에 대한 관심을 가지게 되었고 직접 찻길 탐색하기를 원하였다. 유아들은 찻길을 재미있게 구성하여 놀이하기 위해 유치원 차를 타고 찻길 견학을 하고 궁금한 것은 기사님께 질문을 하였다. 또한 유아들은 직접 유치원 주변 길을 걸어 다니며 탐색도 하였다. 도보로 등원하는 유아들도 부모님께 부탁을 하여 부모님 차를 타고 도로를 한 바퀴 돌면서 자신이 관찰해 알게 된 것을 친구들과 함께 이야기 나누며 길을 구성해 나갔다. 자신들이 만든 찻길 한 구간을 놓을 때마다 어떻게 길을 놓았는지, 전체에서 자신이 어떻게 놓아야지 다음에 길이 더 재미있을지에 관해 함께 고민하며 놀이를 하였다. 놀이 과정에서 순서를 지키지 않는 문제가 발생하였으나 유아들은 이것에 대해 서로 협상하며 놀이 규칙을 만들었다. 유아들의 '꼬불꼬불 길, 마을' 놀이는 '나의 찻길'이 아닌 '우리들이 함께 만드는 찻길'로서 의미가 있다. 유아들은 '꼬불꼬불 길, 마을' 놀이를 통해서 혼자보다는 여러 사람이 함께했을 때 더 재미있다는 것을 배울 수 있었다.

4) 놀이 전개에 따른 유아 발달

[꼬불꼬불 길, 마을]

교육 영역		놀이를 통한 유아 발달
[신체운동 · 건강, 의사소통, 사회관계, 지연탐구] 자동차 길을 만들어 놀자 [신체운동 · 건강, 의사소통, 사회관계, 자연탐구] 미끌미끌한 자동차 길	➡	• 탐색–관찰(자동차 길이 울퉁불퉁한 이유–바닥에 있는 블록과 크기가 맞지 않음) • 탐구(자동차 길의 깔판 선택–크기, 공간 개념: 인지력) • 공감: 협상–공감(자동차가 빨리 달릴 수 있도록 블록 위에 길을 만드는 방법)
⬇		
[신체운동 · 건강, 의사소통, 사회관계, 자연탐구] 블록의 수에 따라 길 모양이 달라져	➡	• 탐구–관찰(블록 높이에 따라 다양한 자동차 길)
⬇		
[신체운동 · 건강, 의사소통, 사회관계, 자연탐구] 유치원 차를 타고 보는 찻길 [신체운동 · 건강, 의사소통, 자연탐구] [수] 몇 차선 도로일까?	➡	• 관찰(자동차 도로) • 탐구–표현(탐색한 차선을 수로 표현: 인지력, 확산적 사고)
⬇		
[신체운동 · 건강, 의사소통, 사회관계, 자연탐구] 기사님 궁금해요 [신체운동 · 건강, 의사소통, 사회관계, 예술경험, 자연탐구] 미끌미끌 길과 마을을 만들자	➡	• 탐구–지식(차선에 대한 지식, 실선과 점선의 차이: 인지력) • 표현–창의적 표현(꼬불꼬불한 길과 마을: 언어 능력, 창의력) • 공감: 협력–공감(함께 놀이하기: 사회성)
⬇		

교육 영역	놀이를 통한 유아 발달
[신체운동 · 건강, 의사소통, 사회관계, 자연탐구] 유치원 주변 길을 탐색하자 [신체운동 · 건강, 의사소통, 사회관계, 자연탐구] [수 교구] 교통 표지판 게임 [신체운동 · 건강, 의사소통, 사회관계, 예술경험, 자연탐구] 꼬불꼬불 길, 마을을 구성하자	• 탐구–관찰(도로 표지판: 인지력) • 공감: 규칙–공감(교통 표지판 게임: 사회성)
[신체운동 · 건강, 의사소통, 사회관계, 예술경험, 자연탐구] 싸우지 말고 약속을 만들어 놀이하자	• 공감: 협상–공감(놀이 순서 지키기) • 공감: 규칙–공감(번호표 만들기) • 공감: 배려–공감 • 공감: 자기표현–공감(놀이 규칙 정하기)
[신체운동 · 건강, 의사소통, 사회관계, 예술경험, 자연탐구] 순서 카드를 만들면 되잖아	• 탐구–표현(숫자대로 번호표 만들기–수 세기)

5) 놀이 흐름에 따른 교사 지원

① 자동차 길을 만들어 놀자

▶ 교사 지원

: 놀이 자료의 변화(자동차 모형, 블록, 자동차 길이 그려져 있는 고무판)

: 상호작용(관찰하기-유아 자동차놀이 관찰)

② 미끌미끌한 자동차 길

▶ 교사 지원

: 상호작용(관찰하기-유아 자동차놀이 관찰)

: 상호작용(인지적 질문-유아 놀이의 문제 해결을 위한 힌트)

③ 블록의 수에 따라 길 모양이 달라져

▶ 교사 지원

: 상호작용(제안하기-블록 높이에 따라 다른 자동차 길)

④ 유치원 차를 타고 보는 찻길

▶ 교사 지원

: 놀이 공간의 지원(다양한 놀이 공간-유치원 차 안)

: 일과 구성의 변화(융통성 있는 일과 운영-충분한 현장 관찰을 위해 실내놀이 시간을 조절함)

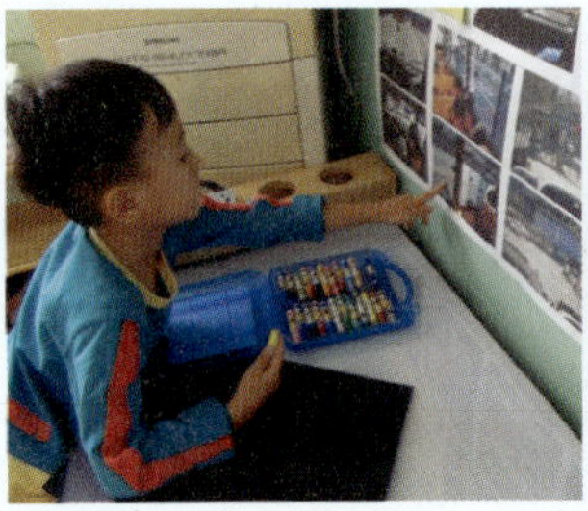

⑤ 기사님 궁금해요

▶ 교사 지원

: 놀이 자료의 변화(놀이지, 필기도구)

: 상호작용(관찰하기-유아가 자동차 길에 관해 기사님에게 묻고 답하는 모습 관찰)

⑥ [수] 몇 차선 도로일까?

▶ 교사 지원

: 놀이 자료의 변화(놀이지, 필기도구)

⑦ 미끌미끌 길과 마을을 만들자

▶ 교사 지원

: 놀이 공간의 지원(공간 확장-미술실과 연결)

: 놀이 자료의 변화(다양한 자료 지원)

⑧ 다양한 교통 표지판이 있어

▶ 교사 지원

: 놀이 공간의 지원(공간 변화-유치원 주변 도로)

: 상호작용(놀이 참여-유치원 주변 도로 함께 관찰)

: 놀이 자료의 변화(교통 표지판 모형, 놀이지, 필기도구)

⑨ [수 교구] 교통 표지판 게임

▶ 교사 지원

: 놀이 자료의 변화(교통 표지판 수놀이 교구)

⑩ 싸우지 말고 약속을 만들어 놀이하자

▶ 교사 지원

: 놀이 자료의 변화(기록지, 필기도구)

: 상호작용(관찰하기-유아 놀이를 관찰)

⑪ 순서 카드를 만들면 되잖아

▶ 교사 지원

: 상호작용(제안하기-유아 놀이를 관찰하며 필요한 것들에 대해 협의함)

: 놀이 자료의 변화(기록지, 필기도구, 코팅 필름지, 코팅기)

: 놀이 공간의 지원(공간 확장-번호표 만들기)

⑫ 우리들이 만든 '꼬불꼬불 길, 마을'

▶ 교사 지원

: 상호작용(정서적 지원-유아의 놀이를 지지하고 격려함)

4. 나는야 유튜버

1) 관찰(탐색)

여름 방학이 끝나고 개학을 하면 유아들은 자신들이 방학 동안 경험했던 것들을 친구들에게 이야기하는 것으로 바쁘다. 여름 방학 동안 이은이가 다녀온 '방송국 견학' 이야기로 '나는야 유튜버' 놀이가 시작되었다.

2) 놀이

이은: 나는 방학 동안에 방송국에 다녀왔어. 거기에는 카메라도 있고 내가 직접 TV에 나왔어.

소율: 오늘의 뉴스를 이야기해 드리겠습니다.
혜성: 우리도 방송국 가면 좋겠다.

KBS 방송국 견학

교수 학습	교사 놀이 지원
상호작용 (관찰하기) & 놀이 자료의 변화 (교사의 지원 자료)	자신들이 방학에 경험했던 것을 이야기 나누는 과정에서 방송국에 다녀왔다는 이은이의 이야기를 들은 유아들은 방송국에 가 보고 싶다고 하였다. 쌓기 영역에 블록을 쌓고 방송국놀이를 하는 유아들의 놀이를 지원하기 위해 이은이가 다녀온 방송국 사진을 전시하고 테이블을 제공하였다.
놀이 공간의 지원 (공간 변화)	방송국 견학을 하고 싶어 하는 유아들의 의견을 받아들여 유아들과 함께 KBS 방송국 견학을 하였다.

도연: 방송국놀이 하자.
찬우: 우리가 뉴스를 진행해 봤잖아. 그니까 아나운서가 있어야지.

진하: 다 알아보기 힘드니까 이 중에서 궁금한 것을 알아보고 같이 이야기하자.

재언: 오늘 9시 뉴스 때 일기 예보 방송해야 하니까 예쁘게 해 주세요.

도연: 카메라 준비 됐어요.
재언: 오늘의 날씨를 이야기해 드리겠습니다.

교수 학습	교사 놀이 지원
상호작용(놀이 참여)	방송국에 다녀온 후 '방송국에서 일하는 사람들'에 대해 이야기하고 가정과 연계하여 조사 활동을 할 수 있도록 지원하였다.
놀이 공간의 지원 (공간 확장) & 놀이 자료의 변화 (유아가 요구한 자료)	방송국에서 일하는 다양한 직업 중 메이크업 아티스트에 관심을 갖은 소율이는 자신의 소품(머리핀, 액세서리, 유아용 매니큐어 등)을 가져와 친구들과 분장을 하고 방송국놀이를 하고 싶어 했다. 교사는 놀이를 할 수 있게 소품을 전시해 주고 쌓기 영역과 역할 영역을 통합하여 공간을 넓게 지원하였다.

놀이를 하던 선우가 쌓기 영역에 전시되어 있는 사진을 보며 이야기하였다.

선우: 여기 이게 KBS라고 써 있는 거야.
채하: 나도 알아.
선우: 그런데 왜 이름이 영어일까?
도연: 정말, 왜 영어인지 우리 알아보자.

유아들은 교사의 도움을 받아 'KBS'는 한국 방송국이라는 뜻의 영어 약자라는 것을 알게 되었다.

채하: 그런데 여기 있는 파란색 인형은 뭘까요?
선우: 파란색 인형? 뭐지?
채하: 선생님, 우리 이것도 알아봐요.

유아들은 교사의 도움을 받아 컴퓨터를 이용해 파란 인형은 KBS 방송국의 마스코트라는 것을 알게 되었다. 자신들이 궁금해했던 것들을 알게 된 선우는 "아! 그럼 우리 방송국에도 만들어야 겠네."라고 하며 쌓기 영역에 구성되어 있는 방송국의 이름과 함께 마스코트를 만들자고 친구들에게 이야기하였다.

채하: 그런데 여기 있는 파란색 인형은 뭘까요?

교사: KBS 방송국의 마스코트야.

선우: 아! 그럼 우리 방송국에도 이름을 만들고 마스코트도 만들어야겠네.

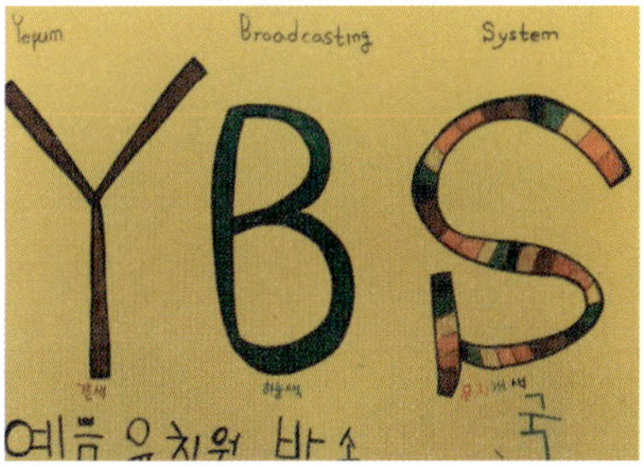

도연: '예쁨 유치원 방송국' 어때? '예쁨 유치원'은 자연에서 많이 놀기 때문에 갈색, '방송'은 하늘로 날아가기 때문에 하늘색, '국'은 우리들이 좋아하는 무지개색으로 하자.

교사: 자기가 그린 마스코트를 설명해 보자.

선우: 치타처럼 빠르게 뉴스가 전해지라고요.

윤성: 우리들의 소식을 듣고 해처럼 밝게 웃으라고요.

소율: 꽃향기가 퍼져 나가는 것처럼 소식이 전해지라고요.

우현: 바람처럼 빨리 소식이 전해지라고요.

교수 학습	교사 놀이 지원
놀이 자료의 변화 (교사의 지원 자료) & 상호작용 (놀이 참여)	유아들이 컴퓨터를 이용해 'KBS 방송국'의 마스코트에 대해 알아 볼 수 있도록 지원하였다.
	마스코트를 디자인할 수 있는 종이와 필기도구를 제공해 주고 함께 놀이를 하였다.

유아들의 '예쁨 유치원 방송국' 놀이는 점점 자신들이 생활에서 자주 접하는 유튜버를 흉내 내는 놀이로 확장되어 진행되었다.

교사: 너희들 지금 어떤 놀이를 하고 있는 거야?

혜성: 지금 노래 가르쳐 주고 있어요.

치훈: 나는 지금 방송을 보면서 컴퓨터로 재미있다고 해 주는 거예요.

교사: 그렇구나.

소율: 선생님, 이것도 방송하는 거예요. 엄마 컴퓨터로 봤거든요.

혜성: 네, 맞아요. 이건 유튜브예요. 유튜브!

유아들은 개인 방송 '유튜브'에 대해 이야기하고 있었다. 그래서 교사는 놀이평가 시간에 쌓기 영역에서 진행되고 있는 '유튜브' 놀이에 대해 소개하였다.

진하: 그런데 나는 유튜브를 본 적이 없어서 잘 모르거든.
교사: 그래? 그럼 어떻게 하고 싶은데?
진하: 좀 알아보면 좋겠는데.
교사: 그래? 그럼 유튜브에 대해서 궁금한 것들을 알아볼까?
진하: 네!

유아들과 유튜브에 대해 궁금한 것들을 정리하며 컴퓨터를 이용해 유튜브에 대해 알아보던 중 교사는 유치원 졸업생 중 유튜브를 운영하는 형님이 있다는 것을 알게 되었고 궁금했던 것들을 유튜버 졸업생 형님에게 물어보게 하였다.

교수 학습	교사 놀이 지원
상호작용 (관찰하기 & 놀이 참여)	유아들의 놀이를 관찰하면서 방송국놀이가 개인 방송인 '유튜버' 놀이로 확장된 것을 알 수 있었다. 유튜브에 대해 궁금해하는 유아들을 위해 졸업생 중 유튜버를 찾았고 도움을 요청하였다. 유튜버 활동을 하고 있는 졸업한 선배는 유아들이 궁금해하는 것들에 관해 영상을 찍어 알려 주었고 교사는 함께 영상을 보며 알게 된 것을 기록으로 남겨 유아들이 잊어버리지 않도록 지원하였다.

유튜버: 안녕? 나는 '하은 톡톡'에 하은이야.
너희들이 유튜브에 대해 궁금해하는 것을 알려 줄게.
우현: 하은이 누나가 알려 준 것들을 잊어버리지 않게 기록해 놓자.

유튜브에 대해 알게 된 유아들은 쌓기 영역에 구성한 방송국을 개인 방송에 맞게 컴퓨터 화면으로 다시 구성하였다.

유튜브 방송을 시작한 유아들은 자신들을 '닉네임'으로 서로 불렀다.

정별: 나는 케리 언니야.
혜성: 나는 재미스야.
교사: 그건 너희들 이름이야?
정별: 아니요, 내가 가장 좋아하는 유튜브에 나오는 언니 이름이에요.
혜성: 나는 재미있으니까 재미스예요. 하하하!

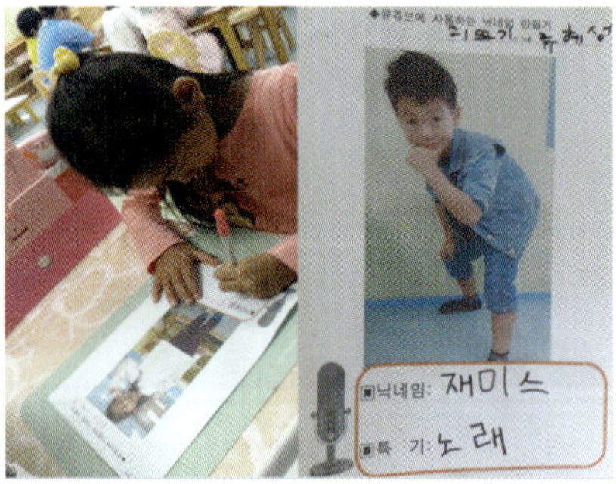

교수 학습	교사 놀이 지원
상호작용 (놀이 참여)	유아들의 '유튜브 닉네임 만들기' 놀이에 함께 참여하였다.

  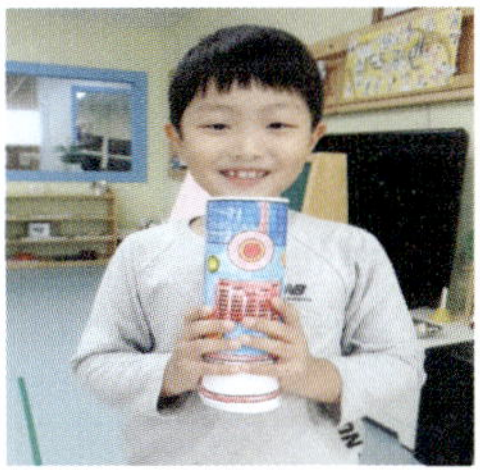

찬우: 우리는 휴대 전화기로 유튜브 보는 사람들이에요.

선우: 하하하! 재미있다. '좋아요' 눌러 줘야지.

교수 학습	교사 놀이 지원
놀이 자료의 변화 (교사의 지원 자료) & 상호작용 (놀이 참여)	유아들의 '유튜버' 놀이를 위해 실제 조작할 수 있는 카메라와 삼각대를 제공해 유아들이 자신들이 놀이한 것을 녹화하고 확인할 수 있게 지원하였다. 휴대 전화기의 수를 더 많이 제공하여 유아들의 놀이가 원할할 수 있도록 하였고, 놀이를 할 때 사용할 수 있는 (진동으로 울리는) 마이크를 만들 수 있도록 놀이 자료를 제공하였다.

유아들은 직접 카메라를 움직여 위치를 조정하기도 하고 자신들이 유치원 생활에서 했던 것(요리, 점토놀이, 노래 부르기 등)들을 중심으로 다양한 주제의 놀이를 하였다.

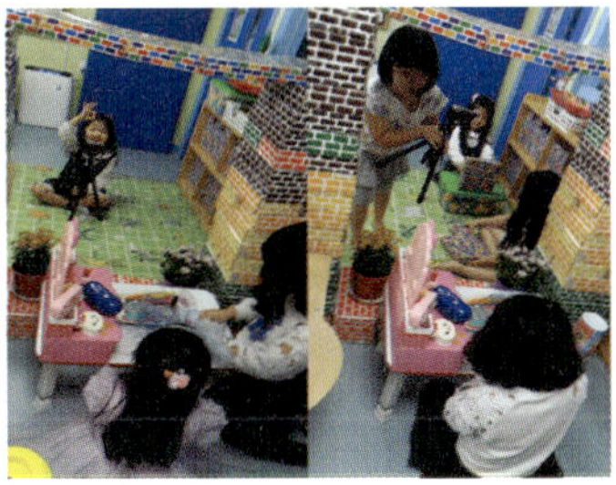 

3) 교사 저널

나는야 유튜버

2019년 교육부와 한국직업능력개발원의 조사에 따르면, 전국 초등학생의 장래 희망 직업은 1위 운동선수, 2위 교사, 3위가 유튜버(크리에이터), 4위가 의사라고 한다(SBS, 2019. 12. 10.). '유튜버' 놀이는 이런 시대적인 흐름을 잘 보여 준 놀이라고 생각한다.

방송국 견학을 하면서 방송국에서 찍은 사진들은 유아들에게 방송국놀이에 더욱 관심을 가지게 하였다. 유아들의 방송국놀이에 대한 탐색은 탐구 활동으로 이어졌다. 방송국에서 일하는 사람들과 역할 그리고 방송국의 마스코트까지 자신이 궁금한 것들을 탐구하면서 놀이는 심화되었다. 유아들은 블록으로 방송국을 재현하고 자신의 방송국 이름과 마스코트를 만들며 적극적으로 놀이에 참여하는 모습을 보였다.

이렇게 방송국놀이를 하던 유아들은 점점 '유튜버'를 흉내 내며 방송국놀이에서 '유튜버' 놀이로 확장되었다. 유튜브에 대해 궁금해하는 유아들을 어떻게 지원해 줄 수 있을까 고민하던 가운데 졸업생 중 실제로 활동하고 있는 유튜버가 있음을 알게 되었다. 선배 유튜버에게 유아들이 궁금한 것을 물어볼 수 있도록 지원해 주었다. 유아들은 선배 유튜버의 영상을 통해 유튜브에 관해 알게 된 후 쌓기 영역에 구성한 방송국을 개인 방송을 위한 컴퓨터 화면으로 꾸미고 닉네임을 만들어 서로 부르며 유튜버가 되었다.

유튜브의 주제가 다양하다는 것을 인식한 유아들은 자신이 경험한 것을 유튜브 주제로 정하였다. 그중 노래 부르기를 소개했던 남자 유아는 한글을 잘 모르는 유아였다. 남자 유아는 노래를 알려 주기 위해 노랫말이 있어야 한다며 며칠에 걸쳐 교사의 도움을 받으며 한글로 노랫말을 기록하여 가사판을 만들었다. 만약 한글을 가르치려는 목적만을 가지고 배움에 접근했다면 유아가 그토록 자발적이고 적극적인 모습을 보였을까 하는 생각을 하게 되었다. 유아의 놀이는 스스로 동기를 지니고 배워 나가며 성장하게 해야 한다는 것을 '유튜버' 놀이를 통해 알 수 있었다.

4) 놀이 전개에 따른 유아 발달

[나는야 유튜버]

교육 영역	놀이를 통한 유아 발달
[신체운동 · 건강, 의사소통, 사회관계, 예술경험] 방학 동안 방송국 다녀왔어 [신체운동 · 건강, 의사소통, 사회관계, 예술경험, 자연탐구] 방송국놀이 [신체운동 · 건강, 의사소통, 사회관계, 예술경험, 자연탐구] [견학] 우리도 방송국 가요	• 공감: 자기표현–공감(자신의 감정과 생각을 언어로 표현) • 표현–언어적 표현 • 공감: 협력–공감(방송국놀이)
⬇	
[신체운동 · 건강, 의사소통, 사회관계] 방송국에서 일하는 사람들 [의사소통, 사회관계] 우리 방송국에서 일하는 사람들을 나누어서 알아보자	• 탐구–지식(방송국에서 일하는 사람)
⬇	
[신체운동 · 건강, 의사소통, 사회관계, 예술경험, 자연탐구] 분장실에서 분장하고 일기 예보를 해요 [신체운동 · 건강, 의사소통, 사회관계, 예술경험, 자연탐구] 여기 사진에 'KBS'가 뭐야? / 파란색 인형은 뭘까? [신체운동 · 건강, 의사소통, 사회관계, 예술경험, 자연탐구] 예쁨 유치원 방송국과 마스코트	• 표현–창의적 표현(방송국 소품) • 공감: 협력–공감(방송국에서 일하는 사람 역할놀이) • 탐구(KBS, 상징 인형)
⬇	

교육 영역	놀이를 통한 유아 발달
[신체운동 · 건강, 의사소통, 사회관계] 혼자하는 방송도 있어 [의사소통, 사회관계, 자연탐구] 유튜버가 궁금해요 [신체운동 · 건강, 의사소통, 사회관계, 예술경험, 자연탐구] 유튜버 방송실을 구성하자	• 탐구–지식(유튜브와 유튜버) • 공감: 협상–공감 • 공감: 협력–공감 • 공감: 배려–공감 • 표현–창의적 표현(유튜브 방송국놀이, 유튜버 방송실 구성하기)
[신체운동 · 건강, 의사소통] 나는 재미스야!	• 표현–언어적 표현(닉네임 만들기)
[신체운동 · 건강, 의사소통, 사회관계, 예술경험, 자연탐구] 나는야 유튜버	• 표현–창의적 표현(유튜브 방송국놀이) • 공감: 자기표현–공감(유튜버놀이) • 공감: 협상–공감 • 공감: 협력–공감 • 공감: 배려–공감

5) 놀이 흐름에 따른 교사 지원

① 방학 동안 방송국 다녀왔어

▶ 교사 지원

: 상호작용(놀이 참여–여름 방학 동안 경험한 것에 대해 이야기 나눔)

② [견학] 우리도 방송국 가요

▶ 교사 지원

: 놀이 공간의 지원, 놀이 자료의 변화, 일과 구성의 변화(KBS 방송국 견학)

: 상호작용(제안하기–방송국을 견학하며 상호작용함)

③ 우리 방송국에서 일하는 사람들을 나누어서 알아보자

▶ 교사 지원

: 상호작용(놀이 참여–방송국에서 일하는 사람에 대해 알아보고 함께 이야기 나눔)

④ 분장실에서 분장하고 일기 예보를 해요

▶ 교사 지원

: 놀이 공간의 지원(공간 확장–쌓기 영역과 역할 영역 통합)

: 놀이 자료의 변화(머리핀, 액세서리, 유아용 매니큐어)

: 상호작용(정서적 지원–유아들의 방송국놀이 지지)

⑤ 여기 사진에 'KBS'가 뭐야?
/ 파란색 인형은 뭘까?

▶ 교사 지원
: 놀이 자료의 지원(컴퓨터)
: 상호작용(놀이 참여–유아들과 KBS 방송국 마스코트에 대해 컴퓨터를 이용해 알아봄)

⑥ 유튜버가 궁금해요

▶ 교사 지원
: 놀이 자료의 변화(졸업생 유튜버의 영상, 놀이지, 사진, 필기도구)
: 상호작용(놀이 참여–졸업생 중 유튜버 섭외, 유아들과 궁금한 것에 대해 이야기하고 영상으로 기록)

⑦ 유튜버 방송실을 구성하자

▶ 교사 지원
: 상호작용(관찰하기–유아 놀이 관찰)

⑧ 나는야 유튜버

▶ 교사 지원
: 상호작용(정서적 지원–유아들의 유튜버놀이를 지지하고 격려함)
: 놀이 자료의 변화(카메라, 삼각대, 휴대 전화기, 진동으로 울리는 마이크 만들기 준비)
: 상호작용(놀이 참여–유아와 카메라 조작 방법에 대해 이야기 나누고 녹화한 것을 확인하기)

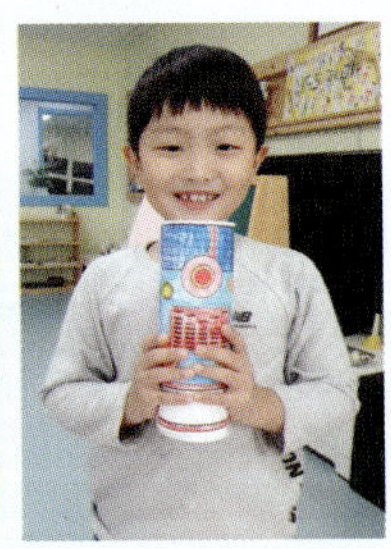

11장 가 을

1. 슈퍼 파워놀이

1) 관찰(탐색)

유아들은 월미공원으로 소풍을 나갔다. 정형화되어 있지 않은 공간에서 유아들의 놀이는 교실에 있을 때보다 더 활동적이고 창의적이다. 월미공원에서 우연히 만난 둥근 반원의 공간은 유아들을 슈퍼 파워놀이로 이끌었다.

2) 놀이

월미공원을 산책하던 중 월미공원 꼭대기에 성벽이 쌓아져 있는 곳을 발견하였다. 유아들은 자연스럽게 성벽 위로 올라갔고 놀이를 시작하였다. 성벽을 보고 보성이가 재미있어하며 뛰자 다른 유아들도 소리를 지르며 뛰어가고 교사도 함께 달리기를 하였다.

보성: (반원 공간을 이용해 왔다 갔다 달리기를 하며) 아~ 아아~~!

우찬: 우아! 완전 재미있어.

교사: 정말 재미있네.

민재: 선생님 이것 봐요. 나는 더 높이 갈 수 있어요.

교사: 아! 뒤로 가면 더 멀리까지 갈 수 있구나.

보성: (달리기를 하며) 힘을 내요! 슈퍼 파워!

보성이를 따라 유아들은 '슈퍼 파워'를 외치며 달리기를 하였다.

교수 학습	교사 놀이 지원
놀이 공간의 지원 (공간 변화) & 일과 구성의 변화 (놀이 시간 연장) & 상호작용(놀이 참여)	유아들이 자유롭게 뛰면서 신체를 조절하고 자신의 몸에 따른 움직임을 인지할 수 있도록 상호작용하며 놀이에 참여하였다.

소풍을 다녀온 유아들은 쌓기 영역에 월미공원 공간을 만들고 놀이를 한다. 유아들은 한 줄로 서 태민이의 신호에 맞추어 '슈퍼 파워'를 외치며 달리기를 한다.

태민: 준비! 땅!

보성: 에이, 우리가 뛰니까 자꾸 블록이 망가지네.

민석: 어 그래, 계속 만들어서 힘들다.

보성: 우리 몸으로 말고 다른 것으로 하면 좋을 것 같은데.

교사: 너희들 몸으로 하는 것 말고 다른 것을 찾는구나.
너희들이 달리기를 할 때 몸이 어떻게 됐니?

민석: 여기서 뛰어서 저쪽으로 가면 왔나 갔나 해요.

교사: 그래, 너희들이 달리기를 할 때 몸 모양을 생각해 봐.

보성: (달리기를 하는 모습으로 몸을 만들고) 아! 이렇게 구부러져요.

교사: 그래, 몸이 앞으로 둥글게 변하는구나.

민석: 아 맞다! 공이다. 우리 몸이 동그래지니까.

유아들은 교사에게 공을 준비해 달라고 하고 이때부터 공을 이용해 슈퍼 파워 놀이를 하였다.

교수 학습	교사 놀이 지원
상호작용 (인지적 질문)	유아들이 스스로 구성해 놓은 곳에서 놀이를 하면서 블록이 자꾸 망가진다고 속상해하였다. 유아들에게 새로운 방법을 찾아 놀이를 할 수 있도록 '슈퍼 파워'라고 할 때 몸의 모양에 대한 질문을 하였다. 유아들은 교사의 질문에 답을 하면서 공을 이용해 슈퍼 파워놀이를 할 수 있음을 스스로 생각하게 되었다.

유아들은 공을 이용해 놀이를 한다. 바닥과 블록 사이의 공간에 작은 블록을 놓아 공이 굴러갈 수 있도록 경사를 만들려고 하지만 블록이 너무 작아 경사를 만들 수 없다.

보성: 얘들아 잠깐만! (손으로 블록 턱을 가리키며) 여기 때문에 공이 자꾸 멈추잖아.
우찬: (바닥과 블록 사이에 작은 블록을 놓으며) 어 이건 너무 작은데?
지연: (크기가 같은 블록을 놓으며) 이 블록으로 하면 되잖아.
예주: 어! 그렇구나.
서현: 여기에 벽을 만들면 공이 다른 곳으로 가지 않아.

교사: 얘들아, 너희들 슈퍼 파워놀이 할 때 모두 똑같이 공을 굴리잖아.
그런데 왜 공이 왔다 갔다 하는 횟수가 다른 거야?
지연: 어 사람마다 힘이 센 사람도 있고 약한 사람도 있으니까요.
교사: 그래? 그럼 같은 사람이 같은 힘으로 공을 굴리면 공이 구르는 횟수도 같겠네?
지연: 네.
교사: 그럼 지연이가 한번 해 볼래?
(다른 종류의 공을 주면서) 여기 2개의 공으로 해 보자.
우찬: 어? 다르다.
교사: 왜 그런 걸까? 지연이는 같은 힘으로 굴렸는데?
이 공을 굴릴 때랑 저 공을 굴릴 때가 다른 걸까?
보성: 아! 공이 달라요.

공의 종류에 따라 길 위에서 공이 구르는 횟수가 달라질 수 있다는 것을 알게 된 유아들은 교사가 준비한 다양한 공(볼풀공, 축구공, 탱탱볼)을 굴려 보며 놀이를 하였다. 공의 크기와 무게에 대해 알아보는 놀이를 지원하기 위해 교사는 유치원 입구 언덕길을 이용해 공굴리기놀이를 하며 공에 대해 탐색할 수 있는 기회를 제공하였다. 유아들은 쌓기 영역에 구성되어 있는 '슈퍼 파워 길'에서, 유치원 입구 '초록 언덕'(초록색으로 된 언덕이라고 하며 유아들이 이름을 지어 줌)에서 다양한 방법(무게, 크기가 다른 공/ 같은 크기에 무게가 다른 공)으로 놀이를 하였다.

교수 학습	교사 놀이 지원
놀이 공간의 지원 (공간 변화) & 상호작용 (인지적 질문)	유아들이 사람의 힘과 관계없이 공 자체가 갖고 있는 특성에 따라 공의 움직임이 달라질 수 있음을 알 수 있도록 질문을 통해 상호작용하였다. 다양한 크기와 무게, 같은 크기지만 다른 무게를 가진 여러 개의 공을 제공하여 유아가 직접 굴려 보면서 움직임의 차이를 경험할 수 있도록 지원하였다.

공놀이를 통해 크고 무거운 공이 '슈퍼 파워 길' 위를 많이 왔다 갔다 한다는 것을 알게 된 유아들은 친구들과의 협의를 통해 슈퍼 파워놀이를 준비하였다.

동성: 대회니까 잘하면 금메달을 받아야 해!

규현: 경기 방법을 기록해 놓자.

지민: 깃발을 만들어서 시작할 때 내리자.

보성: 대회를 알리는 현수막이 있어야 하니까 같이 만들자.

교수 학습	교사 놀이 지원
놀이 자료의 변화 (교사의 지원 자료) & 상호작용 (놀이 참여)	유아들은 '슈퍼 파워 대회'에 필요한 것들을 친구들과 협의하고 서로 역할을 분담하여 준비하기 시작하였다. 유아의 놀이가 활성화될 수 있도록 필요한 자료인 메달을 만들 수 있는 점토, 점토 칼, 금색 래커, 리본 끈, 활동지, 깃발을 만들 검은 종이, 막대기 2개, 테이프, 크레파스, 물감, 색연필을 제공하여 함께 대회를 준비하였다.

슈퍼 파워 대회 날 유아들은 먼저 크기가 크고 무거운 공을 골라 심판의 출발 소리와 함께 놀이를 시작하였다. 경기 방법은 공을 굴려 공이 구른 길(공이 왔다 갔다 한 길이)을 리본 끈으로 측정하고 그 리본을 강당에 모두 붙여 가장 긴 유아가 우승을 하는 방법이다.

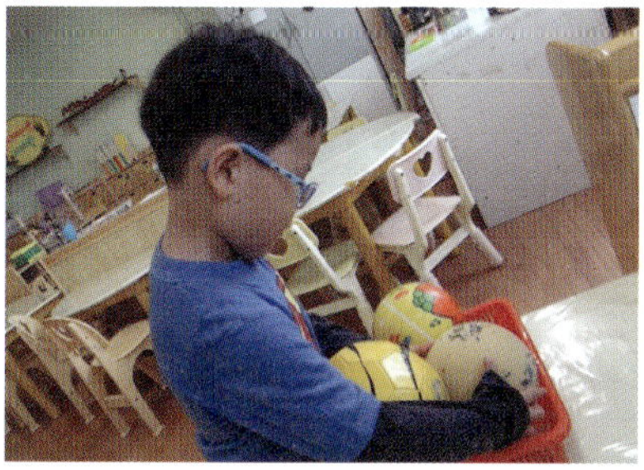

민석: 크고 무거운 공을 골라야지!

민재: 힘을 내요. 슈퍼 파워! 출발!

지민: 처음부터 여기까지 두 번 왔다 갔다 했어.

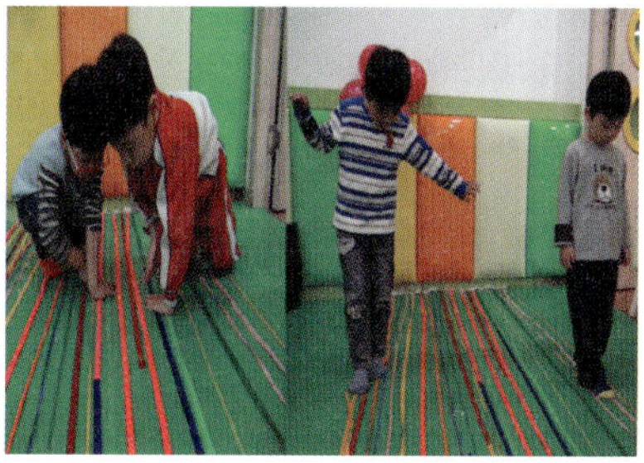

준서: 내 발은 스무 번 나왔어.
민재: 내 발은 스물한 번.
준서: 하하하! 내가 발이 더 크지?

교수 학습	교사 놀이 지원
놀이 공간의 지원 (공간 확장) & 상호작용 (놀이 참여)	유아들의 '슈퍼 파워 대회' 놀이 진행을 지원하면서 자신의 신체를 이용해 길이를 측정하는 유아의 모습을 관찰할 수 있었다. 측정한 길이를 숫자로 기록할 수 있도록 지원하면서 신체 크기에 따라 측정한 값이 다르게 나올 수 있음을 알 수 있도록 하였다.

유아들은 슈퍼 파워놀이 사후 활동으로 '슈퍼 파원 재밌다' 노래를 만들어 불렀다.

교수 학습	교사 놀이 지원
상호작용 (정서적 지원)	유아들은 친구들과 협의하여 '예쁘지 않은 꽃은 없다'(섬진강 아이들[마암분교 아이들] 시, 백창우 작곡) 노래를 개사하여 '슈퍼 파원 재밌다' 노래로 바꾸어 불렀다. 유아들이 개사한 노래를 지지하고 격려하였다.

3) 교사 저널

슈퍼 파워놀이

유아들이 슈퍼 파워놀이를 시작하게 된 계기는 소풍을 갔을 때이다. 넓은 공간에서 유아들은 '슈퍼 파워'를 외치며 달리고 또 달렸다. 유아들이 왜 그렇게 뛰는지 궁금하였다. 유아에게 물어보니 "선생님 여기는 뛸 수 있잖아요. 시워해요. 집에서는 아랫집 할머니가 올라와서 못 뛰어요."라고 대답하였다. 대부분이 아파트에서 생활하는 요즘 아이들은 뛸 수가 없다. 뛸 수 있는 공간에서 마음껏 소리를 지르며 달리는 것은 유아들에게 있어 마음을 시원하게 해 주는 치료제와 같은 것이었다.
유아들의 즐거웠던 감정은 교실로도 연결되어 블록으로 공간을 구성해 놀이를 하였다. 그러나 밖에서와 같이 신나게 뛸 수 없는 공간의 협소함으로 인해 유아들은 예전처럼 놀이가 재미있게 느껴지지 않는 것 같았다. 유아들에게 자신이 아닌 대체물을 이용해 놀이를 할 수 있도록 뛸 때의 자신의 몸의 모양과 움직임을 연상하도록 질문하였다. 유아들은 질문을 통해 공을 생각해 내었고 놀이에 적용하면서 공의 무게와 크기와 같은 특성에 따라 공의 움직임도 달라질 수 있음을 인식하게 되었다.
또한 '슈퍼 파워 대회'를 준비하면서 일정한 규칙이 있어야 한다는 것도 알게 되어 친구들과 놀이 규칙을 협의하여 만들었다. 대회를 마친 후에도 유아들은 실내 공간에서는 공을 던져 놀이를 즐겼고 실외 공간에서는 자신의 몸을 던져 '슈퍼 파워'를 외치며 놀이를 하였다.
숲에서 또는 공원에서 '슈퍼 파워'를 외치며 뛰어다니는 유아들의 놀이는 자유롭게 몸을 움직이면서 즐거움과 기쁨을 느끼게 하였고, 그것을 통해 신체 조절을 할 수 있게 하였으며, 몸의 움직임에 따른 정서 순화를 경험하고 배우게 하였다.

4) 놀이 전개에 따른 유아 발달

[슈퍼 파워놀이]

교육 영역	놀이를 통한 유아 발달
[신체운동 · 건강, 의사소통, 사회관계, 자연탐구] 슈퍼 파워놀이	• 탐색–신체적 탐색(자신의 몸의 움직임 인식)
[신체운동 · 건강, 의사소통, 사회관계, 자연탐구] 우리들이 직접 하면 망가져 [신체운동 · 건강, 의사소통, 사회관계, 자연탐구] 공이 갈 수 있는 길을 만들자	• 탐색(달릴 때 변하는 자신의 신체 모양) • 공감: 협력–공감 • 탐구–관찰(공이 블록에 걸림)
[신체운동 · 건강, 의사소통, 사회관계, 자연탐구] 어떤 공이 잘 굴러갈까?	• 탐구–인지(크고 무거운 공이 가장 빠르게 내려감, 동일한 힘에서도 공의 크기와 무게에 따라 다르게 굴러간다는 것을 인식함: 인지력)
[신체운동 · 건강, 의사소통, 사회관계, 예술경험, 자연탐구] 슈퍼 파워 대회 준비	• 공감: 협력–공감(슈퍼 파워 대회 준비: 사회성)
[신체운동 · 건강, 의사소통, 사회관계, 자연탐구] 즐거운 슈퍼 파워 대회	• 표현–창의적 표현(자신의 신체를 이용한 길이 측정: 사회성, 창의력, 인지력)
[신체운동 · 건강, 의사소통, 사회관계, 예술경험, 자연탐구] '슈퍼 파원 재밌다' 노래 만들기	• 표현–창의적 표현, 언어적 표현(슈퍼 파워 노랫말 만들기) • 공감: 자기표현–공감(언어 능력, 창의력)

5) 놀이 흐름에 따른 교사 지원

① 슈퍼 파워놀이
▶ 교사 지원
: 놀이 공간의 지원(공간 변화–월미공원)
: 일과 구성의 변화(놀이 시간 연장)
: 상호작용(놀이 참여–힘께 달리기)

② 우리들이 직접 하면 망가져
▶ 교사 지원
: 상호작용(인지적 질문–달릴 때 몸 모양에 대해 이야기 나눔)

③ 공이 갈 수 있는 길을 만들자
▶ 교사 지원
: 상호작용(정서적 지원–유아의 놀이 지지)
: 놀이 자료의 변화(다양한 공)

④ 어떤 공이 잘 굴러갈까?
▶ 교사 지원
: 상호작용(인지적 질문–공의 크기와 무게에 따라 굴러가는 횟수가 어떻게 달라지는지 이야기 나눔)

⑤ 크고 무거운 공이 가장 먼저 아래로 간다

▶ 교사 지원

: 상호작용(놀이 참여-유아들과 함께 공놀이)

: 놀이 공간의 지원(공간 변화·공간 확장-유치원 입구)

⑥ 슈퍼 파워 대회 준비

▶ 교사 지원

: 놀이 자료의 변화(리본 끈, 점토, 점토 칼, 금색 래커, 활동지, 검은색 종이, 막대기, 테이프, 크레파스, 물감)

⑦ 즐거운 슈퍼 파워 대회

▶ 교사 지원

: 상호작용(놀이 참여)

⑧ '슈퍼 파워 재밌다' 노래 만들기

▶ 교사 지원

: 상호작용(놀이 참여-교사는 유아들과 협의하여 '예쁘지 않은 꽃은 없다' 노래를 개사하여 '슈퍼 파원 재밌다' 노래로 바꾸어 부르기를 함)

2. 착한 허수아비와 행복한 참새

1) 관찰(탐색)

가을 소풍 때 우연히 만난 논. 그런데 논이 무언가 이상하다. 위에 논과 아래 논의 색이 다른 것을 보고 호기심을 갖은 지호가 주변에 계신 농부 아저씨께 왜 논이 다른지 물었고 그때부터 놀이는 시작되었다.

2) 놀이

가을 소풍 중 갑자기 지호가 소리친다.

지호: 어! 논 색이 달라.

지호가 뛰어가자 다른 유아들도 무슨 일인지 궁금해하며 함께 논이 있는 곳으로 뛰어간다.

예주: 정말 위에 논은 색깔이 갈색 같고 아래는 노랗게 되어 있어.
준서: 저기 농부 아저씨 계신다.
지호: 농부 아저씨, 왜 논 색깔이 달라요?
농부: 위쪽 논에는 볍씨가 없는 쭉정이만 있고 아래는 볍씨가 있어서 그래.
예준: 우리 쭉정이 아는데. 안에 아무것도 없는 건데.
예주: (볍씨를 하나 까 보며) 정말 속에 아무것도 없어.
지호: 그런데 왜 이렇게 된 거예요?
농부: 위에는 허수아비가 없어서 참새들이 모두 볍씨를 먹었고,
아래는 허수아비가 지켜서 아직 볍씨가 있어서 그런 거야.
지호: 아! 그러면 우리 논도 쭉정이만 남을 수 있으니까 빨리 허수아비 만들어야겠다.

유치원으로 돌아온 유아들은 허수아비 만들기를 계획하였다. 먼저 참새가 무서워하는 것이 어떤 것이 있는지 알아야 그것들을 이용해 허수아비를 만들 수 있다고 의견을 모은 유아들은 가정과 연계하여 '참새가 무서워하는 것'이 무엇인지 조사하여 찾아보았다.

교수 학습	교사 놀이 지원
상호작용 (놀이 참여)	허수아비를 만들기로 한 유아들은 볍씨를 먹는 참새가 무서워하는 것이 무엇인지 가정과 연계하여 조사 활동을 하고자 하였다. 교사는 조사지를 만들어 가정에서도 연계하여 조사 활동을 할 수 있도록 지원하였다.

참새가 가장 무서워하는 것은 '사람'과 '시끄러운 큰 소리'라는 것을 알게 된 유아들은 필요한 준비물을 가정에서 그리고 유치원 주변 산을 산책하며 준비하였다.

영민: 이 풀은 길쭉한 머리카락 같아.
동성: 사람 얼굴에서 머리카락으로 사용하면 될 것 같아.

준서: 벼 키보다 커야지 허수아비가 보이니까 벼보다 위로 길이를 측정해야 해.

우성: 이게 우리들이 만들고 싶은 허수아비야.

동성: 어떤 허수아비를 만들면 참새가 오지 않을까?

교수 학습	교사 놀이 지원
놀이 공간의 지원 (다양한 놀이 공간) & 놀이 자료의 변화 (유아가 요구한 자료)	유아들과 유치원 주변을 산책하며 허수아비 재료로 적당한 것을 탐색하며 함께 준비하였다. 허수아비 몸으로 사용할 가장 긴 막대는 직접 논으로 가 벼의 키를 측정하였으며 유아들이 줄자를 이용해 길이를 측정할 수 있도록 지원하였다. 유아와 함께 측정한 벼의 길이보다 더 긴 막대를 숲에서 구해 유치원으로 옮겨 주었다.
놀이 자료의 변화 (교사의 지원 자료) & 상호작용(놀이 참여)	유아들이 만들고 싶은 허수아비를 친구들과 협력하여 디자인하였다. 그것들 중 가장 마음에 드는 것을 그래프놀이를 통해 선택하고 수놀이로도 활용될 수 있게 지원하였다.

자신들이 선택한 디자인에 따라 허수아비를 만들고 텃밭으로 옮겼다. 텃밭으로 옮긴 후 허수아비를 세우고 깡통 속에 작은 돌을 넣어 흔들릴 때마다 소리가 나게 해 주었다.

보성: 주렁주렁 소리 나는 깡통을 달자.

서윤: 영차영차!
규연: 우리 꼭 개미 같다.

지호: 돌을 넣으면 바람이 불 때마다 소리가 나.

교수 학습	교사 놀이 지원
놀이 공간의 지원 (공간 확장) & 상호작용 (놀이 참여)	허수아비 만들기를 할 수 있게 미술 영역을 넓게 배치하고 허수아비 만들기 과정에서 구멍 뚫기, 접착하기처럼 유아들이 실행하기 어려워하는 것을 지원하였다.
기타(안전)	유아들이 만든 허수아비를 텃밭까지 안전하게 옮기고, 전시할 수 있도록 지원하였다.

허수아비를 만들어 전시한 후 참새에 더 많은 관심이 생긴 유아들은 '허수아비 아저씨'(김규환 작사·작곡) 노래를 '무서운 허수아비'로 개사하여 부르고 '벼 이삭을 먹는 동물'에는 어떤 것들이 있는지 알아보았다. 또 벼 이삭을 먹는 참새는 어떤 새인지에 대해서도 알아보는 놀이를 하였다. 그러던 중 준서가 참새가 해충을 먹는다는 것을 알아 내어 이야기하게 되었다.

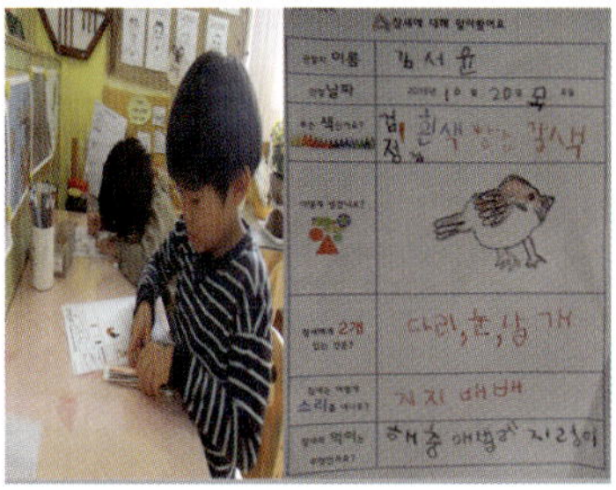

준서: 어! 참새가 해충을 먹는다고?
동성: 해충이 뭐야?
준서: 나쁜 벌레야.
예주: 나쁜 벌레를 먹어?
그럼 (참새는) 좋은 거야?
교사: 참새가 나쁜 해충을 먹어? 그럼 좋은 새인가?
동성: 어? 참새가 좋은 새?
준서: 선생님, 우리 다시 알아봐야겠어요.

준서와 친구들은 교사의 도움을 받아 책, 컴퓨터를 이용해 참새가 어떤 새인지에 대해 알아보았다. 다양한 방법으로 알아보는 과정 중 EBS '참새의 재조명'이라는 영상을 보게 된다. '참새의 재조명' 영상에는 참새를 벼 이삭을 먹는 나쁜 새인지 알고 사람들이 모두 쫓아 참새가 비참하게 죽어 없어졌으나 참새가 없어지자 해충들이 많아져 벼 수확량은 더 줄어 들었다는 내용이었다. 사람들이 알지 못했지만 사실 참새는 해충을 90% 이상 잡아먹고 벼 이삭은 아주 조금만 먹는 우리에게 이로운 새라는 것을 알게 되었다.

교수 학습	교사 놀이 지원
상호작용 (놀이 참여)	'허수아비 아저씨' 동요를 '무서운 허수아비'로 개사하여 노래 부르기를 함께하였다.
놀이 자료의 변화 (교사의 지원 자료) & 상호작용 (놀이 참여)	유아들이 관심 있어 하는 벼 이삭을 먹는 동물인 참새, 메뚜기에 대해 탐구하는 놀이를 지원하였다.
	참새가 좋은 새인지 나쁜 새인지 탐구하는 유아의 놀이 지원을 위해 관련 책을 교실에 비치하고 컴퓨터를 활용할 수 있게 지원하였다.

'참새의 재조명' 영상을 함께 감상한 유아들은 다양한 방법으로 참새에게 미안한 마음을 전하고 논에 전시해 놓은 무서운 허수아비도 웃는 얼굴(허수아비가 무섭지 않아야 참새가 오기 때문에)로 바꾸어 주고 시끄러운 깡통도 모두 빼 주었다.

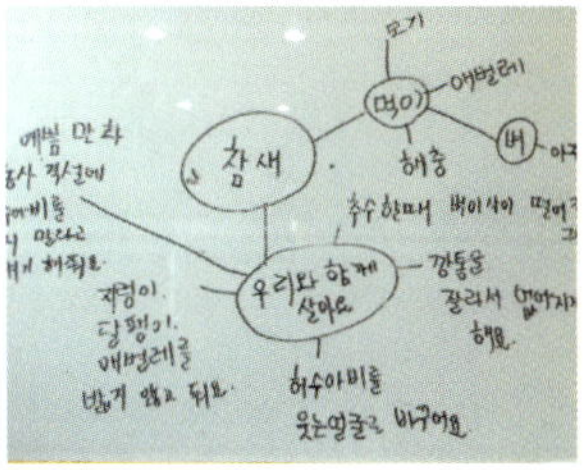

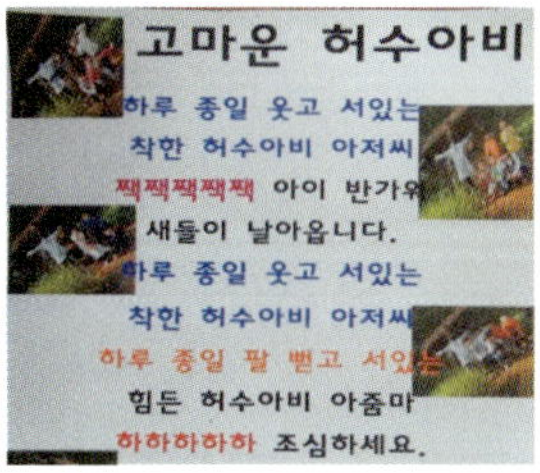

준서: 참새야, 미안해! 우리가 몰라서 그랬어.
우리 함께 살자.

예주: 무서운 허수아비를
고마운 허수아비로
바꿔서 부르자.

동성: 참새에게는 미안하다고 쓰고 허수아비에게는 참새와 사이 좋게 지내라고 편지를 쓰자.

서윤: 시끄러운 깡통은 이제 필요 없을 것 같다.

지운: 참새야! 우리 논에 와서 해충도 많이 먹고 웃는 허수아비 아저씨와 재미있게 놀아.

교수 학습	교사 놀이 지원
상호작용 (놀이 참여 & 정서적 지원) & 놀이 자료의 변화 (교사의 지원 자료)	참새에 대해 알고 싶어 하는 유아들을 지원하기 위해 EBS '참새의 재조명' 영상을 제공하고 감상할 수 있게 하였다. 영상을 보고 난 후 유아들과 논에 있는 허수아비를 어떻게 할지에 관해 이야기를 나누었다. 유아들이 '무서운 허수아비' 노래를 '고마운 허수아비'로 개사하여 부르는 것을 지지하였고 참새와 허수아비에게 미안한 마음을 표현할 수 있는 편지 쓰기에 도움을 지원하였다.
놀이 공간의 지원 (다양한 놀이 공간) & 상호작용 (놀이 참여)	유아들은 논에 있는 허수아비의 깡통을 떼어 주고 얼굴도 웃는 얼굴로 바꿔 주고 싶어 해 유아의 의지대로 허수아비를 바꿀 수 있도록 지원하였다.

3) 교사 저널

착한 허수아비와 행복한 참새

가을이 되면 허수아비와 관련된 놀이들을 많이 한다. 유아들의 허수아비놀이는 수확철 논을 관찰하면서 시작되었다. 위에 논과 아래 논의 색깔이 다름을 발견한 유아들은 왜 그런지 궁금증을 갖게 되었다. 농부 아저씨가 참새가 벼 이삭을 먹어 벼 이삭을 먹지 않은 논과 먹은 논의 색깔이 다르다는 이야기를 듣고 유아들은 참새는 나쁜 새라는 생각을 가지게 되었다.

유아들은 나쁜 새인 참새가 가장 무서워하는 것이 무엇인지 탐구하였고 '사람'과 '시끄러운 큰 소리'를 가장 무서워한다는 것을 알게 되었다. 유아들은 참새가 무서워하는 허수아비를 만들기로 하고 구체적으로 친구들과 협력해 디자인을 하였다. 벼의 길이보다 커야 참새가 허수아비를 볼 수 있다는 것을 생각하고 직접 논에 가서 벼의 길이를 측정하였다. 유아들은 놀이를 통해 자연스럽게 사물의 측정과 수에 대한 개념을 배울 수 있었다. 논에 허수아비를 만들어 주고 난 후에도 유아들의 참새에 대한 관심은 식지 않았다. 유아들은 벼 이삭을 먹는 동물들을 탐구하면서 참새가 해충을 먹는 새라는 사실을 발견하였다. 유아들의 '정말 참새가 나쁜 새일까? 아니면 좋은 새일까?'라는 궁금증을 해결하기 위해 '참새에 관한 영상'을 보여 주었다. 유아들은 자신이 알고 있었던 나쁜 새인 참새가 사실은 우리에게 좋은 새였다는 것을 알고 난 후 바로 참새에게 사과를 하였다. 그리고 자신들이 잘못 알고 있었던 것에 대한 미안한 마음을 노래로, 편지로 만들어 표현하였다. 마지막으로는 논에 만들어 놓았던 허수아비의 깡통(돌을 넣어 달아 놓았던)을 모두 빼내어 조용하고 웃고 있는 허수아비로 만들었다.

유아들이 '정말 참새가 논에 있는 벼 이삭을 그렇게 많이 먹을까?'라는 의문을 갖지 않고 허수아비놀이를 마쳤다면 참새는 열심히 농사 지은 벼 이삭을 먹어 흉년을 만드는 나쁜 새, 허수아비는 무섭게 참새를 쫓는 인형 정도로 생각했을 것이다. 하지만 유아들의 자발적인 호기심에 따른 허수아비놀이는 참새와 허수아비의 역할에 관한 탐구를 하게 만들었다. 유아들의 이러한 모습은 서로 사이좋게 놀고 공생할 수 있는 행복한 논을 만들었다.

4) 놀이 전개에 따른 유아 발달

[착한 허수아비와 행복한 참새]

교육 영역	놀이를 통한 유아 발달
[신체운동·건강, 의사소통, 사회관계, 예술경험, 자연탐구] 우리 논을 지키기 위해 허수아비가 필요해 [신체운동·건강, 의사소통, 사회관계, 자연탐구] 참새가 무서워하는 것은 무엇일까?	• 탐색–관찰(위쪽 논과 아래쪽 논의 색 차이, 볍씨의 유무: 감각적 경험) • 탐구(참새가 무서워 하는 것: 인시력)
[신체운동·건강, 의사소통, 사회관계, 자연탐구] 논에서 잘 보이는 허수아비를 만들자 [신체운동·건강, 의사소통, 사회관계, 예술경험] 허수아비 디자인하기	• 탐구(벼 길이 측정: 인지력) • 공감: 협력–공감 • 표현–창의적 표현(허수아비 디자인: 정서 표현, 사회성)
[신체운동·건강, 의사소통, 사회관계, 예술경험, 자연탐구] 우리가 디자인한 허수아비로 수놀이하기	• 탐구(그래프놀이를 통한 수 세기)
[의사소통, 사회관계, 예술경험, 자연탐구] '무서운 허수아비' 개사하여 노래 부르기 [신체운동·건강, 의사소통, 사회관계, 예술경험, 자연탐구] 벼 이삭을 먹는 동물 [신체운동·건강, 의사소통, 사회관계, 자연탐구] 참새가 해충을 먹어?	• 표현–창의적 표현, 언어적 표현('무서운 허수아비' 노랫말 만들기: 언어 능력, 인지력, 창의력)
[신체운동·건강, 의사소통, 사회관계, 자연탐구] EBS '참새의 재조명' [의사소통, 사회관계, 예술경험, 자연탐구] '무서운 허수아비'를 '고마운 허수아비'로 개사 [의사소통, 예술경험] 참새야 미안해 [신체운동·건강, 의사소통, 사회관계, 예술경험] 참새와 허수아비에게	• 탐구(참새–벼 이삭을 먹는 동물) • 공감: 협력–공감 • 공감: 협상–공감 • 표현–언어적 표현(참새와 허수아비에게 감사 편지 쓰기: 정서 표현, 언어 능력)

5) 놀이 흐름에 따른 교사 지원

① 우리 논을 지키기 위해 허수아비가 필요해

▶ 교사 지원

: 놀이 공간의 지원, 일과 구성의 변화(가을 소풍)

: 상호작용(관찰하기–유아들이 농부 아저씨와 묻고 답하는 과정 관찰)

② 참새가 무서워하는 것은 무엇일까?

▶ 교사 지원

: 상호작용(제안하기–참새가 무서워하는 것이 무엇인지 가정과 연계하여 조사 활동)

: 놀이 자료의 변화(조사지)

③ 논에서 잘 보이는 허수아비를 만들자

▶ 교사 지원

: 놀이 공간의 지원(다양한 놀이 공간–유치원 주변 숲과 논)

: 상호작용(놀이 참여–허수아비 만들기 재료를 함께 준비하고 벼 길이 측정을 도움)

: 놀이 자료의 변화(줄자, 막대기)

④ 우리가 디자인한 허수아비로 수놀이하기

▶ 교사 지원

: 놀이 자료의 지원(블록, 놀이지, 필기도구)

: 상호작용(제안하기–그래프놀이 지원)

⑤ '무서운 허수아비' 개사하여 노래 부르기

▶ 교사 지원

: 상호작용(놀이 참여–'허수아비 아저씨' 동요를 '무서운 허수아비'로 개사하여 노래 부르기)

⑥ 벼 이삭을 먹는 동물/ 참새가 해충을 먹어?

▶ 교사 지원

: 상호작용(제안하기–유아들이 관심 있는 벼 이삭을 먹는 동물에 대해 알아보는 놀이를 지원)

: 놀이 자료의 변화(놀이지, 필기도구)

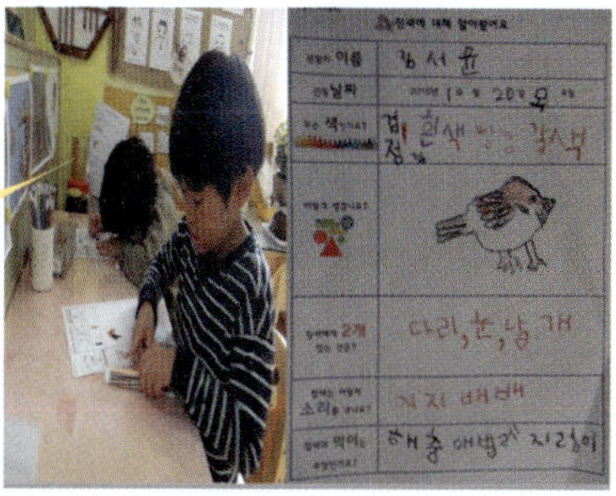

⑦ EBS '참새의 재조명'

▶ 교사 지원

: 상호작용(놀이 참여–참새 역할의 이해를 돕기 위해 책과 컴퓨터 활용 지원)

: 놀이 자료의 변화(EBS '참새의 재조명' 영상, 컴퓨터)

⑧ 참새와 허수아비에게

▶ 교사 지원

: 상호작용(제안하기–참새와 허수아비에게 유아들의 마음을 표현하는 편지를 쓸 수 있게 지원)

: 놀이 자료의 변화(놀이지, 필기도구)

3. 유치원 선생님들 중에 누가 가장 클까?

1) 관찰(탐색)

태은이와 하율, 정현이가 쌓기 영역에서 블록을 이용해 '키 재기' 놀이를 한다. 자신들 중에 가장 큰 사람, 그다음은 우리 반 선생님, 그리고 우리 유치원에서 가장 큰 선생님을 알기 위해 놀이가 시작되었다.

2) 놀이

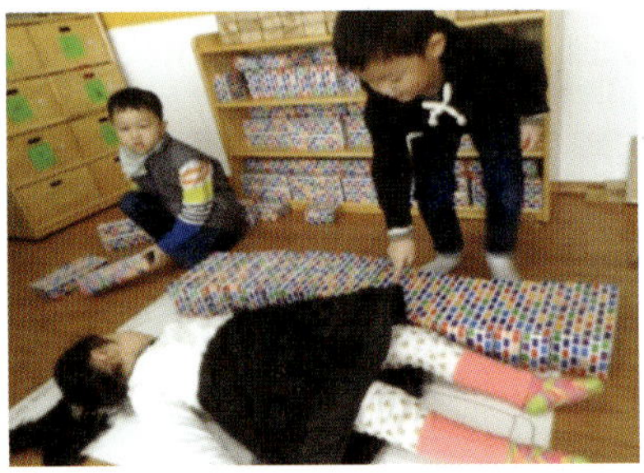

하율: 자, 키가 이만큼이야. 다했어.
정현: 그럼 이제 니가 누워 봐.
태은: 너는 이만큼이다.

유아들은 블록의 수를 세며 키를 측정하고 있었다. 자신들의 키를 모두 측정한 유아들은 교사도 누워 보게 한 후 교사의 키까지 측정하고 그중 블록의 수가 가장 많은 선생님이 키가 제일 크다고 이야기하였다.

태은: 정현아, 너 누워봐. 블록이 1개, 2개… 22개야.
하율: 우리 반 선생님이 더 많아. 선생님이 가장 크다.
정현: 그럼 선생님들 중에는 누가 가장 클까?

놀이평가 시간에 정현이는 친구들에게 '유치원 선생님들 중 가장 큰 사람이 누구인지' 알아보는 놀이를 하자고 제안하고 유아들은 자신들이 측정하고 싶은 선생님들의 키를 다양한 전략을 세워 측정하고 기록하기 시작하였다.

교수 학습	교사 놀이 지원
상호작용 (관찰하기)	유아들의 블록을 이용한 '키 재기' 놀이를 관찰하였다. '유치원에서 가장 큰 선생님이 누군인지' 알아보는 놀이 지원을 위해 키 재기에 필요한 기록지를 제공하였다.

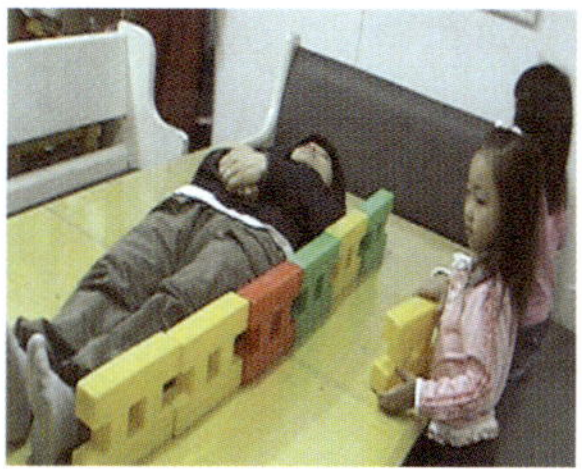

유아들은 키티 선생님을 책상에 눕힌 후 옆에 블록을 세우고 머리를 정확하게 측정하기 위해 블록을 놓고 남은 만큼 종이를 잘라 표시한다.

정현: 키티 선생님의 키는 H 블록 6개하고 종이 자른 두께만큼입니다.

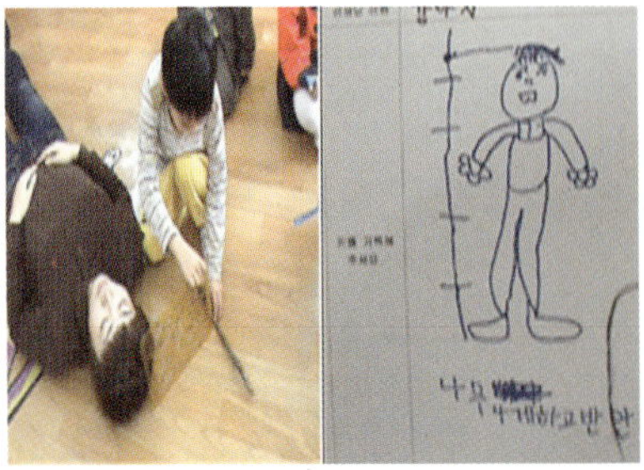

나뭇가지로 강아지 선생님 키 측정하기

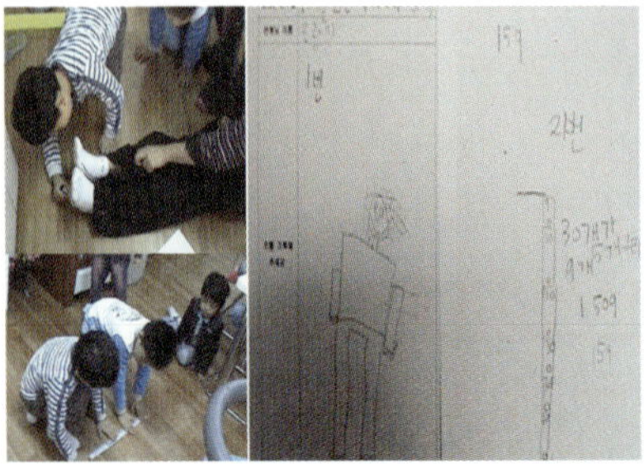

30cm 자로 호랑이 선생님 키 측정하기

줄자로 사슴 선생님 키 측정하기

동화책으로 딸기 선생님 키 측정하기

줄자로 마술사 선생님 키 측정하기

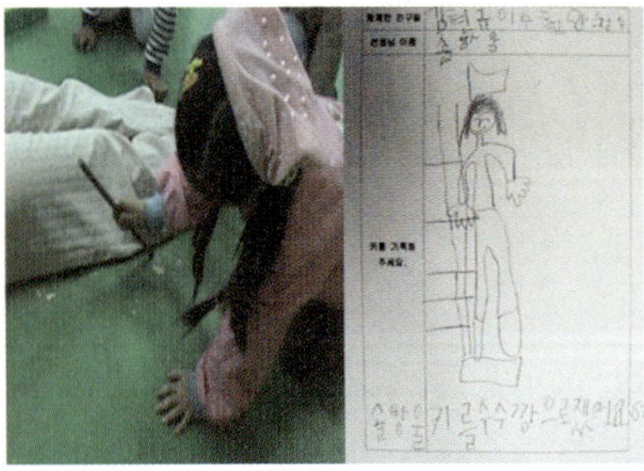

수수깡으로 솔방울 선생님 키 측정하기

유아들은 자신들이 생각할 수 있는 여러 가지 도구를 사용해 키 재기 활동을 하였다. 키를 잴 때는 똑바로 된 곳을 찾아야 하는데 유아들은 우리의 인체에서 뒷부분이 가장 직선이라는 생각을 하였다. 크기가 같은 작은 단위 하나하나가 모여서 자가 이루어지는 것을 유아들은 몸으로 알아 가고 있었다. 자를 사용하는 유아들은 자는 '0'부터 시작하여 자를 사용해야 한다는 것과 자와 자를 연결하여 사용할 때는 끝에 수와 '0'을 맞추어 사용해야 한다는 것을 알 수 있었다.

교수 학습	교사 놀이 지원
놀이 공간의 지원 (공간 변화) & 상호작용(놀이 참여)	유아들이 여러 가지 도구(색연필, 나무 막대, 자, 사인펜, 블록, 줄자 등)를 이용해 선생님들의 키를 측정하는 것을 지원하였다. 유아들은 교실 공간을 벗어나 선생님들이 있는 장소로 직접 찾아가 키를 측정하였다.

각자 친구들과 함께 선생님 키를 잰 것을 강당 바닥에 놓고 다시 길이를 표현하는 활동을 하였다. 자신들이 사용한 도구와 기록지를 가져와 길이를 표시하여 서로 비교하는 활동을 하였다. 유아들은 각자 자신들이 잰 길이만큼을 표시한 후 모두 모여 그래프를 보았다.

교사: 얘들아, 누가 가장 큰 거야?
송아: 솔방울 선생님이 제일 크네.
지아: 솔방울 선생님이 제일 크다고?
민석: 아닌데. 솔방울 선생님은 키 작은데.
교사: 그래?
지아: 어 솔방울 선생님 작아.
민석: 어떻게 아는데?
송아: 강아지 선생님하고 있는 거 봤는데 작았어.
민호: 나도 차탈 때 봤어.

민석: 그럼 잘못된 거 아니야?
교사: 그래? 그럼 어떻게 하지?
송아: 선생님들을 여기에 누우라고 해 봐.
민석: 어! 똑같이 누으라고 하면 될 것 같아.

교수 학습	교사 놀이 지원
놀이 공간의 지원 (공간 확장) & 상호작용(놀이 참여)	유아들은 선생님들의 키를 표시하기 위한 넓은 공간으로 강당을 선택하였고, 강당 바닥에 다양한 도구(자, 수수깡, 나무 막대, 동화책)로 키를 측정하였다. 유아들의 단위 기록을 테이프를 활용해 표시할 수 있도록 지원하였다.

유아들은 한 명씩 다시 눕혀 지난번보다 더 정확하게 발끝 머리끝을 확인하며 길이를 표시하였다. 호랑이 선생님과 돌고래 선생님은 강아지 선생님에게 가서 키가 얼마나 차이가 나는지 확인한 후 강아지 선생님을 기준으로 해 키를 재고 테이프를 잘라 붙여 주었다.

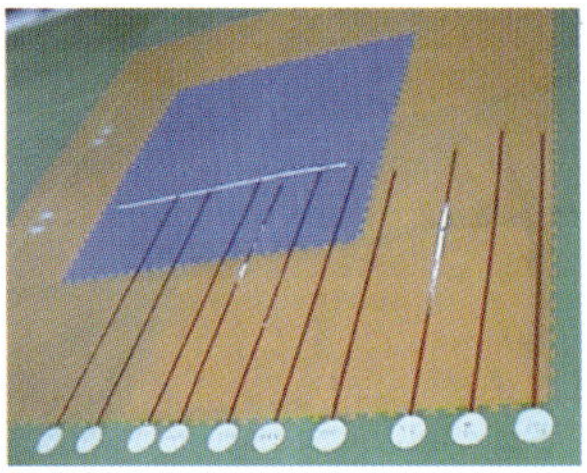

소연: 딸기 선생님이 가장 크다.

민석: 가장 큰 순서대로 해 보면….

소연: 딸기 선생님이 가장 커! 170이야.

송아: 그리고 돌고래 선생님?

지아: 여기 봐! 무지개 선생님이 165야. 여기 옆에 순서대로 하나씩 아래로 있잖아.
돌고래 선생님 164, 조아조아 선생님 163.

민석: 아 165 무지개 선생님, 164 돌고래 선생님, 163 조아조아 선생님.

소연: 그러면 162가?
아! 솔방울 선생님 162, 그리고 강아지 선생님 161.

송아: 마술사 선생님도 161이야.

민석: 그런데 강아지 선생님은 반이 있잖아.

소연: 그러면 강아지 선생님 161에서 반, 마술사 선생님 161, 순서대로 가네. 그리고
사슴 선생님 160, 그다음에 호랑이 선생님 156, 키티 선생님 150이다.

민석: 솔방울 선생님이 키가 얼마라고 했지?

소연: 어 잠깐만, 162.

송아: 무지개 선생님은?

소연: 아이구, 자꾸 까먹으니까 적어 놓아야겠네.

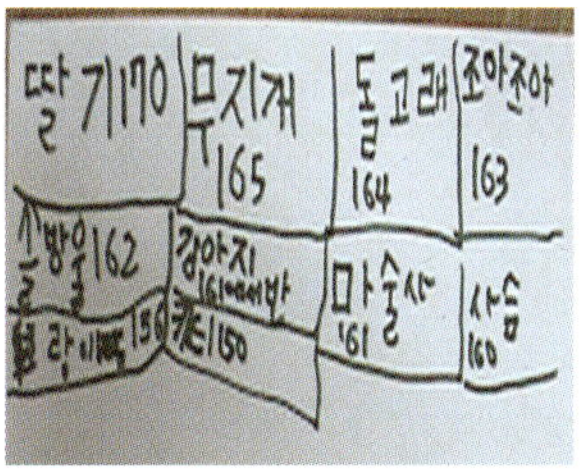

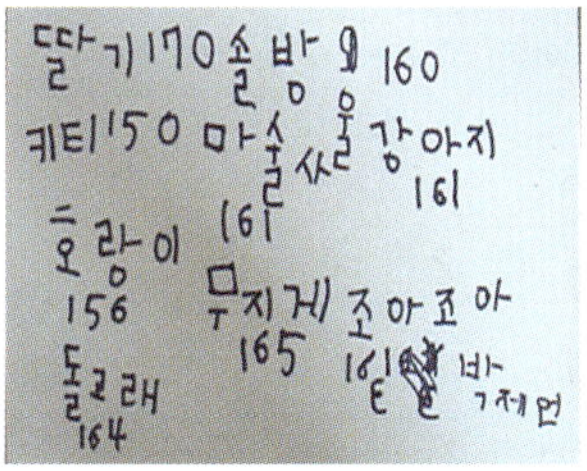

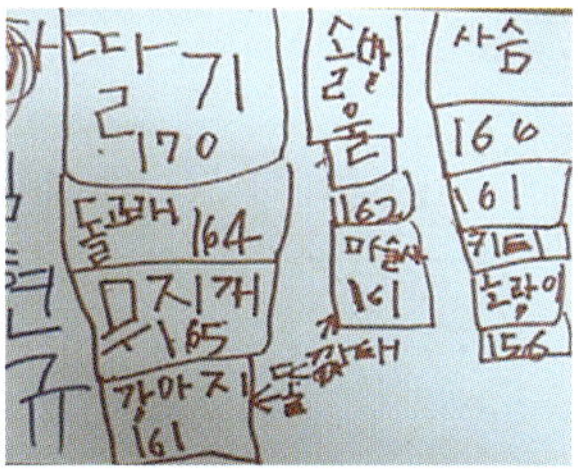

유아들은 각자 종이에 순서대로 선생님 키와 별명을 적는다. 그런데 순서대로 키를 쓸 수 있는 유아도 있고 그렇지 못하고 자신이 하고 싶은 순서대로 하거나 아래에 있는 순서대로, 아니면 자신이 아는 데까지 적고 나머지는 하고 싶은 대로 다양하게 기록을 하였다.

교수 학습	교사 놀이 지원
상호작용 (놀이 참여) & 놀이 자료의 변화 (교사의 지원 자료)	유아들은 선생님들의 키가 잘못 측정된 것을 확인하고 다시 선생님들을 한 명씩 눕혀 키를 측정하기로 협의하였다. 이에 교사는 선생님들에게 유아들이 협의한 상황을 전해 주고 양해를 구한 후 다시 키를 측정할 수 있도록 색 테이프, 종이, 필기도구를 제공하였다.

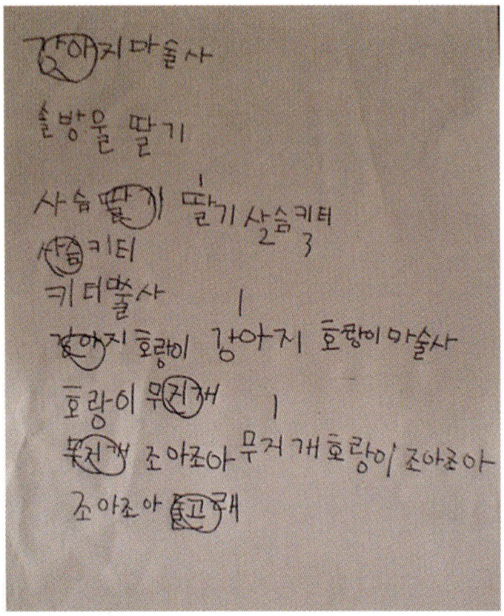

교사: 얘들아, 우리 한번 친구들이 어떻게 했는지 볼까?

송아: 맨 앞에 선생님만 같고 모두 다르다.

지아: 나는 잘 모르겠어.

민석: 그럼 이렇게 하면 안 되겠네.

교사: 그럼 어떻게 할까?

소연: (연필을 서로 붙이며) 이렇게 두 명씩.

민석: 아! 알았다.
(2개의 자를 놓고 비교한다.)
이것 봐. 이렇게 하면 되잖아.

소연: 내가 적을게.

송아: (두 명의 별명을 쓰고 큰 사람에 동그라미하며) 그럼 여기 동그라미한다.

민석: 이제 끝!

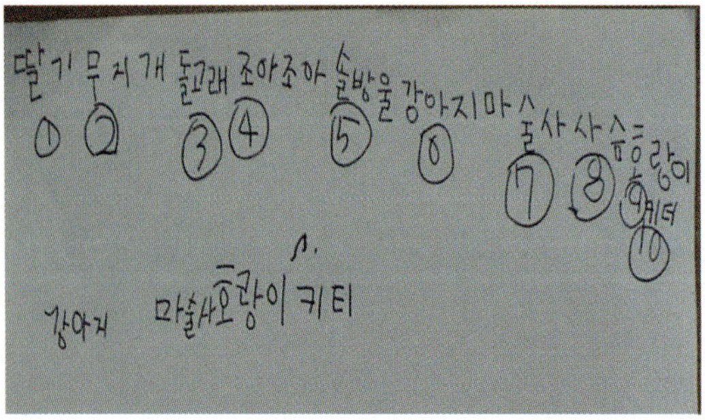

소연: 아, 이것도 안 되겠다.
교사: 그럼 어떻게 하지?
　　우리 여기 선들을 조금 가까이 붙여서 볼까?

유아들과 리본 테이프로 길이를 재고 다시그 선들을 가까이 붙여 비교하였다.

교사: 얘들아, 어때?
소연: 이제 알겠다.

유아들은 선을 보고 가장 긴 것, 그다음 긴 것을 하나씩 찾아가며 키 순서를 알 수 있었다. 서로 비슷한 것이 있으면 쇠자를 놓고 비교한 후 키를 순서대로 적어주었다.

교사: 자 이제 순서대로 다 된 건가?
송아: 아니요. 글씨 모르는 사람들도 있잖아요.
소연: 그림으로 이렇게 딸기, 무지개, 키티 그려 주면 되잖아요.
교사: 아! 키 순서대로 그려 주자는 이야기구나.

유아들은 키 순서대로 선생님들을 그림으로 그리며 이름을 적는다.

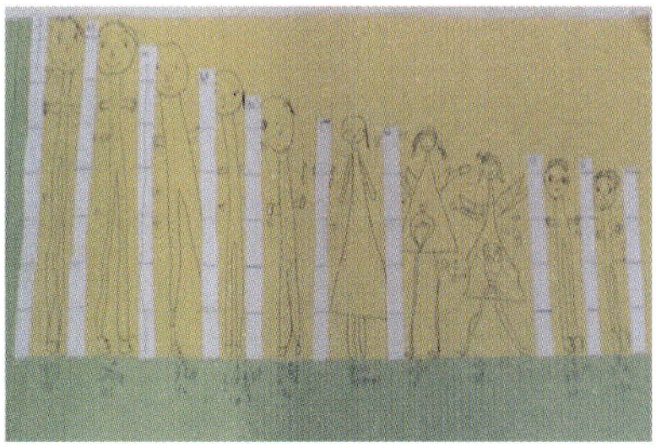

교수 학습	교사 놀이 지원
상호작용 (제안하기 & 정서적 지원)	선생님들 키를 표시한 막대 테이프를 가까이 붙여서 비교하는 방법을 유아들에게 제안하면서 상호작용하였다.

3) 교사 저널

유치원 선생님들 중에 누가 가장 클까?

블록을 이용해 키를 측정하는 놀이는 유아들이 가장 선호하는 놀이이다. 블록을 자신의 키만큼 쌓으며 서로 키 재기 놀이를 하던 유아들은 선생님의 키가 궁금해졌고 '유치원에서 가장 키가 큰 사람'이 누구인지 알고 싶어 하였다.

유아들은 자신들이 측정하고 싶은 선생님을 정하고 놀이 시간마다 조금씩 선생님들의 키를 측정하였다. 측정을 할 때 유아들이 사용한 도구는 자신들이 좋아하는 사물(색연필, 사인펜, 자, 나무 막대, 블록)을 가지고 측정하였다.

자로 키를 측정하던 유아는 자가 일정한 단위로 나누어진 사람들의 약속이라는 것을 발견하였고 자로 측정하기 위해서는 '0'에서부터 시작해야 한다는 것을 놀이를 반복하면서 스스로 알게 되었다.

처음에는 막연하게 자신들이 좋아하는 도구를 사용해 측정하던 유아들도 선생님들의 키를 기록하면서 한 단위인 '자'를 이용해 표시하는 것이 더 쉽고 유리하다는 것을 이해하였다.

사실 이런 수학적 개념을 유아들에게 알려 주는 것은 쉽지 않을 것이다. 하지만 유아들은 반복하여 놀이를 하면서 스스로 깨달아 갔고 문제 상황이 생기면 친구, 선생님과 협의하면서 배워 나갔다.

4) 놀이 전개에 따른 유아 발달

[유치원 선생님들 중에 누가 가장 클까?]

교육 영역	놀이를 통한 유아 발달
[신체운동 · 건강, 의사소통, 사회관계, 자연탐구] 우리 중에서 가장 큰 사람?	• 탐구(길이 측정하기: 인지력)
[신체운동 · 건강, 의사소통, 사회관계, 예술경험, 자연탐구] 다양한 방법으로 선생님들 키를 측정해 보자	• 탐구(다양한 도구로 길이 측정하기: 신체 조절 능력)
[신체운동·건강, 의사소통, 사회관계, 자연탐구] 우리들이 측정한 방법으로 선생님들의 키를 표시해 보자	• 탐구(그래프를 통한 길이 측정)
[신체운동·건강, 의사소통, 사회관계, 자연탐구] 솔방울 선생님은 키가 작아 [신체운동·건강, 의사소통, 사회관계, 자연탐구] 선생님들 키를 다시 측정해 보자	• 탐구(다양한 도구로 측정한 길이의 차이 비교, 정확한 길이의 측정 방법: 인지력, 언어 능력)
[신체운동 · 건강, 의사소통, 사회관계, 자연탐구] 그런데 누가 가장 큰지 모르겠어 [신체운동 · 건강, 의사소통, 사회관계, 자연탐구] 두 명씩 비교해 보면 알 수 있어 [신체운동 · 건강, 의사소통, 사회관계, 예술경험, 자연탐구] 글자 모르는 사람을 위해 그림으로 그려 주자	• 탐구(길이 측정 기록 분류 방법, 측정한 길이의 비교: 인지력) • 공감: 배려–공감(글씨와 숫자를 모르는 사람을 배려: 사회성, 창의력) • 표현–창의적 표현(길이를 그림으로 표현)

5) 놀이 흐름에 따른 교사 지원

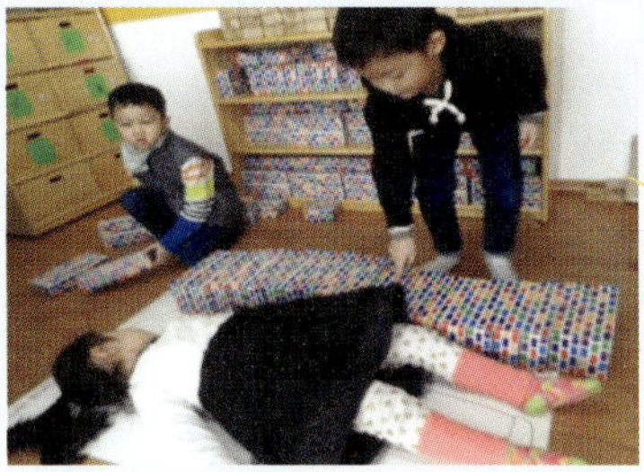

① 우리 중에서 가장 큰 사람?

▶ 교사 지원

: 상호작용(놀이 참여-유아와 키 측정하기 놀이를 하며, 유치원 선생님들 중에 누가 가장 큰지 측정하기로 함)

② 다양한 방법으로 선생님들 키를 측정해 보자

▶ 교사 지원

: 놀이 공간의 지원(공간 변화-선생님들이 있는 유치원의 공간)

: 놀이 자료의 변화(기록지, 필기도구, 색연필, 나무막대, 자, 블록, 수수깡, 동화책)

: 상호작용(놀이 참여-유아들이 키를 측정할 수 있게 지원)

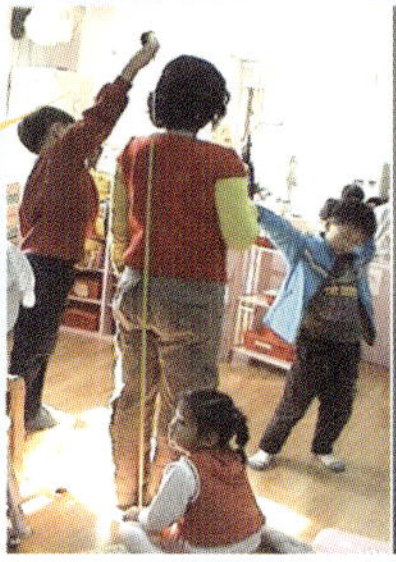

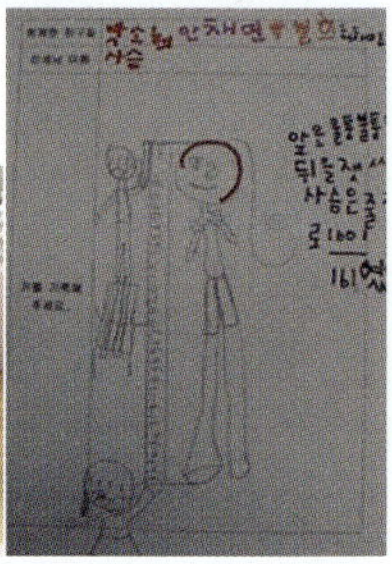

③ 우리들이 측정한 방법으로 선생님들의 키를 표시해 보자

▶ 교사 지원

: 놀이 공간의 지원(공간 확장-유치원 강당)

: 놀이 자료의 변화(테이프, 가위)

: 상호작용(놀이 참여-테이프 작업 지원)

④ 솔방울 선생님은 키가 작아

▶ 교사 지원

: 상호작용(놀이 참여-바닥에 붙인 테이프를 보며 선생님들의 키에 대해 상호작용)

⑤ 선생님들 키를 다시 측정해 보자

▶ 교사 지원

: 상호작용(제안하기-선생님들을 한 명씩 바닥에 눕혀 키를 측정하기로 협의하고 유아들의 놀이를 도움)

⑥ 그런데 누가 가장 큰지 모르겠어

▶ 교사 지원

: 상호작용(제안하기-유아들이 각자 기록한 키로는 누가 가장 큰지 알지 못함에 대해 이야기 나눔)

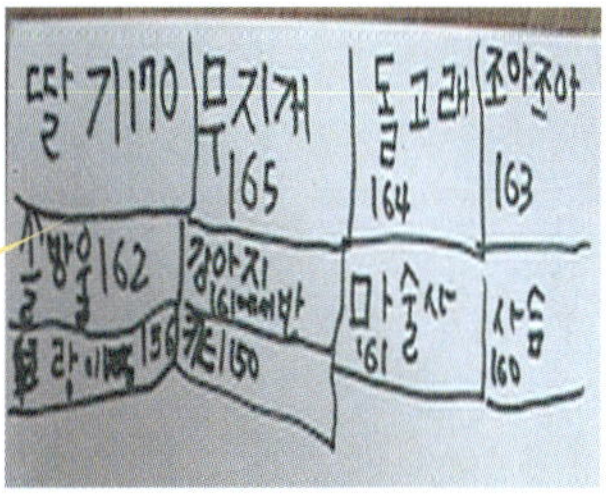

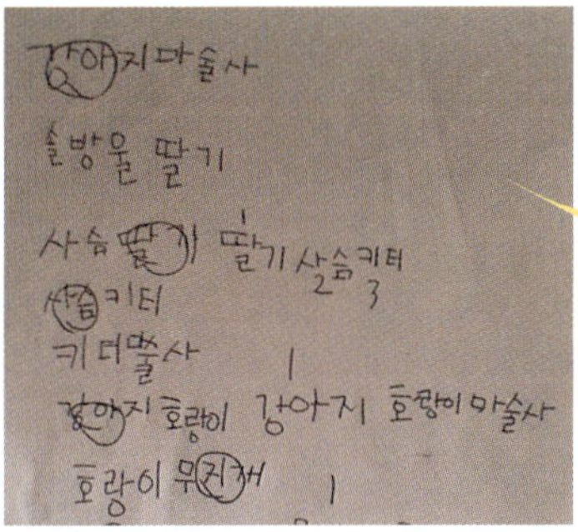

⑦ 두 명씩 비교해 보면 알 수 있어

▶ 교사 지원

: 상호작용(놀이 참여-유아들이 측정한 키를 서로 가까이 하여 붙인 후 키를 비교해 볼 수 있게 도움)

⑧ 글자 모르는 사람을 위해 그림으로 그려 주자

▶ 교사 지원

: 상호작용(정서적 지원-유아들의 놀이를 지지)

4. 도정 기계 전시실놀이

1) 관찰(탐색)

벼농사를 짓고 추수를 한 후 유아들은 자신들이 할 수 있는 도구를 이용해 도정을 하였다. 하지만 도구를 이용해 한다는 것은 너무 작은 양에 오랜 시간을 투자해야 한다는 것을 알게 되었고, 도정 기계가 필요함을 알게 된 후 '도정 기계 전시실놀이'를 계획하였다.

2) 놀이

가을이 되면 봄부터 열심히 농사 지은 벼를 추수한다는 사실을 알게 된 유아들은 추수를 하고 잘 말려 탈곡한 후의 다음 단계인 도정에 대해서도 알고 싶어 하였다.

민재: 선생님, 우리 추수하고 잘 말렸으니까 쌀 껍질을 벗겨야 하지 않아요?
교사: 그래, 도정을 해야겠네.
지민: 도정?
교사: 쌀 껍질을 벗기는 것을 도정이라고 해. 쌀 껍질을 어떻게 벗길 수 있을까?
민재: 어! 맷돌이요!
보성: 우리 떡 만들 때 했던 거?

교사는 맷돌을 준비해 주었다. 맷돌에 쌀을 넣고 돌려 본 유아들은 맷돌은 쌀을 가루로 만들지 껍질을 까는 것이 아니라는 것을 알게 되었다.

예준: 어! 쌀이 없어지네.
예주: 완전 가루다 가루.
예준: 맷돌로는 도정을 하는 게 아니구나.

교수 학습	교사 놀이 지원
놀이 자료의 변화 (유아가 요구한 자료) & 상호작용 (놀이 참여) & 기타(안전)	유아들은 도정 기계로 맷돌을 생각해 교사에게 요청하였다. 교사는 유아들에게 맷돌을 제공하여 직접 탐구할 수 있게 지원하였다. 맷돌의 안전한 사용을 위해 놀이 전 사용 방법을 충분히 이야기 나눈 후 사용하였다.

도정 기계(도구)를 필요로 하는 유아들을 위해 교사는 '농업 박물관' 견학을 계획하였다. 유아들은 농업 박물관에서 곡식의 껍질을 벗기는 도구인 절구, 방아를 알게 되었고 도정 기계도 보게 되었다.

교수 학습	교사 놀이 지원
놀이 공간의 지원 (공간 변화) & 일과 구성의 변화 (융통성 있는 일과 운영)	도정 기계(도구)를 알고 싶어 하는 유아들을 지원하기 위해 '농업 박물관' 견학을 하였다.

절구로 껍질을 벗긴다는 것을 알게 된 유아들은 교사에게 절구를 준비해 달라고 해 절구로 '벼 껍질 벗기기' 놀이를 한다.

하율: 신기하다. 정말 껍질이 벗겨진다.

지민: 잘 봐야 해. 여기에 껍질이 벗겨진 쌀이 있거든.

교수 학습	교사 놀이 지원
놀이 자료의 변화 (유아가 요구한 자료)	'농업 박물관' 견학을 통해 '절구'가 벼 껍질을 벗길 수 있다는 것을 알게 된 유아들은 교사에게 절구를 준비해 달라고 요청하였다. 절구, 쟁반, 숟가락을 제공하여 유아들의 놀이를 지원하였다.

절구를 이용해 며칠을 해도 아직도 껍질을 벗길 벼가 많다는 것을 보고 선우는 도정 기계를 만들기 시작한다.

선우: 나는 도정 기계나 만들어야겠다.

하율: 우리 도정 기계 전시실 간판도 만들자.

선우를 시작으로 유아들은 자연스럽게 도정 기계를 만들기 시작했고 교사는 유아들이 만든 도정 기계를 소개할 수 있는 기록지를 준비해 주었다. 유아들은 자신들이 만든 도정 기계와 기록지를 쌓기 영역에 한 명씩 전시하기 시작하였다.

교수 학습	교사 놀이 지원
놀이 자료의 변화 (교사의 지원 자료) & 상호작용 (정서적 지원)	유아들의 '도정 기계 만들기' 놀이에 관심을 갖고 정서적으로 지지해 주었으며, 도정 기계에 대해 설명을 기록할 수 있는 기록지를 제공해 주었다.

어느 정도 도정 기계가 전시되자 유아들은 도정 기계 전시실 간판을 만들어 붙이고 놀이를 시작하였다. 교사는 더 풍성한 놀이를 위해 전시관과 관련된 영상을 보여 주며, 전시관을 시작하기 전 리본 테이프 자르기, 감상 후 방명록 기록하기를 소개해 주었다. 유아들은 자신들의 놀이에 리본 테이프 자르기와 방명록 기록하기를 추가하였다.

교수 학습	교사 놀이 지원
놀이 자료의 변화 (교사의 지원 자료) & 상호작용 (제안하기)	도정 기계 전시실놀이를 준비하는 유아들을 관찰하면서 유아들이 필요로 하는 자료(간판을 만들 때 사용할 긴 종이 등)를 제공해 주었다. 놀이를 시작하기 전 '전시관' 관련 영상 자료를 준비해 유아들에게 보여 주면서 놀이 시작 전 테이프 자르기와 방명록 기록하기를 제안하였다.

도연: 너를 축하해 주려고 종이접기 선물을 만들어 왔어.

채하: 선우 도정 기계를 꼭 사용해 보고 싶어요.

3) 교사 저널

도정 기계 전시실놀이

일 년 농사를 마치고 추수까지 끝낸 후 유아들은 도정을 하여 쌀을 얻고 싶어 하였다. 하지만 아쉽게도 유치원에는 도정 기계가 없고 이제는 방앗간에서 도정을 하지 않는다. 그래서 해마다 도정 과정을 유아들이 경험하지 못하고 부모님들이나 조부모님들의 도움을 받아 시골에서 도정을 해 왔었다.

도정이 쌀 껍질을 벗기는 것이라는 설명을 들은 유아는 자신이 떡을 만들었을 때 경험했던 맷돌을 기억하고 요청하였다. 맷돌을 직접 사용하면서 생각과 달리 쌀 껍질이 벗겨지지 않는 것을 탐색하면서 쌀을 벗길 수 있는 도구에 대한 관심이 증가하였다.

유아들의 궁금증을 해소하기 위해 '농업 박물관'을 견학하였다. 농업 박물관에서 도정 도구로 알게 된 '절구'를 이용해 유아들은 도정을 시도하였다. 처음에는 절구로 콩콩 찧으면 껍질이 벗겨지는 것을 너무나 신기하고 재미있어했지만 아무리 열심히 해도 밥공기에 쌀이 쌓이지 않았다. 절구를 이용한 도정은 '생산성'이 너무 낮아 아쉬웠다.

유아들의 도정에 대한 흥미가 점차 식어갈 때 한 유아가 블록을 이용해 자신만의 그럴싸한 도정 기계를 만들어 냈다. 다른 유아들도 놀이를 통해 상상하며 도정 기계를 하나씩 만들어 나갔다. 유아들은 벼 이삭을 놓고 단추를 누르면 껍질이 벗겨지고, 기계 중간중간 뾰족한 칼을 그림으로 그려 붙인 재미있는 도정 기계들을 상상하여 만들었다. 유아들이 만든 도정 기계는 쌓기 영역에 잘 전시하였고 '도정 기계 전시실놀이'로 확장되었다.

유아들이 직접 쌀을 도정하는 과정에서는 원하는 만큼 하얀 쌀을 수확하지는 못해 아쉬웠지만, 도정 기계를 블록으로 만드는 상상놀이는 유아들에게 쌀을 수확한 만큼의 큰 즐거움을 주었다. 도정 기계를 필요로 했던 유아들에게 있어 '도정 기계 전시실놀이'는 '상상의 창조물'이라고 할 수 있다.

4) 놀이 전개에 따른 유아 발달

[도정 기계 전시실놀이]

교육 영역	놀이를 통한 유아 발달
[신체운동 · 건강, 의사소통, 사회관계, 자연탐구] 추수한 벼 껍질을 벗겨야 해 / 맷돌은 쌀이 갈아져	• 탐구(벼 껍질을 어떻게 벗길까) • 탐색(맷돌로 벼 껍질을 벗기는 경험)
[신체운동 · 건강, 의사소통, 사회관계, 예술경험, 자연탐구] [견학] 농업 박물관	• 탐구(농기구 체험: 인지력)
[신체운동 · 건강, 의사소통, 사회관계, 자연탐구] 절구는 시간이 많이 걸린다	• 탐색(절구로 벼 껍질을 벗기는 경험)
[신체운동 · 건강, 의사소통, 사회관계, 예술경험, 자연탐구] 도정 기계 전시실 간판 만들기	• 표현-창의적 표현(도정 기계 만들기, 전시실 간판 만들기: 창의력) • 공감: 협력-공감(사회성)
[신체운동 · 건강, 의사소통, 사회관계, 예술경험, 자연탐구] 도정 기계 전시실놀이	• 공감: 협상-공감(전시관 시작 전 리본 테이프 자르기, 방명록 기록하기) • 공감: 협력-공감 • 공감: 배려-공감 • 공감: 자기표현-공감(도정 기계 전시실 놀이)

5) 놀이 흐름에 따른 교사 지원

① 추수한 벼 껍질을 벗겨야 해

▶ 교사 지원

: 상호작용(인지적 질문-수확한 벼 껍질을 어떤 도구를 사용해 벗길지 이야기 나눔)

② 맷돌은 쌀이 갈아져

▶ 교사 지원

: 놀이 자료의 변화(맷돌, 볍씨, 숟가락, 쟁반, 그릇)

: 기타(안전-맷돌 사용 시 유아 안전에 유의함)

③ [견학] 농업 박물관

▶ 교사 지원

: 놀이 공간의 지원, 놀이 자료의 변화, 일과 구성의 변화(농업 박물관 견학)

: 상호작용(놀이 참여-농사에 필요한 도구와 기계 중심으로 유아의 체험을 지원)

④ 절구는 시간이 많이 걸린다

▶ 교사 지원

: 상호작용(놀이 참여-유아의 놀이에 함께 참여)

: 놀이 자료의 변화(절구, 쟁반, 숟가락)

⑤ 도정 기계를 만들자

▶ 교사 지원
: 상호작용(정서적 지원–유아의 놀이를 지지)
: 놀이 자료의 변화(도정 기계 설명 기록지)

⑥ 도정 기계 전시실 간판 만들기

▶ 교사 지원
: 상호작용(놀이 참여–놀이에 필요한 재료 협의)
: 놀이 자료의 변화(색깔이 있는 긴 종이)

⑦ 도정 기계 전시실놀이

▶ 교사 지원
: 상호작용(놀이 참여–전시관 영상 준비, 유아들과 함께 전시실에 필요한 것 협의)
: 놀이 자료의 변화(리본 끈, 가위, 방명록, 필기도구)

12장 겨 울

1. 우리는 산불 조심 수호대

1) 관찰(탐색)

미국 캘리포니아의 큰 산불 후 유아들의 관심은 온통 '산불'이었다. 유아들이 가장 걱정한 것은 혹시 우리가 다니는 산에 불이 나면 우리들이 산에서 놀 수 없다고 하며 걱정을 하였다. '우리는 산불 조심 수호대' 놀이는 유아들의 이런 걱정에서 시작되었다.

2) 놀이

은선: 선생님, 어제 미국에서 산불이 진짜 크게 났어요. 사람들도 죽고.
혜은: 나도 봤어. 너무 무서워.
창대: 옛날에 우리나라도 불이 나서 우리 보물이 모두 타 버렸대.
은선: 정말?
창대: 어, 나 책에서 봤어.

혜은: 그러다가 우리 산에도 불이 나는 거 아니야?

교사: 왜 우리 산에 불이 날 것 같은데?

혜은: 산에 보면 어른들이 고기 구워 먹은 것 있잖아요.

창대: 맞아. 우리 산에서 봤잖아요.

은선: 나는 산에 불날 것 같아서 가기 싫어.

창대: 하지만 산은 재미있어.

교사: 그럼 좋은 방법이 없을까?

창대: 우리가 어른들한테 알려 주면 되잖아요.

혜은: 어른들한테 우리가 다 얘기해 준다고?

은선: 다 얘기해 주는 것은 너무 힘들어.

창대: 그럼 그림도 그리고, 산불 조심하라고 글씨도 써 주면 되지 않을까?

창대는 포스터를 이야기하고 있었다.

혜은: 아! 그럼 되겠네.

산불 예방 포스터에 대해 이야기한 유아들은 친구들과 함께 포스터를 만들고 유치원 뒷산 나무에 끈으로 묶어 주었다.

교수 학습	교사 놀이 지원
놀이 자료의 변화 (교사의 지원 자료) & 상호작용 (관찰하기)	유아들이 미국에서 산불이 크게 난 것에 대한 뉴스를 보고 산불에 대한 관심을 나타내 함께 이야기 나누기를 하였다. 유아들은 자신들이 다니는 산에도 불이 날 것을 걱정하며 어른들에게 알려 주어야 한다는 의견을 제시하였다. 어떻게 알려 줄지에 대한 방법을 유아들이 서로 협의하는 과정에서 포스터를 만들자고 결정하였다. 유아들의 이야기를 듣고 관찰하면서 유아들의 의견을 지지하고 공감하였다. 유아들이 포스터를 제작할 수 있도록 큰 종이, 다양한 필기도구 등을 제공해 주었다.
놀이 공간의 지원 (다양한 놀이 공간) & 상호작용 (놀이 참여)	유아들이 만든 포스터를 유아들과 협의하여 유치원 뒷산 곳곳으로 가서 함께 붙여 주었다.

산에 포스터를 붙이고 며칠 후 놀이산(유아들이 유치원 뒷산을 부르는 이름)으로 놀러 간 유아들은 또 한번 산불에 대한 위협을 느끼게 되었다.

혜은: 여기 봐! 여기!

우식: 뭔데 그래?

은선: 저거 불이 있었던 자국 아니야? 선생님 맞죠?

교사: 어, 그런 것 같다.

창대: 아 정말! 우리가 저렇게 그림까지 그려 놓았는데.

혜은: 어른들이 글씨도 모르나 봐.

창대: 안 되겠어요. 우리 교회에서 교회 오라고 사람들한테 알리러 가거든요. 우리도 알리러 가요!

우식: 어! 우리 엄마도 매일 하는데.

교사: 어 그래? 사람들한테 어떻게 알려 주는데?

창대: 글씨를 써서 (손으로 몸을 가리키며) 몸에 붙이고 얘기해요.

교실로 돌아온 창대는 산에서 있었던 이야기를 친구들에게 하였다. 이야기를 들은 유아들은 '산불 조심 표어띠', '산불 조심 표어판'을 만들자는 의견을 내고 만들기 시작하였다.

교수 학습	교사 놀이 지원
놀이 자료의 변화 (교사의 지원 자료) & 상호작용(놀이 참여)	산에서 다시 한 번 산불에 대한 위험을 느낀 유아들은 '산불 조심 표어띠', '산불 조심 표어판'을 만들기로 협의하였다. 교사는 표어를 들고 다닐 우드락, 물감, 매직, 긴 종이, 필기도구, 테이프 등의 다양한 자료를 준비하여 놀이를 지원하였다.

유아들은 '산불 조심 표어판', '산불 조심 표어띠'를 만들고 일주일에 3번 밖으로 나가 산불 조심 캠페인을 하였다.

교수 학습	교사 놀이 지원
놀이 공간의 지원 (공간 변화) & 상호작용(놀이 참여)	유치원 밖에서 하는 캠페인이기 때문에 유아들과 안전 약속에 대해 이야기를 나누고 안전에 유의하며 놀이에 함께 참여하였다.

3) 교사 저널

우리는 산불 조심 수호대
유아들은 산불이 나는 것은 어른들의 부주의에 의한 것이라고 생각하였다. 아마도 자신들이 다니는 산 곳곳에서 불을 사용한 취사의 흔적을 보았기 때문인 것 같았다. 유아들은 자신들이 놀이하는 산을 지키기 위한 방안으로 포스터를 만들어 붙이자는 의견을 제시하였다. 유아들이 포스터를 산에 붙이고 난 후에도 숲속에 어른들 취사 흔적은 여전이 남아 있었다. 이 때문에 유아들은 직접 어른들에게 산불 조심을 알리고자 거리로 나가 캠페인을 하게 되었다. 유아들은 '우리는 산불 조심 수호대' 놀이를 하면서 세상은 혼자 살아가는 곳이 아니라 더불어 살아가는 곳이라는 생각을 하게 되었다. 모두가 이용하는 숲속에서 자신의 편리함만을 위해 취사를 하고 그것 때문에 산에 불이 날 수도 있다는 것을 알게 되었다. 이러한 인식은 유아들로 하여금 자발적으로 거리로 나가 캠페인을 하게 만들었다. 유아들의 이런 움직임 때문인지 유치원 주변 숲에 취사 흔적들이 점점 사라져 갔다. 유아들은 놀이를 통해 함께 공감하고 배려하는 것을 자연스럽게 배우게 되었다.

4) 놀이 전개에 따른 유아 발달

[우리는 산불 조심 수호대]

교육 영역		놀이를 통한 유아 발달
[신체운동 · 건강, 의사소통, 사회관계, 자연탐구] 산불은 너무 무서워 [신체운동 · 건강, 의사소통, 사회관계, 예술경험, 자연탐구] 포스터를 만들어서 사람들에게 알리자	➡	• 공감: 배려–공감 • 공감: 자기표현–공감(산불 조심을 하라고 알려 주자) • 표현–창의적 표현(산불 조심 포스터 만들기: 창의력, 언어 능력)
⬇		
[신체운동 · 건강, 의사소통, 사회관계, 예술경험, 자연탐구] 캠페인을 해야겠어	➡	• 표현–언어적 표현(산불을 조심하자) • 공감: 협상–공감 • 공감: 협력–공감(산불 조심 표어띠, 표어판: 정서 표현, 사회성, 언어 능력)
⬇		
[신체운동 · 건강, 의사소통, 사회관계] 우리는 산불 조심 수호대	➡	• 공감: 배려–공감(산불 조심 캠페인) • 공감: 협력–공감

5) 놀이 흐름에 따른 교사 지원

① 산불은 너무 무서워

▶ 교사 지원

: 상호작용(관찰하기-유아들의 산불에 관한 이야기를 관찰함)

② 포스터를 만들어서 사람들에게 알리자

▶ 교사 지원

: 상호작용(제안하기-유아들과 함께 포스터 만드는 방법에 대해 협의)

: 놀이 공간의 지원(공간 변화-유치원 주변 산)

: 놀이 자료의 변화(포스터 종이, 다양한 필기도구)

③ 캠페인을 해야겠어

▶ 교사 지원

: 상호작용(놀이 참여-산불 조심 표어띠와 표어판 만들기)

: 놀이 자료의 변화(우드락, 물감, 매직, 긴 종이, 테이프, 필기도구)

④ 우리는 산불 조심 수호대

▶ 교사 지원

: 놀이 공간의 지원(공간 변화-유치원 주변)

: 상호작용(놀이 참여-유아들과 캠페인 참여)

: 기타(안전-유치원 밖에서 하는 놀이로 주변의 안전에 대해 유의하며 놀이 지원)

2. 진짜 겨울놀이

1) 관찰(탐색)

유아들은 추운 겨울이 되면 얼음 위에서 즐기는 얼음놀이를 기대한다. 쌓기 영역에서 놀이를 하던 예주는 교실에서가 아닌 밖에서의 진짜 겨울놀이를 하고 싶어 한다.

태린: 하하하! 재미있다.
민주: 여기 봐라! 쭈~욱.
예주: 그런데 나 진짜 얼음 썰매 타 본적 있다.
태린: 나도 타 봤어. 아빠랑 가서 탔는데 엄청 미끄럽고 재밌어.
교사: 태린이는 어디서 타 봤는데?
태린: 차 타고 갔는데 아빠가 거기가 논이라고 했어요.
민주: 논에서 썰매를 탔다고?
태린: 어, 논에 얼음을 얼린 거라고 했어.
예주: 우리도 논 있잖아.
그럼 우리 논에도 얼음이 얼겠네?
태린: 야, 우리 논에는 물이 없잖아.

예주: 논에 우리가 물을 넣어 주면 되잖아.
민주: 어, 물을 넣어 주면 날씨가 추워서 꽁꽁 얼겠지. 우아!
예준: (박수를 치면서) 그럼 정말 좋겠다. 우리가 진짜 썰매를 타는 거야!

유아들은 교실에서 자신들이 만든 가상놀이만이 아닌 자신들의 현실 세계 속의 겨울놀이를 하고 싶어 하였다. 놀이 후 예주는 다른 유아들에게 '진짜 겨울놀이'를 하자고 이야기했고 이때부터 놀이가 시작되었다.

2) 놀이

유아들이 가장 먼저 한 것은 논으로 가 우물에 물을 틀어 보는 것이었다. 농사를 지으면서 우물에서 물을 틀어 놓고 논에 물을 대 주었기 때문이다. 그런데 우물에도 우물 속 수도에서도 물이 나오지 않았다. 유아들은 논을 관리해 주시는 기사님께 어떻게 된 일인지 물었다. 기사님은 추수 후에는 날씨가 추워지기 때문에 우물에도 우물 속 수도에도 물을 모두 끊어 놓는다고 하셨다. 물이 있어 얼게 되면 우물과 수도가 터져 사용할 수 없기 때문이었다. 하지만 유아들의 답은 간단하였다.

서윤: 우리가 유치원에서 물을 가져오면 되는 거 아니야?
예주: 아! 물통 뭐 이런 거로?
예준: 그래, 병 같은 데에 물을 넣어 오면 되잖아.
지연: 좋은 생각이다. 우리 내일 병에 물 가져와서 넣어 주자.
예주: 그래, 좋아.
서윤: 잠깐! 그런데 여기 나뭇잎이랑 너무 지저분하지 않아?
예준: 이러면 물을 넣어도 잘 얼지 못할지도 몰라.
지연: 그럼 우리 청소해 놓고 가자.

유아들은 작은 농기구(호미, 작은 모종삽)를 이용해 나뭇잎을 긁어 내는 등 청소를 하고 유치원으로 돌아왔다.

교수 학습	교사 놀이 지원
상호작용 (관찰하기)	블록 위에서 스케이트 상상놀이를 하던 유아들이 진짜 겨울놀이를 하자고 제시하였다. 유아들이 논에 물을 넣어 얼려 스케이트장을 만들자고 의견을 모았다. 유아들의 이러한 의견을 지지하면서 논에 물을 어떻게 넣을지에 관해 함께 협의하였다.
일과 구성의 변화 (융통성 있는 일과 운영) & 상호작용 (놀이 참여)	논에 직접 물을 가져와 넣기로 유아들은 협의 후 결정하였다. 유아들의 놀이를 지원하기 위해 논에 물을 붓기 전 논을 깨끗하게 정리할 수 있도록 작은 농기구를 준비해 주고 함께 참여하였다.

다음 날 유아들은 자신이 들 수 있는 만큼의 물을 페트병에 담아 가져왔고 그 물을 논으로 가져갔다.

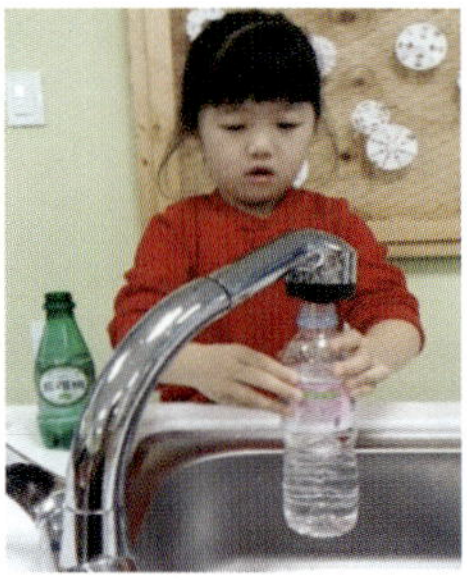

교수 학습	교사 놀이 지원
상호작용 (정서적 지원) & 기타(안전)	유아들이 페트병에 물을 담고 논까지 안전하게 이동하여 놀이할 수 있도록 지원하였다.

논에 물을 넣은 다음 날 유아들의 등원 발걸음은 다른 날보다 더 가볍고 즐거웠다.

지연: 논에 물 얼었을까?
서윤: 꽁꽁 얼어서 놀수 있으면 좋겠다.
예주: 나 완전 기대된다.

유아들은 기대감과 설렘으로 논으로 이동했다. 그런데 논에 물이 모두 땅으로 스며 없는 것이다.

지용: 오 마이 갓! 물이 없어졌어.
교사: 어떻게 된 걸까? 왜 물이 없을까?
예준: 물이 하늘로 날라 가서 그래.

민재: 맞아, 물은 수증기가 돼서 올라가거든.

지연: 땅속으로 들어갔을 수도 있지.

서윤: 그래 맞아. 지난번에 땅 팠을 때 땅이 찐덕찐덕했어.

예주: 그럼 우리들이 갔던 논은 어떻게 얼린 거야?

교사: 맞다. 너희들 논에서 얼음놀이했다고 했잖아.

예준: 음, 날씨가 춥지 않아서 그런 것 아닐까?

준서: 야! 오늘 추워. 엄마가 영하라고 했어.

민재: 음, 그러면 우리가 물을 적게 넣은 것 아닐까?
물을 많이 넣으면 하늘로 가고, 땅속으로 가도 얼을 것 같아.

교사: 그럴 수도 있겠다. 바다나 호수처럼.

예준: 아! 바다, 호수 이런 데도 물이 하늘로 가고 땅속으로 가도 물이 너무 많으니까 있잖아요.

준서: 그럼 물을 더 많이 넣어야겠다.

유아들은 다음 날 더 많은 양의 물을 가져와 논에 붓기로 약속한 후 유치원으로 왔다. 다음 날 아침 유아들은 더 비장한 각오로 더 큰 페트병을 준비해 물을 넣고 물이 들어가지 않는 고무장갑을 끼고 텃밭으로 갔다. 자신들이 준비한 물을 모두 넣었는데도 논에 물이 많이 고여 있지 않자 유아들은 주변에 물이 있는 곳에서 물을 길어 오자고 의견을 냈다.

준서: 선생님, (논을 보며) 이렇게 하면 내일도 놀 수 없을 것 같아요.
옆에 할아버지네 텃밭에도 물 없어요?
교사: 옆 할아버지네 텃밭에 물 나오는지 알아보고 싶어?
준서: 네. 거기 물 있으면 빌리면 되잖아요.

교사와 유아들은 옆 텃밭 할아버지 집으로 가서 물을 얻을 수 있는지 물어본다. 다행히 할아버지네는 물을 사용할 수 있었고 할아버지는 유아들에게 흔쾌히 물을 사용하라고 말씀해 주셨다. 유아들은 할아버지 집에서 논까지 300m가 되는 거리를 물을 담아 옮기는 작업을 시작하였다. 영하 10도가 넘는 추운 날씨였지만 이런 계산은 어른들에게나 있는 걱정이었다. 유아들은 물을 더 넣을 수 있다는 기쁨만으로 물을 옮기고 있었다. 그리고 눈으로도 물이 차 있다는 것이 보일 정도로 논에 물을 채웠다.

교수 학습	교사 놀이 지원
놀이 공간의 지원 (공간 변화) & 일과 구성의 변화 (놀이 시간 연장) & 상호작용(놀이 참여) & 기타(안전)	논에 물이 부족하자 유아들은 옆의 할아버지 집 텃밭에 가서 물을 얻을 수 있는지 알아보자고 이야기했고 교사는 유아들과 함께 할아버지께 물을 사용할 수 있는지 알아보았다.
	유아들의 안전을 위해 할아버지네 텃밭에서 물 옮기기를 할 때 유치원에 연락을 해 교사를 더 충원하였다.
	유아들과 협의하여 오전 놀이 시간을 모두 밖에서 놀이하였다.
	유아들이 안전하게 물을 옮기고 논에 넣을 수 있게 항상 옆에서 지원하였다.

물을 채운 다음 날 '두근두근' 부픈 가슴을 안고 유아들은 다시 논으로 향하였다. 논이 보이자 '웅성웅성'거렸고 이어 "와~얼었다."라는 한마디에 모두들 속력을 내어 논으로 달려갔다.

준서: 얘들아, 드디어 논이 얼었다!
예준: 우리 이제 진짜 겨울놀이하자!

교수 학습	교사 놀이 지원
상호작용(놀이 참여) & 기타(안전)	교사는 유아들이 논 얼음 위에서 안전하게 놀이를 할 수 있도록 지원하였다.

3) 교사 저널

진짜 겨울놀이

추운 겨울이 되면 유아들은 겨울놀이를 한다. 블록과 비닐을 이용해 얼음판을 만들고 스케이트, 썰매 등을 만들어 친구들과 함께 놀이를 한다. 유아들은 놀이를 하면서 직접 얼음 위에서 스케이트를 탔던 경험을 생각하고 실제 얼음 위에서 노는 진짜 겨울놀이를 하자고 하였다.

유아들은 자신들이 얼음놀이를 할 수 있는 공간으로 논을 생각하였다. 논에는 항상 물이 있었기 때문에 추운 겨울이 되면 그 물이 얼어 놀이를 할 수 있을 거라 생각했던 것이다. 그러나 논에 물이 없었다. 유아들은 포기하지 않고 논에 물을 넣을 수 있는 방법을 협의하였고 자신이 들고 갈 수 있는 만큼의 물을 페트병에 넣어 논에 직접 물을 붓자고 하였다.

1차로 논에 물을 부었을 때는 물이 모두 논으로 스며들어 얼음이 얼지 않았다. 유아들은 왜 그런지에 대한 탐색을 하면서 물이 적기 때문에 그런 것이 아닌지 예측하였다. 이에 대한 해결책으로 유아들은 '더 많은 물'을 넣어 주자는 결론을 내렸다. 유아들은 더 많은 페트병을 들고, 이고 간다. 그런데 그 물로도 부족해지자 유아들은 옆 텃밭 할아버지 집에서 물을 길어 와 논에 붓는다. 영하 10도의 추운 날씨에도 '춥다. 그만하고 유치원에 가자.'라고 이야기하는 유아는 없었다. 모두들 싱글벙글 물이 꽁꽁 얼어 그 위에서 자신들이 놀 수 있다는 생각만으로 웃으며 놀이를 즐기고 있었다. 열심히 논에 물을 부어 놓은 다음 날 드디어 유아들은 '진짜 겨울놀이'를 할 수 있었다. 얼음 위에서 친구들과 서로 밀고, 당기면서 '하하하! 호호호!' 유아들의 웃음소리가 논에 가득했다.

유아들은 겨울놀이를 회상하며 이렇게 이야기한다. "선생님 우리 논에서 겨울놀이 진짜 재미있었죠? 우리가 유치원에서 물도 가져가고, 할아버지 집에서도 가져왔잖아요. 정말 재미있었는데." 유아들은 논에서의 겨울놀이도 즐거웠지만 그보다 겨울놀이를 위해 자신들이 논에 물을 붓고 얼렸던 과정에 더 큰 즐거움을 느낀 것 같았다. '진짜 겨울놀이'는 유아들에게 '문제 해결 과정'의 의미와 '협력'의 중요성을 알려 준 소중한 놀이였다.

4) 놀이 전개에 따른 유아 발달

[진짜 겨울놀이]

교육 영역	놀이를 통한 유아 발달
[신체운동 · 건강, 의사소통, 사회관계, 자연탐구] 진짜 겨울놀이 하고 싶다 [신체운동 · 건강, 의사소통, 사회관계, 자연탐구] 논을 깨끗하게 청소하자	• 표현–창의적 표현 · 신체적 표현(스케이트장놀이) • 공감: 협력–공감 • 공감: 협상–공감(논에 스케이트장 만들기: 사회성, 창의력)
⬇	
[신체운동 · 건강, 의사소통, 사회관계, 자연탐구] 페트병에 물을 가져가서 논에 물을 넣자	• 탐구(논에 얼음 얼리기: 사회성, 신체 조절 능력)
⬇	
[신체운동 · 건강, 의사소통, 사회관계, 자연탐구] 물이 얼지 않았어 [신체운동 · 건강, 의사소통, 사회관계, 자연탐구] 옆 텃밭 할아버지께 말씀 드리고 물을 옮기자	• 탐색(물을 붓고 난 후 논의 상태) • 탐구(물이 얼지 않고 사라진 이유 생각하기: 인지력, 언어 능력, 사회성) • 공감: 협상–공감 • 공감: 협력–공감(물 옮기기)
⬇	
[신체운동 · 건강, 의사소통, 사회관계, 자연탐구] 물이 꽁꽁 얼었어 [신체운동 · 건강, 의사소통, 사회관계, 자연탐구] 진짜 겨울놀이다	• 탐색(물이 얼음: 감각적 경험) • 표현–신체적 표현 • 공감: 협력–공감(스케이트장놀이)

5) 놀이 흐름에 따른 교사 지원

① 진짜 겨울놀이 하고 싶다

▶ 교사 지원

: 상호작용(관찰하기-유아의 스케이트장놀이 관찰)

: 놀이 자료의 변화(비닐)

② 논을 깨끗하게 청소하자

▶ 교사 지원

: 상호작용(놀이 참여-유아와 함께 논을 청소함)

: 일과 구성의 변화(융통성 있는 일과 운영-논에 물을 넣어 얼리자는 의견이 나와 바로 논으로 갈 수 있도록 시간을 조정함)

: 놀이 공간의 지원(공간 변화-유치원 논)

: 기타(안전-농기구 안전 사용법에 대해 사전에 이야기를 나눈 후 놀이를 함)

③ 페트병에 물을 가져가서 논에 물을 넣자

▶ 교사 지원

: 상호작용(정서적 지원-유아의 놀이를 지지)

: 놀이 공간의 지원(다양한 놀이 공간-유치원 논)

: 기타(안전-안전하게 이동하며 놀이할 수 있도록 지원)

④ 물이 얼지 않았어

▶ 교사 지원

: 상호작용(개방적 질문-물이 사라진 이유)

: 기타(안전-안전하게 이동하며 놀이할 수 있도록 지원)

⑤ 다음 날 다시 물을 넣자

▶ 교사 지원

: 상호작용(정서적 지원–유아의 놀이 격려)

: 놀이 공간의 지원(다양한 놀이 공간–유치원 논)

: 기타(안전–안전하게 이동하며 놀이할 수 있도록 지원)

⑥ 옆 텃밭 할아버지께 말씀 드리고 물을 옮기자

▶ 교사 지원

: 상호작용(놀이 참여–논에 물이 부족하자 유아들은 옆집에 가서 물을 얻을 수 있는지 알아보자고 하였고, 교사는 함께 물을 사용할 수 있는지 알아봄)

: 놀이 공간의 지원(공간 변화–옆 텃밭 할아버지 집)

: 일과 구성의 변화(놀이 시간 연장–논에서 놀이가 충분히 이루어질 수 있도록 시간을 연장함)

⑦ 물이 꽁꽁 얼었어

▶ 교사 지원

: 상호작용(관찰하기–논에 있는 물의 상태 관찰)

⑧ 진짜 겨울놀이다

▶ 교사 지원

: 상호작용(놀이 참여–유아와 함께 놀이함)

: 놀이 자료의 변화

: 놀이 공간의 지원(다양한 놀이 공간–유치원 논)

: 일과 구성의 변화(놀이 시간 연장–즐겁게 놀이할 수 있도록 시간을 연장함)

: 기타(안전–안전한 놀이가 될 수 있도록 지원)

참고 문헌

강복진(2002). 놀이 발달 평가(DPA)의 표준화 연구(I). 대구대학교 재활과학대학원 석사 학위논문.

곽승주(2016). 역할놀이영역에서 나타나는 유아의 또래 간 정서적 경험 탐구. 유아교육연구, 제36권, 제1호, 79-109.

경기도유아교육진흥원(2013). 3-5세 연령별 누리과정 유아평가예시문.

교육부·보건복지부(2019). 2019 개정 누리과정 놀이실행 자료.

교육부·보건복지부(2019). 2019 개정 누리과정 놀이이해 자료.

김광수·최윤희·장원정(2018). 수정된 전통놀이가 언어발달지체를 보이는 다문화가정 유아의 사회적 상호작용에 미치는 영향. 유아교육·보육복지학회, 22(1).

김명순(2019). 놀이에 대한 부정적 오해와 긍정적 편견: 미래사회 변화에서 '교육과정 놀이'에 대한 재개념화 방향과 과제. 한국유아교육학회 정기학술대회논문집, 2019(1).

김수영 외 공역(1997). 유아의 놀이와 발달. 서울: 창지사.

김순환·오현주(2019). 유아의 놀이를 통한 교육과정 운영방안에 대한 실행연구. 육아지원연구, 14(2), 55-83.

김영주(2018). 생태미디어를 활용한 극놀이 활동에서 나타난 유아의 사회정서능력의 변화. 어린이문학교육연구, 19(2), 81-116.

김옥련(1983). 어린이의 이해와 지도. 서울: 학문사.

김억환·박은혜 역(1998). 정신의 도구: 비고츠키 유아교육. 서울: 이화여대 출판부.

김희연(2001). 유아기 놀이행동에 있어서의 정서 표현에 관한 연구. 유아교육연구, 21(2), 319-340.

노현주(1994). 실외 놀이터 유형에 따른 유아의 놀이 형태. 이화여자대학교 대학원 석사 학위논문.

박찬옥·정남미·곽현주(2019). 놀이지도. 파주: 양성원.

방은령(2009). 놀이의 의미와 치료 및 성장을 위한 활용. 한국놀이치료학회지, 12(4), 1-17.

성미영 외(2017). 아동관찰 및 행동연구. 서울: 학지사.

송혜린 외 공역(2003). 놀이지도: 아이들을 사로잡는 상호작용. 서울: 다음세대.

안경숙(2012). 놀이에 기초한 평가에 대한 유치원 교사의 인식과 실행에 대한 의미 탐색. 한국영유아보육학, 71, 121-141.

안소라(2014). 유아들이 상상놀이에서 사용하는 언어의 발달 특성에 관한 문화기술지 연구. 한양대학교 대학원 석사학위논문.

안선희 외(2017). 아동관찰 및 행동연구. 서울: 창지사.

양옥승·김승옥·류은미·윤지영(2018). 영유아 관찰 및 실습. 서울: 신정

엄정애(2009). 영유아 놀이와 교육. 파주: 교문사.

오연주(2005). 유아를 위한 명화감상 활동자료. 교육인적자원부.

오은순(1994). 블록 유형과 수에 따른 유아의 사회적 행동에 관한 연구. 이화여자대학교

박사학위논문.
이경우(2001). 자연·전통문화와 함께하는 과학과 탐구. 한국어린이육영회 연수원.
이경주(2002). 유아의 놀이성에 따른 놀이 영역 선택. 배재대학교 대학원 석사학위논문.
이상희·임원신(2017). 4세반 쌓기놀이영역에서의 놀이와 또래상호작용에 대한 질적연구. 육아지원연구, 12(2), 179-202.
이숙재(2001). 유아놀이활동. 서울: 창지사.
이숙재(2003). 유치원 실외 놀이장에서의 교사 개입, 연구논문집, 38, pp. 215-233.
이숙재(2004). 유아를 위한 놀이의 이론과 실제. 서울: 창지사.
이숙재(2011). 영유아 놀이활동(개정판). 서울: 창지사.
이은해·지혜련·이숙재(1990). 놀이이론. 서울: 창지사.
이영석(1998). 영아 발달수준 확인 연구: 어린이집 영아반 교사의 관찰 평정 중심으로. 미래유아교육학회지, 5(1).
이종희·김선영(2002). 유아과학교육 목표로서의 과학적 사고에 대한 재조명. 유아교육연구, 22(2).
이진희·신은미(2019). 놀이와 배움을 잇는 유아평가의 방향성 탐색. 한국유아교육학회 정기학술대회논문집, 2019(1).
이향숙 외(2011), 아동상담. 파주: 양서원.
이현진(1995). 단어의미 습득에서의 존재론적 범주와 통사적 단서의 역할, 한국심리학회지 발달, 8(1), pp. 95-106.
임부연·손연주(2019). 유아교육과정의 맥락 속에서 살펴본 '놀이~배움'의 의미. 학습자중심 교과교육연구, 19(3), pp. 265-287.
임수진·최일선(2019). 누리과정 개정 방향에 대한 기초연구: 영국과 싱가포르의 교육과정을 중심으로. 한국유아교육학회 정기학술대회논문집, 2019(1).
장서연(2005). 전래 놀이 교육 응용 사례 연구-유아를 중심으로-. 중앙대학교 교육대 학원 석사학위논문.
장승희·손원경(2018). 포토보이스를 통해 나타난 유아교사의 놀이 개념과 의미. 학습자중심 교과교육연구, 18(12), pp. 431-457.
전유영(2010). 유치원 책보기 영역과 책보기 활동에 관한 문화기술적 연구 만 5세 유아를 대상으로. 유아교육학논집, 14(1), 117-140.
정은실(1999). 요리활동이 유아의 과학개념 및 영양 지식개념에 미치는 영향. 명지대학교 교육대학원 석사학위논문.
정혜욱 외(2019). 놀이중심교육과정에서의 교사 역할 바로알기. 서울: 창지사.
조영식·최유정(1999). 아동의 색채 선호도에 근거한 제품 적용 사례 연구. 한국색채학회 논문집, 12.
조윤경 외(2010). 잘 가르치기 위한 아동관찰 및 행동연구. 고양: 공동체
조형숙·주현정(2018). 유아교사가 모래놀이 교육경험을 통해 인식한 교육적 의미와 요구. 유아교육학논집, 22(3), 5-36.
지성애(2005). 유아놀이지도. 서울: 정민사.

채금숙(2003). 유아의 놀이 영역 선호도 및 놀이 행동과 사회성 발달과의 관계. 전북대학교 교육대학원 석사학위논문.

천은영(2004). 모래놀이 활동에서 교사개입과 보조 자료 활용이 유아의 발달에 미치는 영향. 원광대학교 대학원 석사학위논문.

최영(2020). 놀이치료-아동 중심 놀이치료. 전남대학교 정신과학교실(www.drchoi.pe.kr).

최은혜(2013). 유아의 점토놀이 과정에서의 경험. 한국유아교육연구, 15(2), 131-155.

최효정(2019). 유치원 만 5세 유아들의 또래와의 놀이거부에 관한 사례연구. 이화여자대학교 대학원 박사학위논문.

탁정화(2019). 몰입이론에서 본 유아놀이-배움에 대한 소고. 유아교육연구, 39(2), pp. 509-536.

한국교육학회(1996). 유아교육사전. 서울: 한국사전 연구사.

한은미·이순자(2015). 유아주도의 바깥 자유놀이에 관한 사례 연구. 어린이미디어연구, 14(2),207-249.

황윤세(2008). 유아의 창의적 성향의 놀이 행동 평가 도구 개발. 유아교육연구, 28(4), 99-124.

황의도(2003). 목공놀이 활동이 유아의 창의성 및 인지양식에 미치는 효과. 전북대학교 대학원 석사학위논문.

허승희(2019). 유아 놀이성 수준과 유아발달과의 관계. 부산교육대학교 교육대학원 석사학위논문.

Axline, V.(1957). All the Things We are. *Childhood Education, 33*(7), 304-307

Barnett, L. A.(1990). Playfulness: Definition, design, and measurement. *Play and Culture, 3*, 319-336.

Baroody, A. J.(1987). The development of counting strategies for single-digit addition. *Joural for Research in Mathematics Education, 18*, 141-157.

Bateson, G.(1971). The message "This is play?" In R. E. Herron and B. Sutton-Smith(Eds.), *Child's play* (pp. 261-266). New York: Wiley.

Berlyne, D. E.(1960). *Conflict, arousal and Curiosity*. New York: McGraw-Hill.

Bruner, J.(1974). *Child's play*. New Scient, 62, 126-128.

Bühler, C.(1937). *From Birth to Maturity: An Outline of the Psychological Delevopment of the Child*, London: Icegan Paul, Trench, Trubner. Futher editions 1937, 1945, 1951. Translated by E. W. Menaker.

Dattner, R.(1969). *Design for play*. Cambridge, MA: MIT Press.

Dewey, J.(1934). Art as Experience. New York: Capricorn.

Ellis, M. J.(1973). *Why People Play*. Englewood Cliffs, N.J.: Prentice-Hall.

Erikson, E. H.(1950). *childhood and society*. New York: Norton, Bacon.

Fein, G. G.(1989). Mind, meaning, and affect: Proposals for a theory of pretense. *Developmental review, 9*, 345-363.

Freud, S.(1961). Beyond the pleasure principle. New York: Norton.

Frost, J. L.(1992). *Play and Playscales*, Albany, New York: Delmar Publishers, Inc, 1992.

Fröbel, F.(1887). The Education of Man. New York: D. Appleton & Company.

Garvey, C.(1977). *Play*, Cambridge, Massachusetts: Harvard University Press.

Huizinga, J.(1938). Homo ludens; A study of the play element in culture. 이종인 역 (2010). 놀이하는 인간 호모루덴스. 서울: 연암서가.

Hurlock, E.(1978). *Child Development*. New York: McGravi-Hill.

Hutt, C.(1971). Exploration and plain children. In C. C. Brown, & B. Sutton Smith (Eds.), *Child' play* (pp. 231-251) New York: John Wiley & Sons.

Hutt, C.(1979). Exploration and play. In B. Sutton-Smith(Ed.), *Play and learning*. New York: Gardner Press.

Hughes, F. D.(1975). *Children, Play & Development*. Boston : Allyn and Bacon.

Iwanaga, M.(1973). Development of Interpersonal Play Structure in Three, Four and Five year-old Children, *Journal of Research and Development in Educational, 6*, pp. 71-82.

Jernberg, A. M.(1979). *Theraplay: A new treatment using structured play for problem children and their families*. Jossey-Bass.

Johnson, J. E., Christie, J. E., & Yawkey, T.D.(1987). *Play and early childhood development*. Glenview, IL: Scott, Foresman and Company.

Lázarus, M.(1883). Concerning the fascination of play. *Dummler. Berlín*.

Levy, J.(1978). *Play behavior*. New York: Wesley.

Lieberman, J. N.(1977). *Playfulness: Its relationship to imagination and creativity*. New York: Academic Press.

Lifter, K., & Bloom, L.(1998). Intentionality and the role of play in the transition to language. In A. M. Wetherby, S. F. Warren, & J. Reichle(Eds.), *Tansitions in prelinguistic communication* (pp. 161-195). Baltimore: Paul Brookes.

Lifter, K., & Bloom, L.(2000). Linking assessment to intervention for children with developmental delay : The developmental play(DPA) instrument. In. C. E. Schaefer, K. Gitlin, & A. Sandgrund(Eds)., *Play diagnosis and assesment(2nd)* (pp. 228-261) New-York : John Wiley & Sons.

Linder, T. W.(1993). *Transdisciplinary play-based assessment: A functional approach to working with young children, Rev.* Paul H Brookes Publishing.

Linderg, L., & Swedlow, R.(1980). *Early childhood education*. Boston: Allyn & Bacon, Inc..

O'Connor, K., & Ammen, S.(1997). *Play therapy treatment planning and interventions : The ecosystemic model and workbook*. San Diego, CA : Academic Press.

Parten, M. B.(1932). Social participation among preschool children. *Journal of Abnormal and Social Psychology, 27*, 243-269.

Peller, L. E.(1952). Models of childeren's play. *Mental Hygiene, 36*(1), 66-83.

Piaget, J.(1962). *Play, dreams and imitation in childhood*. New York: W. W. Norton.

Rogers, C. S.& Sawyers, J. K.(1988). *Play, development and early education*. Boston: pearson/Ally & Bacon.

Rubin, K. H., Rein, G. G., & Vandenberg, B.(1983). Play. In P. H. Mussed (Ed.), Handbook of child psychology: Vol.4, Socialization, personality, and social development(pp. 693–744). New York: Wiley.

Sutton–Smith, B.(1967). The role of play in cognitive development. *Young Children, 22*, 361–370.

Sutton–Smith, B.(1979). *Play and learning*. NY: Gardner Press.

Seefeldt, C.(1975). Is today tomorrow?: History for young child. *Young Children, 30*, 99–105.

Smilansky, S.(1968). The Effects of Sociodramatic Play on Disadvantaged Preschool Children, New York: Wiley.

Schrader, C. T.(1990). Symbolic Play as a Curricular Tool for Early Literacy Development. *Early Childhood Research Quarterly, 5*, p. 79.

Stevenson, M. B., Leavitt, La. A., Thompson, R. H., & Roach, M. A.(1988). A Social relations model analysis of parent and child play. *Developmental Psychology, 24*, 101–108.

Solomon, J. C.(1938). Active play therapy. *American Journal of Orthopsychiatry, 8*(3), 479–498.

Takhvar, M.(1988). Play and theories of play: A review of the literature. *Early child Development and care, 39*, 221–244.

Van Hoorn, J. N., & Scales, P. B. & Alward, K.(1993). *Play at the center of the curriculum*.

Vygotsky, L. S.(1976). Play and its role in the mental development of the child. In. J. S. Bruner, A. Jolly & K. Sylva(Eds.), *Play : Its role in development and evolution* (pp. 537–554). New York : Basic books.

Weininger, O., & Fitzgerald, D.(1988). Symbolic play and interhemispheric integration: Some thoughts on a neuropsychological model of play. *Journal of Research & Development in Education, 21*, 23–40.

Weisler, A., & McCall, R. R.(1976). Exploration and play: Resume and redirection. *American Psychologist, 31*(7), 492–508.

Westby, C. E.(2000). A Scale for assessing development of children's play In.C. E. Schaefer, K. Gitlin, & A. Sandgrund(Eds)., *Play diagnosis and assesment(2nd)* (pp. 15–17) New–York: John Wiley & Sons.

Winiger, O., & Fitzgerald, D.(1988). Symbolic play and interhemispheric integration: Some Thoughts on a neuropsychological model of play. *Journal of Research and Development in Education, 21*, 23–40.

Wolf, J.(1992). Creating music with young children. *Young Children, 47*, 56–61.

SBS(2019. 12. 10.). 초등생 장래 희망 3위 '유튜버'… 1위 '운동선수'(이기성 작성). https://news.sbs.co.kr/news/endPage.do?news_id=N1005557420&plink=ORI&cooper=NAVER&plink=COPYPASTE&cooper=SBSNEWSEND.

저/ 자/ 소/ 개/

오연주

- 이화여자대학교 사범대학 유아교육학과
- 이화여자대학교 교육대학원 유아교육학과(교육학 석사)
- 경희대학교 대학원 아동학과(이학 박사)
- 현) 대림대학교 유아교육과 교수

박애순

- 광주대학교 유아교육과
- 경희대학교 교육대학원 유아교육과(유아교육 석사)
- 덕성여자대학교 일반대학원(유아교육과 박사)
- 현) 예쁨 유치원 원장

최정화

- 한국방송통신대학교 교육학과, 한양사이버대학교 유아교육과
- 한국성서대학교 보육대학원(장애아통합보육 석사)
- 성결대학교 일반대학원 교육학과(교육학 박사)

이명윤

- 오산대학교 유아교육과, 한국방송통신대학교 유아교육과
- 덕성여자대학교 교육대학원(유아교육과 석사)
- 덕성여자대학교 일반대학원(유아교육과 박사) 휴학
- 전) 오산대학교 부설 유치원 교사
  예쁨 유치원 부장 교사
  서울형 강남참사랑 어린이집 원장

유아중심 놀이지도

초판 1쇄 발행 2020년 7월 8일
초판 3쇄 발행 2022년 7월 22일

지 은 이 | 오연주 · 박애순 · 최정화 · 이명윤
펴 낸 이 | 김기섭
편 집 인 | 이윤희
펴 낸 곳 | 창지사 www.changjisa.com
08589 서울시 금천구 가산디지털 1로 83 파트너스타워 1차 9층
전화 (02)719-2211~3
팩스 (02)701-9386
등 록 | 1977년 4월 28일 · 제1-421호

ISBN 978-89-426-1339-7 (93370)

값 23,000원